모드락 시민성과 시민교육

제주대학교
시민교육총서

1

모드락 시민성과 시민교육

변종헌 · 곽병현 · 권상철 · 김민수 · 김종우 · 김지윤
류현종 · 박성근 · 임은정 · 정은재 · 조유영

한국문화사

책머리에

　최근 시티즌십(citizenship) 문제에 대한 접근이 전통적 논의의 범주를 넘어 확장 심화되고 있고, 그 과정에서 시민에게 요구되는 시민성의 구체적 내용 또한 지식, 기능, 가치·태도, 행동 차원의 다양한 요소들을 포괄하고 있다. 따라서 시민들의 삶의 환경이 급격하게 변화되고 있는 상황 속에서 시민성에 대한 논의는 다양하고 복합적인 영역에서 제기되는 새로운 문제들을 충분히 고려해야 한다. 그리고 이와 같은 새로운 시민성의 함양을 위한 시민교육은 시민으로서의 권리와 의무, 시민임과 시민됨의 문제 등을 입체적 통합적으로 다룰 필요가 있다.
　이러한 맥락에서 시민성 함양을 위한 시민교육은 정치공동체와의 관계에서 제기되는 시민으로서의 자질과 태도, 정보통신기술의 발달과 AI의 등장이 가져올 새로운 환경에서의 시민의 모습, 가속화되고 있는 생태계의 위기 속에서 자연과의 공존을 위한 시민의 자세 등의 논의에 천착해야 한다. 또한 인간의 삶에 커다란 영향을 미치고 시민으로서의 자질과 태도의 함양에 기여할 수 있는 문화 예술의 가치와 의의 등에 대해서도 새롭게 관심을 기울여야 한다. 요컨대, 시민성에 대한 단편적 이해 내지 접근을 넘어 다중적, 중층적, 복합적 시민성에 대한 논의가 중요하다고 할 수 있다. 이것이 이른바 이 책에서 강조하는 조화된 시민성(concerted citizenship) 관념에 주목해야 하는 이유이다.

조화된 시민성은 시민으로서의 권리와 책무의 조화의 문제뿐만 아니라 개별 국가 수준과 글로벌 차원, 온라인과 오프라인 환경 또는 대면과 비대면 상황 그리고 시민들이 직면하는 다양한 삶의 영역에서 새롭게 요구되는 복합적인 시민성의 요소 등을 종합하고 포괄하는 것이다. 말하자면, 오늘날 요구되는 시민성 관념에 대한 논의는 이 책에서 다루고 있는 정치·경제 시민성, 디지털 AI 시민성, 생태 시민성, 문화·예술 시민성 등의 다양한 요소들을 포괄하는 것이 되어야 한다.

인간의 다양한 삶의 환경에서 요구되는 바람직한 시민, 즉 시민됨이나 시민다움의 모습은 다차원의 중층적, 복합적, 체계적, 하이브리드 시민성의 함양을 통해서 드러날 수 있다. 따라서 조화된 시민성의 함양이 바로 이와 같은 흐름과 요구에 부합하는 시민교육의 목표가 되어야 한다. 이 책의 필자들이 일관되게 제안하고 있는 〈모드락 시민성〉 개념은 이와 같은 일반적 의미의 조화된 시민성을 의미하는 제주어 표현이라고 할 수 있다.

이 책은 〈모드락 시민성〉의 내용 요소를 제안하고 이와 같은 조화로운 시민성의 함양을 위한 시민교육의 방향과 과제를 제시하고 있다. 이를 위해 제1장에서는 〈모드락 시민성〉의 내용을 각각 생태 시민성, 디지털 AI 시민성, 문화·예술 시민성, 정치·경제 시민성 등의 4개 영역으로 구체화하고, 〈모드락 시민성〉의 영역별 내용 요소를 지식, 숙의·기능,

가치·태도 및 성향, 참여·행동 및 실천의 차원에서 각각 보여주고 있다. 그리고 이와 같은 조화로운 시민성 함양을 위한 시민교육의 방향과 과제, 추진 원칙 등을 제안하고 있다.

제2장에서는 생태 시민성의 구성 요소를 지식, 기능, 가치·태도·성향 그리고 참여·행동·실천의 4개 영역으로 단계적으로 구분하여 검토하고 있다. 생태학적 지식에 기초한 통합적 사고, 사회정의 관점에서의 환경문제에 대한 접근, 생태중심적 가치와 지속가능성 및 환경감수성, 생태친화적 활동의 중요성을 다루고 있다. 그리고 이를 기반으로 생태 시민성 교육을 위한 구체적 프로그램과 교수학습 과정안을 제시하고 있다.

제3장은 디지털 AI 시대의 시민으로 살아가기 위한 자질을 '디지털 리터러시', '컴퓨팅 사고력', '디지털 윤리 역량'을 바탕으로 시민 지식, 시민 숙의·기능, 시민 가치·태도 및 성향, 시민 참여·행동 및 실천 차원으로 나누어 접근하고 있다. 특히 알고리즘 편향을 중심으로 시민 지식 요소 중 하나인 '디지털 AI의 사회적 영향'을 다룬 초등학교 수업 사례를 소개함으로써 학교 시민교육에 실제적인 도움이 되도록 하였다.

제4장은 문화·예술 시민성을 다루고 있다. 문화·예술 시민성은 예술적 능력을 발휘하여 다양한 문화와 예술을 창의적으로 사고하고, 계획하고, 실천하고, 완성하고, 적용하며, 새로운 변화에 영향을 미치는 예술적 상호작용을 의미한다. 이러한 맥락에서 개인과 공동체의 올바른 시민성에 대한 이해에 근거하여 다양한 예술 분야의 지식·기능·가치·태도를 포괄하는 예술적 감수성의 수용과 표현 활동을 위한 시민교육 방법을 모색하였다.

제5장에서는 정치·경제 시민성을 정치와 경제 전반의 폭넓은 영역에서 활동하는 시민에게 요구되는 공적 이성과 시민적 덕성으로 보고, 개

인의 자유롭고 적극적인 참여를 통해 형성되는 집단적 재화(collective goods)의 성격을 지닌 것으로 파악한다. 이러한 관점에서 정치·경제적 영역에서 발생하는 다양한 일상의 문제를 민주적 의사결정을 통해 해결하는 한편 공동체가 필요로 하는 자유, 평등, 인권, 지속가능성, 평화, 공존, 화해 등의 가치와 덕목을 동료 시민들과 함께 형성하고 실천하는 조화된 시민성의 중요성을 강조하고 있다.

제6장에서는 정치·경제 시민성 함양을 위한 하나의 접근으로 역사 시민성의 의미를 살펴보고, 그 핵심 역량을 시간성과 사회적 실천성이라는 메커니즘 속에서 제시하고 있다. 역사교육은 과거-현재-미래라는 메커니즘 속에서 사회적 실천성을 지닌다. 이러한 관점에서 역사 시민성의 핵심 역량을 '과거 회고 역량', '현재 성찰 역량: 과거를 통한 현재 성찰', '미래 전망 제시 역량: 과거와 현재의 대화를 통한 미래 전망 제시'로 구분하여 다루고 있다.

제7장에서는 〈모드락 시민성〉 교육 원칙을 반영한 시민교육 방법의 문제를 궁리하고 있다. 시민교육을 통해 학생-행위주체성을 개발해야 하는데, 현재 교육 담론에서 중시되고 있는 '역량', '학생 주도성', '무엇을-왜-어떻게' 질문을 재성찰해야 한다고 주장한다. 시민교육에서 '지식', '시민 행위주체성', '시민 에토스'의 중요성을 놓치지 않아야 한다고 강조하며, 앎과 삶이 순환되는 모드락 학습 모형을 제안하고 있다.

주지하듯이, 지역적 문제와 전 지구적 문제를 함께 고려하는 글로컬 시민성은 세계 시민으로서의 자질과 소양, 태도를 중시하는 〈모드락 시민성〉 교육과 밀접한 관련이 있다. 이러한 맥락에서 제8장은 제주 지역의 시민교육을 글로컬 교육으로 발전시킬 수 있는 구체적 교육 사례를 제시함으로써 제주 기반 글로컬 교육에 하나의 방향성을 제시하고 있다.

이 책은 교육부와 한국연구재단의 지원을 받아 제주 지역 초중등 예비교사들의 시민성 함양과 시민교육 역량 제고에 진력하고 있는 제주대학교 시민교육 역량강화사업단의 목표와 방향을 충실히 담고 있다. 시민의 자격을 새롭게 규정하고 시민됨의 바람직한 모습을 찾아가는 과정에서 요구되는 조화된 시민성의 의의를 제주 사회 그리고 제주어 〈모드락〉의 관점에서 성찰하여 그 방향과 과제를 제시하고 있기 때문이다. 따라서 이 책이 제주 지역의 예비교사와 선생님들뿐만 아니라 우리 사회의 미래를 위한 새로운 시민의 탄생을 고대하는 분들에게 조금이나마 도움이 될 수 있기를 바란다. 끝으로 어려운 출판 여건 속에서도 많은 집필진의 다양한 아이디어와 문장들을 한 권의 아름다운 책으로 엮어 펴내 준 한국문화사와 관계자 여러분께 깊은 감사의 마음을 전한다.

2024년 6월
저자 일동

목차

책머리에 5

I. 모드락 시민교육의 목표

제1장 〈모드락 시민성〉과 시민교육 　　　　　　　　　　　변종헌
1. 시티즌십과 시민성 15
2. 시민성의 조화 - 〈모드락 시민성〉을 통한 제주의 사례 24
3. 〈모드락 시민교육〉의 방향 33

II. 모드락 시민교육의 내용

제2장 생태 시민성 　　　　　　　　　　　　　　　　　　권상철·김종우
1. 생태 시민성 개념 43
2. 생태 시민성의 요소 (1): 지식, 기능 46
3. 생태 시민성의 요소 (2): 가치·태도, 참여·행동·실천 53
4. 생태 시민성 교육의 실제 57

제3장 디지털 AI 시민성 　　　　　　　　　　　　　　　　김지윤·류현종
1. 디지털 AI 시민성의 의미 65
2. 디지털 AI 시민성의 차원과 내용 요소 73
3. 디지털 AI 시민성 관련 수업 사례: 〈디지털 AI 시대의 세상 읽기〉 82

제4장 문화·예술 시민성 　　　　　　　　　　　　　　　임은정·정은재·조유영
1. 문화·예술 시민성의 의미 99
2. 문화·예술교육과 시민성의 차원들 109
3. 문화·예술 시민성 내용 요소 120
4. 문화·예술 시민성 함양을 위한 제언 159

제5장 정치·경제 시민성 1 [정치와 경제]   김민수

1. 정치·경제 시민성의 의미   165
2. 정치·경제 시민 지식   166
3. 정치·경제 시민의 숙의·기능   169
4. 정치·경제 시민의 가치·태도·성향   173
5. 정치·경제 시민의 참여·행동·실천   176

제6장 정치·경제 시민성 2 [역사]   곽병현

1. 역사 시민성의 의미   181
2. 역사 시민성의 내용 요소   187
3. 역사 시민성의 내용 요소별 교수·학습 고려 사항   196
4. 역사 시민성 함양을 위한 수업 구성 사례   199

III. 모드락 시민교육의 방법

제7장 시민 행위주체성과 '앎-삶'의 순환 학습   류현종

1. 지식을 회복하는 학습   221
2. 책임 있는 학습   232
3. 시민 에토스를 형성하는 학습   244

제8장 글로컬 시민성 교육과 제주 지역의 사례   박성근

1. 글로컬 시민성과 모드락 시민성   255
2. 글로컬 교육 실행 방안   258
3. 제주 지역에서의 글로컬 교육의 사례 : 고등학교『윤리와 사상』을 중심으로   263

찾아보기   275

I.

모드락 시민교육의 목표

제1장 〈모드락 시민성〉과 시민교육 — 변종헌

제1장

〈모드락 시민성〉과 시민교육[*]

변종헌

1. 시티즌십과 시민성

시민(citizen)은 본래 도시(city)라는 공동체 안에서 살아가는 사람을 가리킨다. 따라서 시민은 인간이나 개인보다는 특정 공동체 구성원으로서의 의미가 강하다. 역사적으로 이와 같은 시민 개념은 서구 민주주의의 등장 및 발달 과정과 밀접하게 관련되어 있다. 주지하듯이, 고대 아테네의 민주정치는 왕이나 소수의 귀족이 아닌 다수에 의한 통치를 특징으로 한다. 이러한 민주정치의 주체가 바로 시민 개념의 출발점이다.

시민에 대한 아이디어는 중세의 암흑기를 지나 근대에 들어 다시 등장하게 된다. 근대 서구에서는 상공업이 발달하면서 왕이나 귀족과는 다른

---

[*] 제1장은 변종헌(2014), 시민교육의 성찰, 제주: 제주대학교 출판부의 〈제4장 세계화와 글로벌 시티즌십〉 그리고 제주대학교(2023), 교원양성대학 시민교육 역량강화사업 사업계획서(2023.5.1.)의 〈Ⅰ. 사업 추진 방향〉 내용을 수정 보완한 것이다.

새로운 계층이 도시를 중심으로 등장하였다. 이들 새로운 상공업 계층은 성곽(bourg)으로 둘러싸인 도시 안에 사는 사람들이라는 뜻으로 부르주아(bourgeois)라고 불리었는데, 이들이 바로 근대적 의미의 시민이다. 하지만 근대의 민주주의는 경제력을 지닌 시민들만이 투표권과 참정권을 지닐 수 있었고, 여성이나 노동자, 농민 등과 같은 빈민층은 시민으로서의 권리를 누릴 수 없었다. 따라서 엄밀한 의미에서 근대의 시민은 경제력을 지닌 부르주아에 한정된 것이었다.

이후 정치 과정에 참여할 수 없었던 사람들이 국가의 구성원으로서 법이 정하는 바에 따라 동등한 시민으로서의 지위와 권리를 부여받게 된 것은 20세기의 일이다. 그 결과 오늘날의 시민 개념은 형식적으로는 국가의 구성원과 같은 의미로 받아들여지게 되었다. 물론 보다 엄밀한 의미에서 볼 때, 현대적 의미의 시민은 지역 사회와 국가를 초월하여 인류의 오랜 역사 속에서 인권 개념과 함께 발전해 온 보편적 개념이다(배한동, 2006: 5). 이러한 맥락에서 시민은 국가를 전제로 하는 국민과는 달리, 인간으로서의 보편적 권리와 의무를 자각할 수 있는 주체적 의식을 지닌 존재라는 의미를 지니고 있다.

한편, 이와 같은 시민 개념과 밀접한 관련이 있는 시티즌십(citizenship)이라는 용어는 시대와 사회에 따라서 다양한 의미로 이해될 수 있다. 하지만 무엇보다도 시티즌십 개념의 핵심은 형식상 특정 정치공동체 구성원으로서의 지위와 권리이다. 이것은 시민이라는 존재가 하나의 인간이나 개인보다는 특정한 정치공동체의 구성원으로서, 주로 법적 정치적 맥락에서 다루어져 왔다는 사실과 관련이 있다.

그렇다면 시티즌십은 구체적으로 시민의 어떠한 조건이나 자질을 의미하는가? 그리고 어떠한 내용이나 요소들이 여기에 포함되는가? 마샬(T.

H. Marshall)은 시티즌십의 다의적 성격을 법적 권리, 정치적 권리, 사회적 권리의 관점에서 파악하였다(Marshall, 1977). 그리고 버츠(R. F. Butts)는 시티즌십을 구성하는 가치들을 통합형(Unum)의 의무 덕목들과 다원형(Pluribus)의 권리 덕목들로 분류하여 제시하였다(Butts, 1988: 133-185). 통합형 영역에 속하는 정의, 평등, 권리, 참여, 진실, 애국심 그리고 다원형 영역에 해당하는 자유, 다양성, 사생활권, 정당한 절차, 재산, 인권 등이 그가 제시한 시민성의 12표법(Twelve Tables of Civism)이다.

히터(D. Heater)는 시티즌십의 내용 요소를 개념화하기 위해서 기존의 평면적 접근에서 벗어나, 공간(세계, 국가, 지역사회 이웃, 학교, 가정), 내용(정체성, 가치도덕성, 법률성, 정치성, 사회성), 교육(지식, 행위기능, 태도) 등의 다차원적 관점에서 입체적으로 개념화하기도 하였다(Heater, 1990: 314-347). 한편 한국교육개발원에서는 21세기의 한국인상을 현명하고 책임감 있는 시민으로 설정하고, 이들에게 요청되는 시티즌십의 내용을 인간의 존엄성, 기본 질서, 자유 사회의 절차, 합리적 의사결정 능력 등의 4개 영역 18개 덕목으로 제시한 바 있다(곽병선, 1994: 169-176).

이상의 논의에서 볼 수 있듯이, 시티즌십의 의미에는 크게 지위(status)와 활동(activity)이라는 두 가지 측면이 있다(Kymlicka & Norman, 1995; 노영란, 2002; 최현, 2007). 먼저, 법적 지위(legal status)를 의미하는 시티즌십 개념이다. 시민은 무엇보다도 특정한 정치공동체의 구성원을 뜻한다는 점에서 정치적 법적 맥락에서 사용되어 왔다. 따라서 시티즌십이라는 말은 일반적으로 특정한 정치공동체의 구성원으로서 부여받은 법적 지위와 권리를 지칭한다.

둘째, 바람직한 활동(desirable activity)으로서의 시티즌십 개념이다. 시티즌십을 법적 지위나 권리로 파악하게 되면서 사람들은 점차 공동체의 문제에 대해 무관심하게 되었고, 국가의 복지에 의존하는 경향도 커지게 되었다. 이러한 상황에서 점차 시민은 단순히 특정 정치공동체가 부여하는 일정한 권리를 지닌 존재일 뿐만 아니라 정치공동체에 능동적으로 참여함으로써 비로소 시민이 되는 존재로 인식되기 시작하였다. 이때 시티즌십은 법이 부여하는 권리를 수동적으로 받아들이는 것이기보다는 어떠한 능동적 활동이나 참여를 통해 취득해야 하는 것이 된다. 요컨대, 시민으로서의 책임과 덕목(responsibilities and virtues)이 시티즌십의 중요한 요소라고 할 수 있다(Kymlicka & Norman, 1995: 284-5).

하지만 시티즌십의 요소들은 이와 같이 엄격하게 구분되기보다는 서로 밀접한 관계를 지니고 있다. 실제로 시티즌십에는 공동체 구성원으로서의 제도적 법률적 지위뿐만 아니라 구성원들 사이에 요구되는 정서적 유대나 애착의 의미도 동시에 포함되어 있기 때문이다(Proctor, 1988: 164-6). 요컨대, 시티즌십은 한편으로는 공동체의 구성원임을 인정하는 법적 지위 내지 권리 그리고 다른 한편으로는 그와 같은 지위나 권리에 상응해 공동체의 구성원에게 요구되는 자질 내지 의무로 구성되어 있다고 할 수 있다.

이처럼 시티즌십 개념에는 시민으로서의 지위와 권리라는 형식적 차원에 더하여 시민참여, 시민정신, 시민으로서의 책무와 도덕성 같은 내용이 또한 포함되어 있다. 말하자면, 시티즌십은 특정 정치공동체의 구성원인 시민들이 갖추어야 하는 자질 내지 태도를 또한 의미하는 바, 시민성으로 이해되기도 한다. 이러한 시민성은 본질적으로 시민과 정치공동체 사이의 관계를 전제로 한다는 점에서 정치공동체와는 무관한 이른바 인간다움이나 인간성과는 다른 의미를 지닌다고 할 수 있다. 요컨대, 시민성은 특정 정치공동체 구성원으로서의 사회적 역할 수행과 참여를 위해 요구되는 자질과 성품을 뜻하는 개념이다.

인간성이 개개인의 품성과 자질을 의미하는 사적인 성격을 지닌다면, 시민성은 정치공동체 구성원에게 요구되는 공적인 성격을 지닌다고 할 수 있다. 인간성은 정치공동체나 시민사회 여부를 불문하고 인간으로서 갖추어야 하는 것이지만, 시민성은 정치공동체나 시민사회를 떠나서는 생각할 수 없는 사회적 구성 개념으로서 정치공동체나 시민사회의 성격에 따라 규정된다(김영인 외, 2009: 9). 물론 인간성과 시민성이 상호 배타적일 수는 없다. 하지만 좋은 사람과 좋은 시민이 똑같을 수는 없으며, 인간성은 시민성의 기초가 된다고 할 수 있을 것이다. 좋은 인간이 좋은 시민이 될 가능성이 높지만, 좋은 인간이 항상 좋은 시민이 되는 것은 아니기 때문이다.

일반적으로 시민으로서의 지위는 정치공동체가 정한 절차와 방법에 따라 주어진다. 그리고 시민의 지위가 주어지면 특별한 사유가 없는 한 시민권, 즉 시민으로서의 권리가 부여된다. 반면에 시민으로서의 자질과 성품, 태도를 의미하는 시민성으로서의 시티즌십은 저절로 주어지는 것이 아니라 노력을 통해 습득되고 함양되는 것이다(김영민·설규주, 2009: 6). 이와 같은 시티즌십 함양의 요구에 답하는 것이 바로 시민교육이다.

근대 이후 서구 사회의 시민교육의 목표는 사적 개인을 시민의 지위로 안내하고 정치공동체에 대한 동일시와 결속을 강화하는 것이었다. 따라서 18세기 이후 시민들에게 요구되는 시민성의 구체적 내용은 달랐지만, 국가와 시민 사이의 기본적 관계에 기초한 시민교육은 지속되어 왔다. 19세기 말에는 시티즌십이 국적과 동일한 의미로 받아들여지게 되면서 멤버십의 의미가 강화되었다. 개인의 국적은 주권 국가와 시민 사이의 법적 관계를 반영한 것으로, 시민이 독립된 정치공동체의 구성원이라는 사실에 기초한다. 그리고 이러한 법적 관계는 국가와 시민 양측 모두 상대에 대해 가지는 권리와 그에 상응하는 의무를 수반한다(김해성, 2007: 385).

시티즌십은 정치공동체가 시민에게 부여하는 법적 정치적 지위와 권리뿐만 아니라 공동체에 대한 시민의 관여와 헌신, 애착과 충성의 의미 또한 내포하고 있다. 법적 지위로서의 시티즌십이 시민이 되는 것이 무엇인지에 대한 물음과 관계가 있다면, 활동으로서의 시티즌십은 좋은 시민(good citizen)에게 요구되는 것이 무엇인지에 대한 물음과 관련이 있다(Kymlicka & Norman, 1995: 284-285). 물론 시티즌십의 위와 같은 두 가지 요소와 관련하여 권리가 우선인지 아니면 책임의 완수 내지 덕목의 체득이 우선인지에 대해서는 입장이 다양할 수 있다(노영란, 2002: 190).

시티즌십을 단순히 시민권이나 시민성으로만 이해하는 경우에는 시티즌십이 내포하고 있는 의미를 충분히 드러내기 어렵다. 시민권 개념은 법적 지위를 뜻하는 시티즌십과 관련이 있지만, 시민으로서의 바람직한 활동은 물론 법적 지위로서의 의미조차 온전히 담아내지 못할 수 있다. 왜냐하면 법적 지위로서의 시티즌십은 시민으로서의 권리뿐만 아니라 시민으로서의 의무 그리고 시민으로서의 멤버십을 규정하는 국적의 의미 또한 포괄하는 것임에도 불구하고 시민권 개념은 좁은 의미의 형식적 법적 권리만을 가리키는 말로 받아들여질 수 있기 때문이다. 반면에 시민성 개념 역시 시민의 바람직한 행동으로서의 시티즌십과 관련이 있음에도 불구하고 시티즌십의 또 다른 핵심 주제인 시민의 권리와 의무의 문제에 둔감할 수 있기 때문이다(최현, 2007: 150).

이상의 논의에서 볼 때, 시민교육은 시티즌십 개념이 내포하고 있는 시민권과 시민성의 요소를 통합적으로 조망하는 것이 되어야 한다. 말하자면, 시민으로서의 권리와 의무의 체계에 대한 올바른 이해와 더불어 정치공동체의 시민에게 요구되는 바람직한 행동을 위한 자질과 태도의 함양을 시민교육의 목표와 내용으로 설정해야 한다.

다만 여기서는 이와 같은 시티즌십의 통합적 내용 요소에 대한 이해를 전제로 하되 시민교육을 통한 시민됨 또는 시민다움의 주제에 보다 천착하고자 하는 바, 민주적 정치공동체 구성원으로서의 시민적 자질과 태도의 함양, 즉 시민성의 문제에 논의를 집중하고자 한다. 주지하듯이, 시민성은 정치공동체 구성원들의 가치와 규범, 권리와 행동양식 등을 통해 드러나는 시민됨 또는 시민다움에 따라서 다르게 구성되어 왔다. 따라서 시민성을 어떻게 규정하는가 하는 문제는 어떠한 사회를 원하고 어떠한 정치공동체를 지향하는가와 밀접하게 연결되어 있다고 할 수 있다.

한편 최근에는 시티즌십을 시민권이나 시민성의 차원이 아닌 정체성(identity)의 관점에서 파악하는 경향이 강하다. 이러한 경향은 세계화의 추세, 다인종 다문화 사회로의 전환 등과 밀접히 관련되어 있다. 사회가 점차 다원화되고 복잡해짐에 따라 사람들은 그들이 속하는 집단이나 그들이 가지는 종교, 문화 등에 따라 다양한 정체성을 지니게 되었다. 이러한 상황에서 법적, 정치적 지위나 참여만으로는 정치공동체에 대한 소속감과 일체감을 확인하기가 어렵게 될 것이다(노영란, 2002: 191). 따라서 특정 정치공동체의 멤버십을 규명하는데 있어서 법적 지위나 바람직한 활동 이외에도 다양한 구성원들이 각기 지니는 문화, 역사, 전통 등과 같은 요인들을 고려하지 않을 수 없게 된 것이다(Kymlicka & Norman, 1995: 301).

정체성으로서의 시티즌십은 다양한 문화와 전통을 가진 집단이나 구성원들을 하나의 정치공동체에 통합시켜 주는 것으로서, 공유된 정체성(shared identity) 내지 공통의 정체성(common identity)을 의미한다. 하지만 다양한 사회적 문화적 정체성을 지닌 대상들을 공통된 정체성을 통해 함께 묶어줄 수 있는 요소가 과연 무엇인가 하는 것을 밝혀내기란 결코 쉬운 일이 아니다. 문화적 통합이나 국민성 등이 그러한 요소로 지적되기도 하지만 이것은 사실 간단한 문제는 아니다(Ichilov, 1998: 11). 더구나 오늘날 정치공동체는 다인종 다문화 사회의 특성을 지니고 있을 뿐만 아니라 세계화와 지방화라는 상반되는 시대적 흐름 속에 놓여 있기 때문이다.

특정한 정치공동체에 속하는 시민들은 타인이나 공동체와의 관계에 기초한 정체성을 공유함으로써 공동체와 자신을 동일시하고 공동체에 대한 소속감을 지니게 된다. 그리고 이러한 심리적 동일시 과정을 통해 다른 공동체와 자신이 속한 공동체를 구분하기도 한다. 그런데 본질적으로 이러한 관계들은 하나의 정체성으로 귀결되기보다는 다중적 성격을 지닌다. 오늘날 시민들은 전통적 가족과 지역공동체, 근대 사회의 국가공동체, 탈근대 사회의 초국가적 공동체에 동시에 속하게 되면서 다양한 정체성의 기반을 갖게 되었다. 이러한 상황 속에서 시민들은 자신의 정체를 확인하거나 다양한 공동체와의 관계 설정에서 혼란을 느낄 수밖에 없다. 따라서 시민으로서의 정체성이 바로 시민임과 시민됨 문제의 핵심이 되고 있는 것이다.

근대 이후 시민들은 국민국가라는 정치공동체의 틀 속에서 국민의 일원으로 자신의 정체성을 확고히 할 수 있었다. 근대적 의미의 정체성은 개인의 수준에서 볼 때 자신을 드러내는 핵심이며, 이것은 유동적이고 조작할 수 있는 것이기 보다는 깊숙하게 뿌리박힌 실제로 간주되었다(Bendle, 2002: 5). 이처럼 국가공동체의 구성원으로서 개인의 정체성은 불변하는 자아의 관점, 즉 개인을 구성하는 내적이고 본질적인 것으로 받아들여졌다. 국민국가와 국민과의 관계 속에서 시민들의 정체성은 실체, 동일성, 연속성의 관점에서 이해되었다.

하지만 세계화는 국민국가의 위상에 변화를 초래하게 되면서 정치공동체의 구성원인 시민들의 정체성에도 변화를 가져왔다. 정체성은 본래 맥락에 의존하기 때문에 얼마든지 변화될 수 있다. 정체성은 언제든 재구성될 수 있는 유동적인 것일 뿐만 아니라 단일하지도 균질적이지도 않다. 나아가 세계화 시대의 정체성은 더 이상 단순히 주어지는 것이 아니라 선택의 문제가 되고 있다. 이러한 선택을 통해 시민들은 단일한 정체성이 아니라 다양한 정체성을 만들어가고 있다(고미숙, 2003: 6). 오늘날 시민들은 어떤 하나의 고정된 자아가 아니라 다양한 자아를 만날 수 있고, 그에 따라 다원적, 다중적, 복합적 정체성을 지니게 된다. 따라서 다문화 사회의 시민적 정체성은 다양한 새로운 관계 속에서 새롭게 창조될 수 있는 복합적인 것이다.

세계화는 세계적인 것과 지역적인 것 사이의 긴장과 결합을 통해 새로운 것이 생성되는 과정이기도 하다. 이에 따라 국가 중심의 질서 이외에도 지역 중심의 새로운 질서가 등장하게 되고, 질서 자체가 다층화 다양화된다. 이러한 점에서 오늘날 세계화는 여러 민족이나 국가의 정치, 경제, 문화 등이 하나로 통합되는 세계성과 민족, 국가, 지역 간의 차이가 새롭게 생성되고 강화되는 지역성이 모순적으로 상호작용하는 다중적인 과정으로 이해할 수 있다. 즉, 지역과 세계가 연결되고, 개인과 공동체가 만나며, 동질성과 이질성이 혼재하는 상황 속에서 시민들은 새로운 집단적 경계를 구성하며 또 때로는 동시에 혼성적 정체성(hybrid identity)을 지니기도 한다(권효숙, 2003: 109).

오늘날 전통적인 국가정체성은 점점 분열되고 유동적으로 되어가고 있으며, 다양한 층위의 권위를 인정하는 방식을 통하여 국가정체성도 국가에 대한 충성심과 함께 여러 종류의 권위, 예를 들어 지역적 단위의 권위들과 함께 공존 내지 병존하는 방식으로 변화하고 있다. 이에 따라 세계화에 따른 지역정체성도 점점 그 중요성이 커지고 있다. 요컨대, 세계화가 진행될수록 국경이 불분명해지고 지역의 자율성은 증대되며 그만큼 지역 정체성의 의미가 중요한 문제가 되고 있다.

현대의 다원화된 세계화 시대에서 시민들의 정체성은 분화되고 분열될 수밖에 없으며, 결국 하나의 중심만을 갖는 정체성이 아니라 복수의 정체성을 중심으로 논의될 수밖에 없다. 즉, 오늘날 시민의 정체성은 세계인으로서의 정체성, 국가정체성, 지역정체성이 병립하는 복수성, 중층성, 혼성성을 특징으로 한다. 시민은 한 국가의 국민이면서, 세계 시민이며, 동시에 지역 주민이라는 이중 삼중의 정체감과 소속의식, 말하자면 다중적 정체성을 지닌다. 결국 세계화 시대에 형성되는 새로운 자아정체성은 국가정체성이라는 하나의 중심만을 갖는 것이 아니라 복수로서의 자아정체성일 것이다.

2. 시민성의 조화 - 〈모드락 시민성〉을 통한 제주의 사례

세계화 다문화 사회로의 전환은 시민성 논의의 전통적 토대라고 할 수 있는 국가와 시민 사이의 기본적 관계에 의문을 제기하고 있다. 시민성 관념은 통상적으로 하나의 정치공동체인 독립된 주권 국가와 그 구성원 사이의 관계를 전제로 한다는 점에서 시민성은 기본적으로 국가시민성을 의미한다고 할 수 있다. 그런데 세계화의 진전과 다문화 사회로의 전환은 이러한 전통적 국가시민성 관념에 변화를 초래하고 있다.

이른바 국가시민성에 대한 아래로부터의 도전은 국가공동체 내부의 다양한 소수 문화집단의 등장과 관련이 있다. 소수 문화집단의 고유성과 독자성에 기반한 정체성에 대한 인정의 요구가 제기되면서 인종 문화적 동질성에 기반한 국민국가의 시민성 관념이 도전받고 있는 것이다. 반면 국가시민성에 대한 위로부터의 도전은 시민의 지위를 부여하는 또 다른 권위체라고 할 수 있는 초국가적 기구에서 비롯되고 있다. 이는 하나의 주권을 지닌 초국가적 기구의 창설이나 세계시민권 관념에 대한 의식 내지 믿음으로부터 생겨날 수 있다.

시티즌십의 의미를 개별 주권국가와 시민 사이의 권리와 의무의 체계로 이해하는 경우, 시티즌십의 외연을 세계시민으로서의 권리까지 확대하는 것은 타당하지 않다. 시티즌십의 핵심 요소 가운데 하나인 시민권 관념은 개인과 특정 정치공동체, 즉 개별 주권국가와의 관계를 전제로 하고 있기 때문이다. 따라서 하나의 주권을 지닌 세계정부나 세계공동체의 출현이 현실적으로 불가능하다면 세계시민으로서의 권리의 문제 또한 공허한 수사에 불과할 수 있다.

하지만, 위에서 지적했듯이, 시티즌십은 법적으로 규정된 지위와 권리 및 의무의 문제일 뿐만 아니라 좋은 시민이 되기 위한 충성과 헌신 그리고 책임의 문제이기도 하다. 이러한 맥락에서 개별 국가의 수준과 경계를 넘어 전 지구적 차원에서 요구되는 시민적 덕성 내지 세계시민으로서의 소양과 의식, 바람직한 행동을 의미하는 바, 세계시민의 시티즌십에 대한 논의는 얼마든지 가능할 수 있을 것이다.

하나의 세계정부와 그에 기초한 보편적 세계 시민이라는 아이디어가 공허한 주장일 수 있지만, 국가 간 상호의존과 지구촌 공동의 문제 해결을 위한 인류의 노력 등 지구적 의식을 지닌 시민성에 대한 요청은 여전히 유효하다. 그리고 개별 국민국가의 주권을 위협하거나 침해하지 않으면서 인류의 보편적 가치를 지향하는 새로운 시민성의 내용을 모색하는 것은 얼마든지 가능할 수 있다(변종헌, 1999). 국가 간의 영토적 지리적 경계의 의미가 퇴색되면서 상호소통과 의존 관계가 심화하고 있고, 인류가 공동으로 해결해야 하는 지구촌 문제들이 많아지고 있다는 것은 지구적 차원에서 생각하고 행동하는 시민성의 중요성을 잘 보여주고 있다. 따라서 개별 국가의 존재를 인정하는 가운데 세계시민으로서의 소양과 역량을 지닌 시민성에 대해 관심과 논의는 중요한 의미가 있다.

따라서 시민에게 요구되는 자질이나 바람직한 태도로서의 시민성 관념은 하나의 주권을 지닌 세계정부의 실현 가능성과는 무관하게 개별 국가 수준을 넘어 전 지구적 차원에서도 논의될 수 있다. 개별 주권국가의 물리적 경계가 약화되면서 전 지구적 차원에서 이루어지고 있는 국가 간의 상호교류와 상호의존의 심화 그리고 개별 국가의 노력만으로 해결할 수 없는 전 지구적 차원의 위기는 세계시민성 또는 지구적 시민성에 대한 관심과 논의를 촉발하는 새로운 환경이 되고 있다.

이러한 맥락에서 시민성에 대한 논의는 개별 국가 차원의 국가시민성 관념을 넘어 전 지구적 차원으로 확장되어야 하며, 시민에게 요구되는 시민성의 구체적 내용 또한 공간적 범주를 가로지르는 가운데 지식, 가치 태도, 행동 차원의 다양한 요소들을 포괄해야 한다. 따라서 시민성 함양을 위한 시민교육은 공간적 차원에서 개별 국가 수준과 글로벌 차원을 포괄하는 것이 되어야 한다. 그리고 시민성의 내용 차원에서는 시민으로서의 권리와 의무, 시민임과 시민됨의 문제를 통합적으로 포괄해야 할 것이다. 나아가 시민의 삶의 환경이 급격하게 변화되고 있는 상황 속에서 시민성의 내용은 다양하고 복합적인 영역에서 제기되는 새로운 문제들을 충분히 고려해야 할 것이다.

말하자면, 시민성의 함양을 위한 시민교육은 정치공동체와의 관계에서 제기되는 시민으로서의 자질과 태도, 정보통신기술의 발달과 AI의 등장이 가져올 새로운 환경에서의 시민의 모습, 가속화되고 있는 생태계의 위기 속에서 자연과의 공존을 위한 시민의 자세 등에 대한 논의에 천착해야 한다. 또한 인간의 삶에 커다란 영향을 미치고 시민으로서의 자질과 태도의 함양에 기여할 수 있는 문화 예술의 가치와 의의 등에 대해서도 새롭게 관심을 기울일 필요가 있다. 이것이 바로 시민성에 대한 단편적이고 일의적인 이해 내지 접근을 넘어 다중적, 중층적, 복합적 시민성에 대한 논의가 필요한 까닭이고, 이른바 조화된 시민성(concerted citizenship)이 요구되는 이유이기도 하다.

조화된 시민성은 시민으로서의 권리와 책무의 조화의 문제뿐만 아니라 개별 국가 수준과 글로벌 차원, 온라인과 오프라인 환경 또는 대면과 비대면 상황 그리고 시민들이 직면하는 다양한 삶의 영역에서 새롭게 요구되는 복합적인 시민성의 요소 등을 종합하고 포괄하는 것이다. 말하자면, 오늘날 요구되는 시민성 관념에 대한 논의는 정치·경제 시민성, 디지털AI 시민성, 생태 시민성, 문화·예술 시민성 등의 다양한 요소들을 포괄하는 것이 되어야 한다.

인간의 다양한 삶의 환경에서 요구되는 바람직한 시민, 즉 시민됨이나 시민다움의 모습은 다차원의 중층적, 복합적, 체계적, 하이브리드 시민성의 함양을 통해서 드러날 수 있다. 따라서 조화적 시민성의 함양이 바로 이와 같은 흐름과 요구에 부합하는 시민교육의 목표가 되어야 한다.

이러한 맥락에서 〈모드락 시민성〉은 일반적 의미의 조화된 시민성의 요구에 부합하는 포괄적이고 독창적인 제주어 기반의 시민교육 목표라고 할 수 있다.[1] 제주 사회가 〈공존과 조화의 평화문화 생태계〉를 창출하고 강화

---

1 제주 방언은 중세 고어의 흔적이 가장 많이 남겨져 있는 우리말의 보고(寶庫)라고 할 수 있다. '모드락 ᄒ다'는 '물건이 한 곳에 소복하게 쌓여 있다'는 뜻의 제주 방언으로서 '모으

하기 위해서는 조화된 시민성을 뜻하는 〈모드락 시민성〉의 함양이 중요하다. 요컨대, 〈모드락 시민성〉 함양은 제주 사회가 지향하고 있는 평화문화의 창출과 확산을 위한 이른바 제주형 시민교육의 목표라고 할 수 있다.

주지하듯이, 평화문화(culture of peace)는 법적 제도적 차원의 평화 구축에서 벗어나 인간의 내면에 깃든 평화, 일상화된 평화의 중요성과 실천에 주목하고 있다는 점에서 의미가 있다. 이러한 평화문화의 핵심은 인간이 직면하는 다양한 삶의 관계 속에서 공존과 조화의 상태를 추구하고 실현하는 것이다. 이러한 관점에서 시민교육을 통한 〈모드락 시민성〉 함양을 바탕으로 다양한 환경과의 관계 속에서 공존과 조화의 상태를 지향하고 실행하는 시민을 길러내는 것이 제주형 시민교육의 일차적 목표라고 할 수 있다.

평화문화는 살아 움직이는 평화를 의미한다. 삶의 문화로서 평화문화는 서로 다른 개인들이 더불어 살아가면서 소통하고 보살피는 새로운 삶을 추구하고, 빈곤과 차별에 맞서 싸울 수 있는 사회적 책임감으로 이루어지는 것이다. 평화문화의 관점에서, 국가 간의 협정이나 조약을 통한 평화의 추구는 평화를 실현하는 필요충분한 조건이 될 수 없다. 평화문화의 창출은 국가 간의 관계나 국가적 차원뿐만 아니라 시민사회나 개별 시민들의 삶의 수준에서 평화를 실현하고 일상화하기 위한 활동이 병행될 때 가능할 수 있다.

평화문화는 인간관계를 지배하는 권위주의적이고 갈등적인 문화적 요

다'라는 의미를 가진 중세 고어 '모도다'가 그 어원이다. 따라서 '모드락'은 '여러 가지 것들이 모여 있는 모양'을 뜻하는 말로서 시민성의 여러 영역들을 아우르는 이른바 '조화된 시민성(concerted citizenship)'의 의미를 가장 효과적으로 드러내는 상징적인 제주어 표현이라고 할 수 있다. 남광우(2003), 교학 고어사전, 교학사, p.564; 제주특별자치도(2009), 개정증보 제주어사전, 일신옵셋인쇄사, pp.368-369.

[그림1] 〈모드락 시민성〉의 내용

소를 인간 심성의 계발을 통해 상호 수평적이고 협력적인 문화로 변화시킬 수 있다는 믿음에 기초하고 있다. 따라서 평화문화의 핵심은 억압받지 않는 의사소통에 기초한 신뢰, 평등 그리고 이성과 자유에 대한 신념을 중시하는 신념과 태도라고 할 수 있다. 평화문화는 성찰적 태도, 공감에 기초한 역지사지의 사고방식 그리고 무엇보다도 대화를 존중하고 대화를 통해 다툼과 갈등을 해결하려는 행동양식을 중시한다(변종헌, 2018: 273-274).

평화문화의 확산을 위해서는 다양한 환경과의 관계 속에서 요구되는 시민성의 여러 요소를 두루 갖춘 시민을 길러내야 한다. 이와 같은 〈모드락 시민성〉의 함양을 위해서 국가시민성을 넘어 글로벌 차원의 경쟁과 연대의 가치에 기초한 세계시민성의 요구, 기후위기 극복을 위한 시민으로서의 성찰과 태도, 디지털 혁신과 AI혁명이 수반하는 새로운 환경에서 요구되는 시민의 자질과 소양, 인간의 감성과 정서를 풍부하게 하는 문화와 예술을 통한 시민성의 고양, 광장과 시장에서 요구되는 능동적 주체적 시민의 모습 등 그 어느 하나 소홀히 할 수 없다.

요컨대, 〈모드락 시민성〉은 그 내용 요소에 따라 각각 생태 시민성, 디지털 AI 시민성, 문화·예술 시민성, 정치·경제 시민성 등으로 구분할 수 있을 것이다. 이와 관련하여 〈표1〉은 〈모드락 시민성〉의 영역별 내용 요소를 지식, 숙의·기능, 가치·태도 및 성향, 참여·행동 및 실천의 차원에서 각각 보여주고 있다.

〈표1〉 〈모드락 시민성〉 함양을 위한 영역별 내용 요소

차원 내용 요소	생태 시민성	디지털 AI 시민성	문화·예술 시민성	정치·경제 시민성
시민 지식	·생태 시민성 관련 이론 ·생태·환경 관련 사실, 개념, 핵심아이디어, 이론의 이해	·디지털 AI 시민성 관련 이론 ·디지털과 AI 관련 사실, 개념, 핵심 아이디어, 이론의 이해	·문화·예술 시민성 관련 이론 ·사회·문화·예술현상, 미적 문제 관련 사실, 개념, 핵심아이디어, 이론의 이해	·정치·경제 시민성 관련 이론 ·정치·경제현상 및 역사문제 관련 사실, 개념, 핵심아이디어, 이론의 이해
시민 숙의 · 기능	·생태·환경 문제 관련 비판적 사고와 판단력 ·생태·환경 문제 관련 문제해결 및 의사결정 능력	·디지털 현상과 AI 관련 비판적 사고와 판단력 ·디지털 현상과 AI 관련 문제해결·의사결정 능력	·사회·문화·예술현상 관련 정보 활용 능력 및 비판적 사고 ·사회·문화·예술현상 관련 문제해결 및 의사결정 능력	·정치·경제현상과 제도 관련 비판적 사고력 및 판단력 ·역사 및 기억 관련 사료 비판 및 탐구 능력 ·정치·경제·역사문제에 관한 문제해결 및 의사결정 능력
시민 가치 · 태도 · 성향	·생태·환경 관련 생활과 가치(공공선, 생명애, 생태주의, 인간의 존엄성, 지속가능성, 공동체 등) ·생태·환경 관련 생활과 태도 및 성향	·디지털 현상과 AI 관련 가치(공공선, 디지털 에티켓, 디지컬 안전과 보안, 사생활 보호 등) ·디지털 현상과 AI 관련 태도 및 성향	·사회·문화·예술생활 관련 가치 (공공선, 관용, 정의, 차이, 다양성, 공동체 등) ·사회·문화·예술생활 관련 태도 및 성향 (배려, 협력, 문화상대주의, 타문화 이해, 미적태도 등)	·정치·경제생활 및 역사문제 관련 가치(공공선, 자유, 평등, 정의, 권리, 의무, 복지, 포용, 참여, 준법, 역사적 타당성 등) ·정치·경제·역사 관련 태도 및 성향 (민주적 태도, 부정의에 저항)

시민 참여 · 행동 · 실천	·생태·환경 관련한 생활 및 행동 의지 변화 ·생태·환경 관련 정책 관여	·디지털 현상과 AI 관련 정책 관여 ·디지털 현상과 AI 관련 행동 및 실천	·사회·문화·예술 문제에 능동적 참여 ·사회·문화·예술 문제 해결 위한 노력	·정치·경제·역사 문제 관련 정책 과정에 참여 ·정치·경제·역사 문제 해결 노력 ·역사 기억과 기념 문제의 해결 노력

이러한 맥락에서 제주 사회의 시민교육은 복합적 역동적 삶의 환경 속에서 미래 사회를 주도할 새로운 시민들에게 요구되는 시민성의 다양한 요소들을 두루 갖춘 조화로운 시민성의 함양을 지향하고 있다. 〈모드락 시민성〉은 바로 이와 같은 시민의 탄생이라는 시대적 사회적 요구에 부합하는 시민교육의 방향과 특징을 반영한 것이라고 할 수 있다.

실제적 차원에서 제주 사회의 평화문화를 창출할 수 있는 미래 세대의 시민을 키워내기 위해서는 교대와 사대 등 교원양성대학 예비교사들의 조화된 시민성 함양 나아가 이들의 학교 현장에서의 시민교육 역량을 제고하기 위한 대학의 시민교육이 활성화되어야 한다. 따라서 제주 사회의 평화문화 창출은 초중등 예비교사들의 조화로운 시민성 함양 그리고 이들의 시민교육 전문가로서의 시민교육 역량을 강화하는 두 차원의 접근이 동시에 이루어져야 한다.

한편, 이와 같은 제주 사회의 〈모드락 시민성〉은 21세기의 역동적이고 복합적인 글로벌 환경 속에서 국가 사회적 비전과 요구, 제주 사회의 고유성과 특수성 그리고 제주 교육의 철학과 방향을 고려하는 가운데 제주 지역의 교원양성대학(제주대학교 교육대학과 사범대학)이 지향하고 추구하고자 하는 교육목표를 입체적 통합적으로 반영하고 있다는 점에 주목할 필요가 있다.

더욱이 평화문화의 창출과 확산을 위한 조화된 시민성의 함양은 제주 사회의 미래 비전과도 밀접하게 연계되어 있다. 제주공동체의 미래 가치라고 할 수 있는 〈세계평화의 섬〉 비전은 제주 국제자유도시 프로젝트, 유네스코 세계자연유산 등재, 제주특별자치도 출범 등을 통해 추진되고 있다. 이러한 상황에서 초중등 예비교사는 물론 그들이 앞으로 교실에서 만나게 될 제주의 미래 세대 그리고 제주도민들의 내면화 일상화된 평화문화의 창출과 확산은 바로 제주공동체의 미래를 위한 중요한 기반이 아닐 수 없다.

지역과 국가의 특수성을 넘어선 글로벌 의식과 소양, 생태학적 양식과 태도, 〈제주4·3〉의 화해와 상생의 가치, 천혜의 자연과 박물관 천국 제주에서 향유할 수 있는 예술적 감수성, 사회적 갈등 현안에 대한 합리적이고 민주적인 해결 능력 등은 모두 〈세계평화의 섬〉 제주의 시민들에게 요구되는 시민성의 구체적 내용들이다. 따라서 제주의 시민교육은 예비교사들의 조화로운 시민성 함양을 기반으로 평화문화의 창출과 확산에 기여하는 제주의 건강한 미래 세대를 길러내는 토양이 될 수 있다.

이러한 맥락에서 제주의 시민교육은 〈모드락 시민성〉 함양을 목표로 다양한 삶의 관계 속에서 요구되는 다층적 복합적 시민성의 여러 요소를 조화롭게 함양하고, 이를 기반으로 초중등학교 현장에서 미래 세대의 건강하고 건전한 시민들을 길러낼 수 있는 자질과 역량을 갖춘 예비교사들의 교육에 진력할 필요가 있다.

3. 〈모드락 시민교육〉[2]의 방향

1) 〈모드락 시민교육〉 방법

(1) 초등 및 중등 교육과정의 연계

미래 세대의 시민들에게 요구되는 조화된 시민성의 함양을 위해서는 초등학교와 중고등학교 과정을 통한 공식적이고 지속적인 시민교육이 중요하다. 이러한 맥락에서 시민교육은 초등 교육과정과 중등 교육과정의 상호연계에 기반하여 접근해야 한다. 이를 위해서는 교대와 사대 교육과정의 통합적 접근, 교수와 학생들의 왕성한 상호 교류 협력을 기반으로 초등 중등 교육과정의 연계와 심화를 위한 연구 개발과 적용이 이루어져야 한다. 따라서 시민교육을 위한 교사대 차원의 공동 교육과정 및 프로그램 연구 개발, 전공별 교육과정 연계 개발 및 개선, 우수한 교수진의 시민교육 교류 지원 등을 통해 초중등 교육과정의 계열성과 일관성, 지속가능성을 담보하는 시민교육 생태계 구축이 요구된다.

(2) 대학과 초중등학교 및 지역 사회의 연계

미래 세대의 조화된 시민성 함양과 초중등 예비교사들의 시민교육 역량 강화를 위해서는 교실과 캠퍼스 강의실을 넘어 초중등학교 현장 그리고 지역 및 지역 사회와 연계된 시민교육이 중요하다. 초중등학교와 지역 사회는 교사대 학생들이 시민으로서 조화로운 시민성을 함양하고 나아가 향

---

2 〈모드락 시민교육〉은 앞에서 정의한 〈모드락 시민성〉 함양을 위한 제주 지역 기반 시민교육을 뜻하는 용어로 사용하고자 한다. 요컨대, 조화된 시민성 함양을 위한 이른바 제주형 시민교육을 지칭하는 조어라고 할 수 있다.

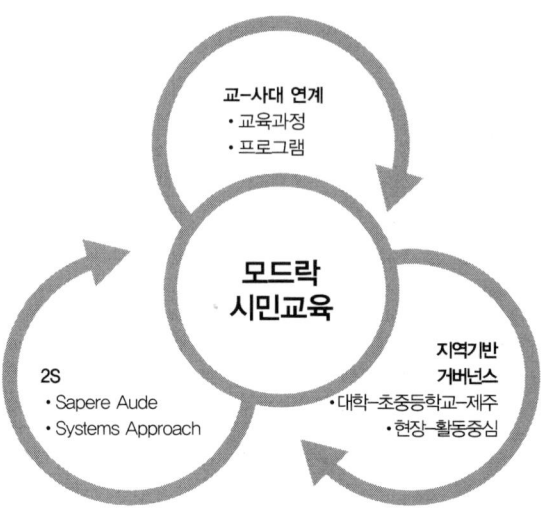

[그림2] 〈모드락 시민교육〉 추진 전략

후 학교 현장의 시민교육 전문가로서의 교육 역량을 제고하는 생생한 교육의 장이 될 수 있다. 이러한 맥락에서 대학과 지역 사회 그리고 초중등학교가 상호 소통하며 함께하는 시민교육 거버넌스를 구축함으로써 미래 세대의 조화된 시민성을 함양할 수 있는 시민교육 생태계를 조성할 수 있을 것이다.

2. 〈모드락 시민교육〉 추진 원칙

1) 분명하게 아는 것으로부터[Sapere Aude(Dare to Know)]

시민교육의 출발점은 시민 그리고 시민성과 관련한 여러 가지 사실들을 명확하게 이해하고 파악하는 데 있다. 이러한 관점에서 제주 기반의 〈모드락 시민교육〉은 사실적 지식을 기반으로 하는 시민교육, 즉 시민임과 시민됨의 의미와 내용을 분명히 알고 이를 기반으로 시민으로서의 자질과 능력을 함양하는 것을 시민교육의 기본원칙으로 수용할 필요가 있다.

교사대 학생들은 졸업 후 미래 세대를 가르칠 예비교사인 동시에 정치공동체 구성원으로서 다양한 사회 현상과 문제를 인식하고, 합리적으로 문제를 해결하기 위해 능동적으로 참여하는 시민이기도 하다. 따라서 좋은 시민이 좋은 교사가 될 수 있다는 전제하에 시민됨 또는 시민다움의 모습을 갖추기 위한 교육적 노력이 요구된다. 특히 디지털 대전환의 글로벌 시대 그리고 기후위기와 생태환경 변화 등에 따른 미래 사회의 도전과 불확실성에 능동적으로 대응하고 자기 삶과 학습을 주도해 나갈 수 있도록 교육해야 한다.

다만 예비교사들의 시민성 함양과 관련하여 한가지 상기할 것은 명확한 지식의 토대 없이는 비판적 사고나 문제해결이 가능하지 않을 뿐만 아니라 시민으로서의 역량을 제대로 발휘할 수 없다는 점이다. 최근 우리 사회와 교육은 학습자의 역량을 강조하는 분위기 속에서 지식의 의의를 소홀히 하거나 지식을 가르치는 것을 부정적으로 생각하는 경향이 강하다. 이러한 상황에서 중요한 것은 시민으로서의 역량에 대한 강조에 앞서 시민, 시민성 또는 시민됨과 시민다움 등과 관련한 지식을 체계적으로 가르치는 것이다.

더욱이 탈진실 및 디지털 대전환의 시대에 진실과 사실을 기꺼이 분명하게 알려고 하는 태도는 시민에게 매우 중요한 덕목이라고 할 수 있다. 시민에게 요구되는 역량을 추상적으로 나열하고 제시하기보다는 시민, 시민성과 관련된 기초 지식을 가르치는 데 초점을 둘 필요가 있다. 이러한 관점에서 시민교육은 시민성 함양을 위한 교육과정의 내용 요소를 설정하고, 시민 지식을 출발점으로 하여, 숙의·기능, 가치·태도·성향, 참여·행동·실천을 조화할 수 있는 교과목을 개설하여 운영해야 한다.

2) 체계론적 접근(Systems Approach)

오늘날은 시민으로서 삶의 환경이 급격하게 변화하고 있고 그 양상 또한 더욱 복잡해지고 있다. 이러한 상황에서 시민교육은 시민으로서의 삶 그리고 시민성 함양과 관련한 다양한 요소들을 총체적으로 고려하고 조망하는 능력을 강조해야 한다. 따라서 시민교육은 이와 같은 시민, 시민성과 관련된 명확한 지식과 이해를 토대로 시민으로서의 자질과 능력을 키우기 위해 여러 환경 요소들을 총체적 통합적 입체적으로 조망할 수 있는 체계론적 접근을 또 하나의 기본원칙으로 설정할 필요가 있다.

더 나은 정치공동체를 만들기 위해서는 시민들이 다른 사람들과 사건들, 상황에 영향을 줄 수 있도록 능동적으로 참여하고 행동하는 책임의식을 지녀야 한다. 이를 위해서는 복합적이고 다양한 환경 속에서 역동적으로 상호작용하고 있는 현상들을 종합적, 입체적, 체계적으로 바라볼 수 있어야 한다. 이처럼 시민교육은 다른 사람들과 사건들 그리고 상황에 능동적으로 반응하는 능력(responsive ability)을 키워주어야 한다.

시민됨 또는 시민다움의 모습은 시민으로서의 권리 주장과 함께 시민으로서의 의무를 다하는 데 있다. 따라서 시민교육은 시민의 자격과 권리의 요구와 더불어 시민에게 요구되는 바람직한 행동을 조화시킬 수 있는 자질과 태도를 기르는 데 초점을 두어야 한다. 이러한 관점에서 시민교육은 시민으로서의 권리와 함께 바람직한 시민으로서의 책무와 덕(德)의 실현을 강조하는 데 초점을 두고야 한다.

또한 유능하고 책임감을 지닌 시민은 강의실과 캠퍼스 내의 강의와 교육만으로 완성될 수 없다. 시민됨의 의미를 이해하고 이를 행동으로 실천할 수 있는 시민, 나아가 지구촌과 우리 사회의 여러 문제에 관한 관심을 통해 이를 해결할 수 있는 능동적 시민으로서의 자질과 태도를 자극하고 함양할 수 있어야 한다. 이처럼 시민성 함양을 위한 살아있는 시민교육을 위해서는 학교 교실과 대학 캠퍼스를 넘어 지역과 일상의 삶 속에서 그리고 스스로 참여하고 활동하고 체험할 수 있는 교육을 확대 심화해야 한다.

이러한 맥락에서 시민교육 교육과정은 교과 활동과 비교과 활동을 연계하여 운영할 필요가 있다. 교과목 운영을 통해 시민, 시민성과 관련한 지식, 숙의·기능, 가치·태도·성향을 이해하고 내면화하는 한편, 비교과 활동을 통해 참여·행동·실천을 위한 시민성의 기반을 마련할 수 있을 것이다. 즉, 교과 활동에서는 시민, 시민성과 관련된 지식과 이해를 중심으로 하고, 비교과 활동에서는 이를 실제에 적용하고 생활화하는데 초점을 두어야 한다.

참고문헌

고미숙(2003), 정체성 교육의 새로운 접근: 서사적 정체성 교육, 한국교육, 30(1), 5-32.
곽병선(1994), 민주시민교육, 서울: 한국교육개발원.
권효숙(2003), 세계화 시대의 정체성과 사회과 인류학 교육, 사회과교육, 42(3), 107-128.
김영인·설규주(2009), 시민교육론, 서울: 한국방송통신대학교출판부.
김항원(1998), 제주도 주민의 정체성, 제주: 제주대학교 출판부.
김해성 역(2007), 데릭 히터 저, 시민교육의 역사, 파주: 한울아카데미.
남광우(2003), 교학 고어사전, 교학사.
노영란(2002), 시민성과 시민윤리, 철학연구, 83, 187-209.
배한동(2006), 민주시민교육론, 대구: 경북대학교 출판부.
변종헌(2018), 평화문화 창출을 위한 평화교육의 방향과 과제, 윤리연구, 120, 269-292.
변종헌(2014), 시민교육의 성찰, 제주: 제주대학교출판부.
변종헌(2006a), 세계시민성 관념과 지구적 시민성의 가능성, 윤리교육연구, 10, 139-161.
변종헌(2006b), 다중시민성과 시민교육의 과제 – 제주특별자치도를 중심으로, 초등도덕교육, 21, 249-276.
변종헌(2001), 세계시민교육의 방향과 과제, 아시아교육연구, 2(2), 65-85.
제주대학교(2023), 교원양성대학 시민교육 역량강화사업 사업계획서(2023.5.1.).
제주특별자치도(2009), 개정증보 제주어사전, 일신옵셋인쇄사.
최현(2007), 한국의 다문화 시티즌십: 다문화 의식을 중심으로, 시민사회와 NGO, 5(2), 147-173.
한승완(2001), "통일민족국가 형성을 위한 시론", 사회와 철학연구회, 세계화와 자아정체성 – 사회와 철학 1, 서울: 이학사, 233-258.
Bendle, N.(2002), "The Crisis of 'Identity' in High Modernity," *British Journal of Sociology, 53(1)*, 1-18.
Clarke, P. B.(1996), *Deep Citizenship*, London: Pluto Press.
Dauenhauer, B. P.(1996), *Citizenship in a Fragile World*, London: Rowman & Littlefield Publishers, Inc..
Faulks, K.(2000), *Citizenship*, 이병천·이종두·이세형 역(2009), 시민정치론 강의: 시티즌십, 서울: 아르케.
Heater, D.(1996), *World Citizenship and Government: Cosmopolitan Ideas in the History of Western Political Thought*, New York: St. Martin's Press.
Heater, D.(1990), *Citizenship: The Civic Ideal in World History, Politics and Education*,

New York: Longman.

Ichilov, O.(1998), "Patterns of Citizenship in a Changing World," in Orit Ichilov Ichilov(ed.), *Citizenship and Citizenship Education in a Changing World*, London: The Woburn Press.

Kymlicka, W. & Norman W.(2000), *Citizenship in Diverse Societies*, Oxford : Oxford University Press.

Kymlicka, W & Norman, W.(1995), "Return of the Citizen: A Survey of Recent Work on Citizenship Theory," in R. Beiner(ed.), *Theorizing Citizenship*, New York: State University of New York Press.

Kymlicka, W.(1995), *Multicultural Citizenship : A Liberal Theory of Minority Rights*, Oxford: Oxford University Press.

Marshall, T. H.(1977), *Class, Citizenship and Social Development*, Chicago: Chicago University Press.

Proctor, R. E.(1988), *Education's Great Amnesia*, Bloomington and Indianapolis: Indina University Press.

Rogers, P.(1992), "Education for International Responsibilities of Citizenship," in E. B. Jones & N. Jones(eds.), *Education for Citizenship*, Kogan Page.

II.

모드락 시민교육의 내용

제2장 생태 시민성 — 권상철·김종우
제3장 디지털 AI 시민성 — 김지윤·류현종
제4장 문화·예술 시민성 — 임은정·정은재·조유영
제5장 정치·경제 시민성 1 [정치와 경제] — 김민수
제6장 정치·경제 시민성 2 [역사] — 곽병현

제2장

생태 시민성

권상철 · 김종우

1. 생태 시민성 개념

　세계는 전 지구적인 환경문제를 경험하고 있다. 대다수 환경문제는 그 원인과 결과가 전 지구적이다. 특정 지역을 넘어 인류 전체가 직면한 환경문제는 원인과 결과 그리고 그 해결방법이 국가 간 관계에 얽혀 있고, 동시에 시민들의 일상적인 삶과도 긴밀하게 연결되어 있다. 이러한 상황에서 생태 시민성은 개인 및 집단적 행동을 통해 개인 및 공공 영역, 지역, 국가 및 글로벌 규모에서 변화의 주체로서 사회에 참여하고 행동하는 시민의 책임 있는 환경 보호 행동으로 정의할 수 있다. 생태시민성에는 환경적 권리와 의무의 행사뿐만 아니라 환경 악화와 환경문제의 근본적인 구조적 원인의 식별, 그러한 구조적 원인을 해결하기 위한 비판적이고 적극적인 참여와 시민 참여에 대한 의지와 역량 개발을 포함한다. 민주적 수단 내에서 개별적으로나 집단적으로 행동하고, 세대 간 및 세대 내 정의를 고려한다. 이는 현대 환경문제를 해결하고 새로운 환경문제 발생을 방지하며 지속가능성을 달성하고 자연과 건강한 관계를 발전시키는 방향을 제시하고자 한다.

생태 시민성은 4가지 특성으로 구분되는데, 첫째 생태시민성은 비영토성의 특성을 갖는다. 지구온난화, 오존층 파괴와 같은 환경문제들이 국가단위를 벗어난 전 세계적인 문제라는 사실에 기인한다. 비영토성은 나의 행동이 지구 반대편에 있는 다른 사람에게 영향을 미친다는 인식을 하게 한다. 비영토성은 공간뿐만 아니라 시간에도 적용되어 현세대뿐만 아니라 미래 세대에 미치는 영향까지로 고려해야 한다. 이는 생태 시민성이 지속가능발전과 긴밀한 관계를 형성함을 보여준다. 둘째, 생태 시민성은 권리보다 책임과 의무를 강조한다. 여기서의 책임과 의무는 비계약적이고 비호혜적으로, 계약에 따라 타인과 공평하게 주고받는 것이 아니라 보상과 상관없이 자발적으로 실천하는 것이다. 이 책임과 의무의 범위 역시 비영토적이며, 따라서 그 대상은 공동체의 구성원에 한정되는 것이 아니라 생태공간에 있는 모든 존재, 현세대뿐 아니라 미래 세대도 포함한다. 셋째, 생태시민성은 덕성에 기반한다. 즉, 생태 시민이 다른 공간과 시간에 있는 생명에 대한 책임과 의무를 갖는 것은 내부적 동기인 덕성에서 비롯되는 것이다. 여기에는 생태적 공간을 공정하게 분배하는 정의가 중심에 있으며 이를 효과적으로 적용하는 동정, 배려, 연민이 중요한 역할을 한다. 넷째, 생태 시민성은 공적 영역뿐만 아니라 사적 영역도 중요시한다. 그러므로 사적 영역에서의 행동이 공적 영역에 연결되면서 영향을 미친다는 사실을 강조한다. 가정에서 재활용을 실천하고, 소비를 줄이며, 정원에 퇴비를 주는 등의 모든 사적 '녹색행동'은 동시에 공적인 행동이 된다. 따라서 생태 시민성은 일상의 삶이 생태적이 되는 것에 관심을 기울인다(Dobson,

2003, 김혜수·허혜경, 2022에서 재인용).

생태 시민성은 녹색 시민성, 환경 시민성, 지속가능한 시민성 등을 포괄하며 전 지구적인 환경위기를 극복하는 궁극적인 해법으로 인식된다(이나미, 2023; Misiaszek, 2017). 따라서 생태 시민성은 환경문제의 원인을 파악하고 이를 해결할 수 있는 다양한 태도와 방법을 내재화하고 실천으로도 이어지게 하는 노력을 강조한다. 이러한 과정을 통해 인간과 자연 간, 지역 간 그리고 세대 간 환경부정의 문제를 인지하고, 환경적으로 건전하고 지속가능한 발전으로 나아가는 방향을 강화하는 생태 시민성을 기를 수 있다.

〈표 1〉 생태 시민성의 구성 요소와 내용

범주	내용
시민 지식	• 생태적 지식 - 인간과 자연의 이분 사고 넘어서기 • 인류세 개념 이해
시민 기능	• 환경문제의 사회정의적 문제 - 비용과 혜택의 지역 간 불평등 양상 - 지구 공공재 담론의 문제 • 생태시민교육의 통합, 융합적 교수-학습
시민 가치·태도·성향	• 생태 중심적 가치 • 지속가능성 • 환경감수성
시민 참여·행동·실천	• 생태친화적인 활동 • 농업 관련 생태 시민성 - 유기 농업 • 생태 시민성 교육의 실제

세계화의 확대와 더불어 환경문제는 국가를 넘어 지구적 차원의 문제로 자신이 속해 있는 지역뿐 아니라 지역, 국가, 그리고 세계 스케일에서 다양하게 나타나고 있어 이에 대해 관심을 가지고, 생태중심주의와 생태 공

동체 의식을 통해 현세대뿐만 아니라 미래 세대, 인간과 비인간 존재에 대한 책임을 수행하는 실천 행위를 포괄하는 시민의 영역으로 확대하며 생태 시민성을 지식, 기능, 태도 그리고 실천의 측면에서 구체화하며 시민교육의 일부로 자리잡게 할 필요가 있다. 다음에서는 시민교육의 틀에 기초해 지식, 기능, 가치, 그리고 실천으로 구분하는 틀에 기초해 접근하며(유네스코, 2014), 생태 시민성의 구성 요소와 내용을 〈표 1〉과 같이 다루어 보고자 한다.

2. 생태 시민성의 요소 (1): 지식, 기능

1) 생태 시민 지식

생태 시민성 함양은 기존 인간과 자연을 이원적으로 분리하던 사고를 넘어서는 것이 가장 기본적인 출발이 된다. 인간이 자연을 이용하던 권리와 더불어 책임의 강조는 현실적으로 지역 그리고 세대 간의 환경 부정의를 문제로 부각시킨다. 이들은 교육에서 문제 제기와 이를 정당화하는 탐구, 조사 활동을 통해 구체화하는 과정을 거치며 가치와 실천의 필요가 내재화되는데, 교육 방법으로는 통합 그리고 융합 교과 운영을 활용할 수 있다(Manitoba Education and Training, 2017; Morgan, 2012).

오랫동안 인간과 자연을 바라보는 사고는 이분법이 지배적이었다. 자연은 전통적으로 인간과 구분되는 것으로 간주하였다. 전통적 인식 틀에서 인간과 자연은 명확하게 구분되었고, 자연은 인간의 이용 대상으로 고려되는데 이처럼 인간과 자연을 단순히 분리하는 것은 여러 측면에서 문제의 소지가 있다. 먼저 인간은 자연의 일부이기 때문이다. 다시 말하면, 인간은 복잡한 생태계의 구성원이자 산물이다. 둘째, 자연이 인간의 손길을 거치지 않은 광물, 물, 공기 및 생물체 등으로 구성되어 있다고 보는 것은 잘못된 것이다. 물론 인간에 의해 간섭을 받지 않는 환경 혹은 생태계는 극소수이지만 여전히 존재한다. 그러나 대부분 자연은 인간의 손길이 미치거나 거친 곳들이다. 셋째, 우리가 자연이라고 부르는 것들은 실제로 소위 경제적 과정의 결과이다. 예를 들면, 농업은 유리한 토양과 기후의 자연적 결과가 아니라 자본주의적 농업활동의 결과인 것이다. 따라서 자연이 인간에 의해 어떻게 재생산 되는지를 살피는 것이 중요하다. 자본주의 사회에서 자연이 어떻게 생산되고, 이러한 자연의 생산을 누가 통제하는지에 대한 해답을 찾는 것이 중요한 과제이다.

인류세 개념이 최근 새롭게 등장하며 인간과 자연을 관계를 새롭게 정립하는데, 지질시대는 주로 지구궤도의 변화에 따라 지구에 도달하는 태양 복사에너지 양의 변화, 먼지를 생성하는 화산활동, 대기에서 자연적으로 발생하는 이산화탄소 양의 변화 등 주로 자연적 요인에 의한 기후변화로 지구는 상대적으로 추운 빙하기와 따뜻한 간빙기가 주기적으로 반복되어 왔다. 그러나 최근에는 인간 활동이 기후변화에 큰 영향을 미치고 있다. 인류세는 자연적으로 반복되는 기후변화가 아닌 인간에 의한 새로운 지질시대로 명명해 희망의 시대가 아닌 파괴의 시대로 기후변화를 부각시키고자 한다. 인류세는 지구온난화를 대변하는데 인간의 영향에 의해 강화되고, 이는 다시 우리 인간의 삶에 영향을 미치고 있다. 인류세는 생물권의 변화를 추동하는 새로운 인간의 영향력이 산업혁명에 따른 화석연료의 과다한 사용과 관련이 있으며, 세계화로 인한 이동의 자유는 탄소 발생을 더욱 증가시켜 우리의 생물권을 변형시키고 있다. 인류세는 인간을 지배하고 있는 산업자본주의가 현재와 미래의 자연에 미치는 악영향을 계속해서 경고하며 지구온난화와 기후변화에 대한 반성적 성찰을 요구한다. 인류에 의한 미래의 기후변화는 생태 시민성에 기반한 대응을 필요로 한다.

2) 생태 시민 기능

환경문제를 해수면 상승, 평균 기온 상승 등으로 범지구적 차원의 영향을 강조하면 사회구조 측면에서 사회적 분배의 정의적 측면을 간과하는 접근이다. 환경문제는 상당 수준 인간의 경제활동에 기인하고, 환경문제의 원인과 결과는 비용과 혜택에서 지역 간 불평등한 양상을 보이는데, 지구 차원의 환경문제 대다수는 원인제공 지역은 피해가 적고, 피해대상 지역은 대다수 현재의 개발도상국으로 환경적으로 부정의한 면모를 보인다. 환경부정의는 환경 피해와 혜택이 사회계층 간, 지역 간, 세대 간 불일치하는 문제로 부유한 강자가 혜택을 누리고 빈곤한 약자가 피해를 담당하는 상황을 문제시한다. 환경부정의의 지역 간 양상은 선진국과 개도국의 환경문제에 대한 입장 차이가 대표적으로 선진국은 환경 악화를 지구 차원의 문제로 공동의 부담을 강조하는데, 개발도상국은 지구온난화 등의 환경 피해를 가장 심하게 받는 지역으로 역사적으로 누적된 환경 악화에 대한 책임 그리고 보상도 선진국이 져야 한다고 주장하며 국제회의에서 대립되는 입장을 보이는 경우가 빈번하다. 이러한 선진국과 개도국의 부정의는 사회계층 간의 갈등으로도 연장되는데, 국가 수준에서도 대도시는 폐기물 발생이나 전기 사용이 많지만, 발전소나 폐기물 처리는 농촌 지역에서 이루어지는 경우가 많아 환경부정의 양상으로 나타나는 경우가 대다수이다. 세대 간 환경부정의는 핵발전의 경우 현세대는 저렴한 비용의 전기를 사용하지만, 핵폐기물 처리는 후세대로 미뤄지고 있어 비용을 전가하는 양상으로 나타난다.

생태 시민성의 환경문제에 대한 비판적 안목은 지구 공공재 담론에서도 찾을 수 있다. 선진국 주도로 대중화되고 있는 지구 공공재 위기는 오존층, 바다, 토양, 생물 자원, 대기와 기후 등의 환경을 보전하려는 관심과 노력이 약화되며 지구의 모든 생명이 곤경에 처하게 된다는 주장을 펼친다. 예를 들어 탄소 배출로 대기 기온이 상승해 기후변화를 초래하고 있으며, 오존층에 구멍이 생겨 피부암이 늘어나고, 바다, 삼림, 지하수는 개방된 접근으로 오염되고 과잉 채취가 되고 있다고 보도한다. 선진국들은 지구자원관리자로 자처하며 이와 관련된 조직적이고 전문적으로 자료를 모으며 지구 공공재에 대한 책무를 지는 위치로 자리 잡고 자연을 새로운 공공재로 만들어 측정하고 감시-규제하고자 한다. 지구 공공재는 세계적인 감시가 필수적이고 지구자원관리자들은 자신들의 과학적 지식과 정의적 규칙이 현지 주민의 생태적, 문화적 가치와 지식을 초월하는 공공재 전문가로 생태적 악화와 지속가능성을 설명하는 권위를 유지한다.

공공재에 대한 관심이 소지역에서 지구 차원으로 옮겨짐으로써, 삼림은 이제는 단지 지역 주민의 생계 터전이 아니라 지구 생물자원의 일부가 되며, 잘못된 사용은 그 지역뿐 아니라 우리 모두에게 부정적 영향을 미치는 것으로 합리화한다. 지구 공공재 담론은 남부 국가의 소지역 공유재 이용 양상이 북부 국가에도 문제가 된다고 주장한다. 그러나, 소지역 자원 이용의 부정적 결과 즉 공유재의 비극을 일반화하는 과정에서 제3세계의 많은 지역들은 복잡하고 중복되지만 합리적이고, 전문적이고, 효율적인 공유자원 관리 규범이 작동하고 있다는 것을 발견하고도 이들을 낙후된 사라지고 있는 비과학적인 전통 방식으로 저평가받고 있다(권상철, 2016).

환경부정의 측면의 관심은 초기 빈곤 지역에 화학 폐기물이 집중되어 질병이 발생하는 문제에서 시작되었으나 이후 대기오염 물질이 국경을 넘어 주변 국가에 사회적 비용을 부과하는 상황, 그리고 최근에는 후쿠시마 원전 방사능 오염수 유출이 태평양을 접하고 있는 나라들로 확산되는 상황에도 적용될 수 있다. 보다 개인 차원의 일상 영역으로는 소비하는 상품이 환경부정의를 유발하는 경우에 관심을 기울일 필요가 있다. 세계화와 더불어 다양한 소비재들이 이용가능해졌지만, 이들의 생산, 유통, 소비, 처리는 여러 장소가 먼 거리를 이동하는 과정에 연계되며 다양한 생태, 사회적 문제를 발생시키고 있다. 생태적 측면에서 커피의 경우를 보면 수요 증가에 따른 재배지 확대를 위해 열대우림의 삼림이 제거되고, 주요 소비지인 선진국으로의 이동에 교통수단이 온실가스를 방출하는 문제를 생각해볼 수 있다. 사회적으로는 열대 개도국에서 생산되는 재배품에 노동 비용을 적절히 지불하자는 선진 소비국에서의 공정무역 움직임은 소비재의 세계화가 가진 부정의한 측면을 드러낸다. 이들은 개인의 소비 행동이 개도국의 환경 악화와 이로 인한 생계기반의 축소로 이어지며 세계 지역 간 빈부격차 심화로 이어진다. 상품의 생태발자국은 예전에 비해 점차 많아지며 생태파괴지수로 불리기도 하는데, 국가, 세대, 인간을 넘는 지구정의(planetary justice)의 생태시민성을 추구할 필요가 높아지고 있다(Dryzek & Pickering, 2018).

생태 시민성의 비판적 안목은 문제 제기와 조사를 통해 지식과 이해를 도모하고 대안을 모색하는 기술적 측면의 접근이 필요한데 이는 교육과 연계된다. 환경문제는 인문, 자연이 얽혀 있는 복잡성과 미래 예측이 어려운 불확실성이 있어 과정과 기술 측면에서 다양한 안목과 접근이 요구된다. 최근 가장 많은 관심을 얻고 있는 기후변화인 지구온난화의 경우 불명확한 난제(wicked problem)로 언급되는데 복잡하고 상호 연결된 시스템 내에서 다양한 장소, 사람, 사물, 아이디어 및 관점의 상호작용에서 발생하는 문제로 쉽게 처리할 수 없는 과제로 등장한다. 지구온난화의 경우 미래에 어느 정도로 진행할 것인지는 원인 측면에서 온실가스 배출 감소의 속도와 규모에 따라 달라지고, 기후변화에 따른 사회경제적 결과는 불명확해 미래 기후변화의 위험에 대한 지역 그리고 국제 수준에서의 계획 수립을 어렵게 한다.

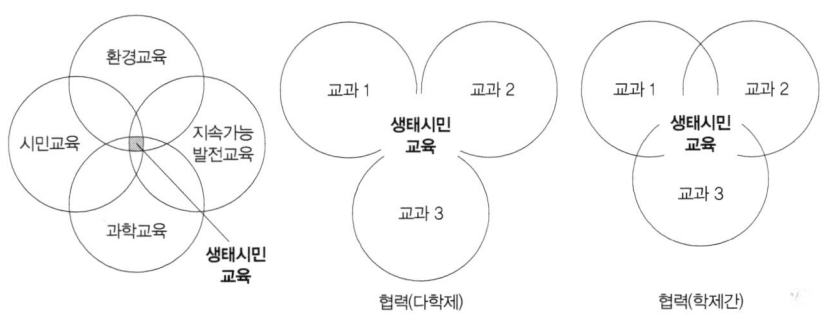

[그림 2-1] 생태 시민성 교육의 통합, 융합 교수 방법

출처: a-ENEC(2020); b-Hadjichambis et al.(2020)

기후변화와 같은 너무 광범위하거나 복잡하여 하나의 학문이나 방법으로 적절하게 다뤄지지 않는 문제에 대한 해답이나 해결하는 과정은 학제간 융합(interdisciplinary) 접근이 중요하다. 교사들은 특정 주제에 대해 교육과정이나 교수계획에 따라 수업을 진행해야 한다. 만일 생태 시민성을 교육해야 한다면 교육과정에서 이 주제를 다루는 단계, 접근법 그리고 목표를 설정해야 한다. 학교 과목을 통합하고 기술을 장려해 개념보다 학생

들의 관점에 적합한 현상에 초점을 맞춘다. 이는 생태 시민성이 사회의 환경, 경제, 그리고 사회 이슈에 초점을 맞추는 것에 부합하고, 학생들이 환경 악화에 대응하는 포괄적인 기술을 갖춘 생태 시민의 능력을 배양하는 것을 목표로 한다.

생태 시민교육은 장소 기반 교육, 시민 생태교육, 환경 정의 교육학 등과 같은 여러 접근을 촉진하기 위해 어떤 방식으로 접근하는 것이 가능한가? 생태 시민교육은 기본적으로 여러 관련 분야의 교육이 교집합하는 작은 영역일 수 있지만, 보다 중요하게 중심을 가지고 진행한다면 학생들이 교육에서 접하게 되는 내용, 방법 및 목적 측면에서 환경 시민교육에 기여하는 과목 영역의 차이를 연계시키는 방법인데, 예를 들어 학교의 다른 3가지 과목이 생태 시민성의 주제에 대해 학생들에게 수업을 제공하는 방식을 보자([그림 1]). 여기에는 여러 교과가 공통의 목표는 없지만 다학제의 협력(cooperation) 교육이 가능하고, 일관성 있는 공통의 사명을 가지고 협업(collaboration)으로 진행하는 학제간 교육이 가능하다. 후자의 과목과 과목 간의 영역 협업은 범교과적 교육이라고 한다. 실제로 서로 다른 교사 간의 교과 과정 전반을 이해하는 두 가지 방법이 있다.

교사는 환경 시민의식에 대한 광범위하고 전체적인 관점을 제공하는 각자의 학문적 관점과 기술을 가져오지만, 서로 겹치지 않아 학생들이 관점을 서로 연관시키기가 어렵다. 협력을 통해 일부 부분은 환경 시민의식과 관련된 세 가지 주제 영역 모두에 공통되는 반면, 다른 부분은 환경 시민의식에 대한 특정 주제에 대한 기여이다. 보편적으로 범교과적 교육에 협업 모델을 이상적인 것으로 간주한다. 왜냐하면 서로 다른 과목 관점이 전체적으로 서로를 보완하는 동시에 서로 관점과 관련된 공통점을 다루기 때문이다. 정규 교육에서 교과 전문 교사들 간의 진정한 협력으로 환경 시민교육의 범교과적 교육을 조직하는 이러한 방식은 향후 생태 시민의식 구현을 위한 유용한 방안이 될 수 있다.

현재의 환경문제를 해결하고 미래의 새로운 환경문제를 방지하고, 이를 위해 환경문제의 구조적 원인을 파악하고 해결해 지속가능성을 성취하는 것으로 자연과의 건강한 관계를 발전시키며, 환경의 권리와 책무를 실천하는 비판적 행동적 참여와 시민참여를 배양하는 것으로 지향한다. 이는 개인 그리고 집합, 개인 그리고 공적 영역에서, 그리고 지역, 국가, 글로벌 스케일에서 적용할 수 있어야 한다.

3. 생태 시민성의 요소 (2): 가치·태도, 참여·행동·실천

1) 생태 시민 가치·태도

'환경'과 '생태'라는 용어는 가치나 윤리의 측면에서 사용할 때 용어상 의미를 구분할 필요가 있다(한면희, 2006). 좁은 의미의 환경은 인간이 목적이고 자연은 수단이라는 서양 전통의 이분법적 표현이고 인간 문화는 중심이고 자연은 문화에 종속된 것으로 보고 있다. 반면 생태는 인간을 포함한 자연적 존재 간의 내적 연관성을 중시하는 생태학의 자연 이해에서 출현한 개념이다. 넓은 의미의 환경은 생태를 포함하는 개념으로 사용하기도 한다.

생태 시민으로 갖추어야 할 가치는 생태 중심적 가치이다. 현재 전 지구적인 환경 문제를 놓고 대부분의 주장들이 생태 중심적 가치를 지향하고 있다. 그러나 현실적으로는 인간 중심적 가치가 밑바닥에 깔려 있다고 볼 수 있다. 그 대표적인 용어가 지속 가능한 발전이다. 지속가능한 발전은 브룬트란트 보고서에서 "미래 세대의 필요를 충족시킬 수 있는 능력에 손상을 주지 않으면서 현세대의 필요를 충족시키는 발전"으로 정의하고 있다. 고창택(2004)은 지속가능성의 인간 가치와 생태 가치의 대결에서 인간 가치에 손을 일방적으로 들어주는 인간 중심적 편향을 드러낸다고 보았다. 발전에 기반을 둔 지속가능성은 인간 중심적 주장과 생태중심적 주장이 항상 미묘한 갈등을 겪을 수 있다. 자연 환경의 생태적 기능에 따른 지속 가능성의 차원과 그에 따른 특성은 〈표 2〉와 같다.

〈표 2〉 지속가능성의 차원과 그 특성

지속가능성의 차원	도덕적 주장	가치 정향	타당성 유형	사회제도	기능	농업의 예
① 물질적 차원	원물질에 접근할 기회	인간가치＞생태가치	공정한 분배	정상적 시장	자연자원 공급	관행 농업으로 식량 생산
② 생명의학적 차원	건강에의 권리	인간가치＝생태가치	정언명령	환경법	생명유지	친환경 농업으로 식량 생산
③ 미학적 차원	좋은 삶을 자연스럽게 살기	인간가치＜생태가치	문화적 수용 가능성	미학적-공공적 전통	쾌적함 부여	전통 농업 경관 유지, 자연 농업

출처: 고창택, 2004, p.8의 순서와 내용을 일부 수정함

환경감수성은 '자연과 오랜 동안의 접촉을 통하여 형성된 환경에 대한 동정과 연민 등의 시각으로 환경 및 환경행동에 대한 개인적 느낌'(오해섭, 1998), '환경에 대한 아름다움이나 신비로움, 환경문제 등 환경을 느낄 수 있는 환경에 대한 반응'등으로 정의된다. 또한 자연에 관심을 가지고 환경의 상황에 대해 공감하여 감정이입하는 정의적 속성으로 유기체가 오감을 사용해 내·외계의 자극을 수용하는 능력과 그 능력을 바탕으로 환경적으

로 책임 있는 결정과 행동으로 실천할 수 있게 하는 것이며 환경과의 공감도는 외부와의 상호작용을 통해 환경 보전하려는 실천의지까지도 포함하는 것으로 보며(이상덕, 2011) 환경에 대한 감정이입적 시각을 가지고 공감하는 능력을 바탕으로 환경의 아름다움, 문제, 변화 등에 민감하게 정서적, 감정적으로 반응하는 것(이가빈, 2017), 그리고 환경 친화적 태도를 형성하여 책임 있는 환경행동을 하는데 긍정적인 동기를 부여해 주는 환경에 대한 정서로 정의되기도 한다(배성기, 2009).

2) 생태 시민 참여·행동·실천

생태 시민의 참여·행동·실천은 환경 보전과 환경 문제의 해결 과정에 능동적이며 적극적으로 참여할 수 있는 능력과 자세, 그리고 전지구 수준에서 생각하고 구체적인 지역 상황에서 문제를 해결하기 위한 것으로 볼 수 있다(김영인·설규주, 2022). 생태 시민의 참여·행동·실천은 시민이 주체적으로 생태 친화적인 활동을 하는 것이다. 생태 시민성 교육은 궁극적으로 생태 시민으로서 참여, 행동, 실천을 이끌어내는 것을 목적으로 한다. 생태 시민성의 개념은 고정되어 있지 않으며 주체들의 삶의 문제, 현실의 문제에 대한 해석과 적용 가능성을 내포하고 있다. 지구 기후 변화를 비롯하여 이 시대를 살아가는 시민들이 겪게 되는 실천적 상황은 생태 시민성이 갖는 의미를 보여주는 계기가 될 수 있다. 생태 시민성과 관련하여 환경 교육이나 기후 변화 교육에서 중요한 가치를 두는 것은 학습자가 어떤 행동을 했는가와 함께 그러한 실천이 갖는 의미라고 볼 수 있다(김찬국, 2013).

이 글에서는 농업과 관련한 생태 시민성 관련 예시 자료를 추가로 제시해 보고자 한다. 브라질에서는 아마존 밀림을 파괴하여 소를 방목할 목장지를 만들어 소를 사육하고 농토를 만들어 콩을 재배하고 있다. 이는 지구 반대편에 있는 우리나라가 기후 변화에서 벗어날 수 없도록 영향을 미치고 있다고 할 수 있다. 브라질의 열대 우림 파괴가 전지구적인 환경 문제를 야기하고 있다고 보는 것이 다수의 의견이다. 이는 생태시민성의 특성의 하나인 비영역성과 밀접하게 관련되어 있다. 일본 후쿠시마 원전의 방사능 오염수 배출이 추측하건대 일본 연안에만 영향을 미치는 것이 아니라 우리나라를 비롯한 전 세계 모든 국가에 영향을 미칠 것이라고 보는 것도 같은 견해이다.

농업이 기존의 화학 비료와 화학 농약을 대규모로 사용하는 관행 농법에서 벗어나서 유기농업을 비롯한 다양한 친환경 농법으로 전환할 필요가 있다. 이러한 친환경 농법으로의 전환은 농산물 생산 과정이나 농산물 섭취에서 인간의 농약 피해 감소와 더불어 농경지에서 살아가고 있는 다양한 생물에 대한 피해를 줄일 수 있다. 생태 시민의 의무는 다른 사람들에게 영향을 미치는 모든 개인적 행위에 대한 책임으로 설명할 수 있고 이러한 책임은 자신과 상호작용을 통해 영향을 받게 되는 비인간 생물종에까지 확장된다(김찬국, 2013). 생태시민성은 공공선의 영역을 단순히 인간에 국한하지 않고 자연에까지 확장하고 있다.

4. 생태 시민성 교육의 실제

환경 감수성 함양을 위한 초등학교 프로그램의 예시는 〈표 3〉과 같다 (박규민, 2021).

〈표 3〉 환경 감수성 함양을 위한 초등학교 프로그램의 예시

차시	활동 주제	활동명	활동내용
1-2	건강한 흙	흙 속의 보물 찾기	- 흙 속 탐험하기 - 식물이 자라기에 좋은 흙 알아보기 - 흙 속에 사는 동물 지렁이에 대하여 알아보기
3		음식물 쓰레기도 자원이 될 수 있어요.	- 버리면 쓰레기 모으면 거름이 되는 것에 대하여 알아보기 - 음식물 쓰레기의 문제점 알아보기 - 지렁이 화분 만들기
4-5		쓰레기 처리는 이렇게	- 모종의 뜻 알기 - 모종 심기: 감자, 상추, 고추, 방울 토마토 - 텃밭 가꾸기 과정에서 많이 발생하는 쓰레기 알아보기 - 쓰레기가 흙에 미치는 영향 알아보기 - 쓰레기 분리배출 방법 알아보기
6	소중한 물	식물도 깨끗한 물을 원해요	- 목이 말랐던 경험 이야기하기 - 물이 오염되는 원인을 생활 모습에서 찾아보기 - 물의 오염을 줄이기 위해 내가 할 수 있는 일 찾아보기
7		우리 집에 물 먹는 하마는?	- 텃밭에 물을 주면서 물이 낭비되는 경우 찾아보기 - 물 부족 국가의 상황 살펴보기 - 일상생활 속에서 물이 낭비되는 경우 찾아보기 - 우리 집에 붙일 물 절약 안내문 만들기
8		물 재활용 저금통 만들기	- 텃밭에 사용되는 물의 양 생각해보기 - 물 재활용 저금통 만들고 꾸미기 - 학교 곳곳에 설치하기
9-10	깨끗한 공기	고마운 바람	- 오감을 활용한 텃밭 느끼기 - 바람이 식물에게 주는 도움 알아보기 - 텃밭에서 자라는 식물의 자람을 생각하여 반전그림 그리기
11-12		숨쉬기가 힘들어요.	- 더러워진 공기에 대한 사례 알아보기 - 책 [퀴즈, 미세먼지!]을 활용하여 미세먼지 알아보기 - 공기 오염이 사람과 자연에 미치는 영향 알아보기
		깨끗한 공기를 만들어요	- 깨끗한 공기를 지켜내는 지킴이 찾기 - 내가 실천할 수 있는 노력 알아보기 - 실천할 수 있는 것들을 그림으로 나타내기

13–14	함께 라서 아름 다운 우리	텃밭에서 만나는 식물들	– 텃밭에서 볼 수 있는 다양한 식물 찾아보기 – 식물의 이름과 특징 찾아보기 – 텃밭에서 다양한 식물들이 어우러져 자람을 이해하고 텃밭 그림 완성하기
15–16		텃밭에서 만나는 동물들	– 두 무당벌레의 이름 알아보기: 칠성무당벌레, 이십팔점박이 무당벌레 – 텃밭 주변에서 만날 수 있는 동물 찾아보기 – 동물의 이름과 특징 찾아보기 – 식물이 자라기에 이로운 곤충과 해로운 곤충에 대하여 이야기 나누기 – 식물에게 해로운 곤충들이 식물에게 주는 피해를 줄이기 위해 할 수 있는 방법에는 무엇이 있는지 알아보기

출처: 박규민(2021: 19–20)

〈표 4〉 환경교육 교수학습 과정안 예시(1)

주제	건강한 흙—흙 속의 보물 찾기	지도일시	2021.03.
		차시	1–2

학습 목표	텃밭의 흙을 관찰하고 흙 속에 들어있는 것들을 찾아 발표할 수 있다. 지렁이가 하는 일을 알 수 있다.		
학습 자료	모종삽, 호미, 괭이, 장갑, 지렁이 똥 이야기 영상, 학습지		
학습 단계	교수·학습 활동	시간	자료(*) 및 유의점(※)
도입	◎ 동기유발 • 텃밭에서 식물을 키워 본 경험 이야기하기 ◎ 학습목표 확인 텃밭의 흙을 관찰하고 지렁이가 하는 일을 알아보자	5′	* 호미, 괭이, 모종삽, 장갑 등
전개	• 텃밭을 일구는 의미에 대해 설명하기 – 겨우내 얼었던 땅을 뒤집어 공기를 잘 순환하게 한다. • 텃밭을 일구는 시범 보고 실습하기 – 농기구인 호미와 괭이의 사용법과 주의 사항 안내 • 텃밭을 일구며 흙 속에서 발견한 것을을 발표하기 – 나뭇가지, 풀 뿌리, 커다란 돌, 흙, 굼벵이, 곤충 등	30′	※ 텃밭에서 굼벵이, 지렁이 등 다양한 동물을 발견하였을 때의 느낌에 대해 자연스럽게 생각을 나눌 수 있는 기회를 준다. ※ 모종삽, 호미, 괭이 등을 사용할 때의 안전사고에 유의한다.

전개	• 텃밭 환경 일기 쓰기 – 흙을 만졌을 때의 느낌은 어땠나요? – 밭을 일굴 때의 느낌은 어떤가요? – 굼벵이를 봤을 때의 느낌은 어땠나요? • 텃밭에서 지렁이를 봤을 때의 느낌은 어땠나요? – 신기했다. 징그러웠다 등 • '지렁이 똥 이야기' 영상 보기 • 지렁이에 대해 알게 된 점 글과 그림으로 나타내기 – 지렁이가 먹고 눈 똥을 무엇이라고 하나요? – 지렁이가 좋아하는 것과 싫어하는 것은 무엇이 있나요? – 지렁이가 하는 일에는 무엇이 있나요? – 지렁이에게 하고 싶은 말은 무엇인가요?	40′	※ 흙이 묻고 땀이 나며, 덥고 다리가 아플 때 농부의 수고로움에 대하여 알게 한다. * 활동지-텃밭 일기, 지렁이 학습지
정리	• 활동 소감 나누기 – 텃밭을 일구면서 느낀 점 발표하기 – 지렁이에 대하여 알게 된 점 발표하기 • 다음 활동 안내 – 지렁이 화분 만들기	5′	

출처: 박규민(2021: 20-21)

환경 태도 함양을 위한 초등학교 프로그램의 예시는 〈표 5〉와 〈표 6〉과 같다(권희숙, 2021).

〈표 5〉 환경 태도 함양을 위한 초등학교 프로그램의 예시

단계	차시	학습주제	주요 활동 내용	환경영역
계획 및 준비하기	1	환경을 아껴요(1)	• 동영상 시청을 통해 환경이 파괴되는 원인 알기 • 환경 오염을 줄이기 위해 할 수 있는 일 • 친환경 농업의 필요성	환경오염
	1-2	준비를 해요	• 기르고 싶은 작물 검색하기 • 계절별, 월별 재배 가능한 작물 분류하기 • 재배 계획 세우기 • 역할 분담하기	환경일반

제2장 생태 시민성

계획 및 준비하기	1	건강한 흙이 필요해요	• 토양의 구성 요소 알아보기 • 토양의 중요성	환경 일반
	1		• 실험을 통해 토양의 역할과 중요성 알아보기 • 농약이 인간과 토양에 미치는 영향 알아보기 • 토양을 주제로 2행시 짓기	환경 오염
실행하기 (텃밭 환경 조성하기)	1-2	나는 텃밭 디자이너	• 학교 안 자투리 공간 찾기 • 상자형 텃밭 배치하기 • 상자 텃밭 페인트 칠하고 꾸미기 • 상자 텃밭에 상토 넣기	생태 관리
	1		• 텃밭 일구기 • 돌 골라내기, 잡초 제거하기	생태 관리
실행하기 (씨와 모종 심기)	1-2	새 친구가 이사 왔어요	• 씨앗과 모종의 종류와 특징 • 씨앗과 모종 심는 법 • 씨앗과 모종이 자라는 과정 • 씨뿌리기와 모종 심기 • 물 주는 방법 알아보기	생태 관리
	1		• 고구마 심기	생태 관리
	1		• 감자 심기	생태 관리
실행하기 (관리하기)	1	너의 이름은?	• 식물 이름표 팻말 꾸미기	생태 관리
실행하기 (작물 가꾸기)	1	내 친구와의 만남!	• 재배하는 식물 관찰하기 • 식물이 자라는 과정 들여다보기 • 물주기 및 잡초 제거하기 • 관찰일지 쓰기	생태 관리
	1-2	우리 교실에 자연이 찾아왔어요	• 다양한 방법으로 실내 식물 재배하기 – 버섯 가꾸기, 콩나물 가꾸기	생태 관리
실행하기	1	달걀 껍데기로 천연 비료를 만들어 봐요	• 달걀 껍데기를 이용한 천연 칼슘비료 만들기 • 친환경 비료 텃밭에 뿌려주기	상호 작용
수확기	1-2	수확의 기쁨, 함께하는 즐거움	• 수확하는 방법 알아보기 • 고구마, 배추, 상추, 바질, 토마토, 콩나물, 버섯 등 재배한 작물 수확하기 • 수확한 작물 이용 방법 계획하기	생태 관리
수확하기	1	지구를 위한 나의 선택	• 판매되는 농산물과 직접 키운 농산물 비교하기 • 친환경 마크의 종류와 의미 알기 • 친환경 농법 알아보기	환경 일반

가공하기	1	환경을 아껴요(2)	• 농산물의 생산·유통·소비 과정 살펴보기 • 탄소 배출에 대해 알아보기	상호 작용
가공하기	1	나는 크리에이터	• 친환경 농업(텃밭 작물)을 주제로 한 문예활동 • 친환경 농업 UCC 만들기	상호 작용
가공하기	1-2	친구의 변신은 무죄	• 재배한 농산물 활용한 건강 음식 만들기 • 요리 방법 알아보기 • 고구마 맛탕 만들기	상호 작용

출처: 권희숙(2021: 30-31)

〈표 6〉 환경교육 교수학습 과정안 예시(2)

학습 주제	준비를 해요		영역	생태관리
			차시	1-2
관련 교과	과학5: 생물과 환경, 날씨와 우리 생활/국어5: 지식이나 경험 활용하기/사회3: 우리 고장의 환경과 생활 모습/실과5: 가꾸기와 기르기, 식물의 활용			
핵심 역량	□기술적 문제 해결 능력 ☑기술 시스템 설계 능력 □기술 활용 능력			
학습 목표	■친환경 농산물을 기르기 위한 계획을 세울 수 있다.			
학습 자료	영화 '마션' 영상, 친환경 농법 동영상, 태블릿 PC, 식물도감			
학습 단계	교수·학습 활동		시간	자료(*) 및 유의점(※)
도입	◎ 동기유발 • 영화'마션' 속 주인공 살펴보기 - 화성에 혼자 살게 된 주인공의 직업은 무엇이었나요? - 주인공은 살아남기 위해 무엇을 했나요? - 토양과 변을 거름으로 재배하는데 등장한 또 하나의 문제점은 어떤 것이었나요? - 식물 재배에 필요한 물을 어떻게 얻었나요? - 주인공이 재배하여 얻은 식물은 무엇인가요?		10	*영화 '마션' 영상 https://www. youtube.com/ watch?v=u8_ CFQ2Yb8w
도입	• 학교 환경을 이용한 식물 기르기 아이디어 생각해 보기 ◎ 학습목표 확인 친환경 농산물을 기르기 위한 계획을 세울 수 있다.			

전개	• 친환경 작물 기르기 계획 세우기 - 계절별, 월별 재배 가능하고 우리 학교의 환경에 맞는 작물을 알아보고 어떤 작물을 기를지 정한다. - 가꾸는 방법, 잘 자라는 환경 요소, 물을 주는 주기 등을 조사한다. - 어떤 도구가 필요한지 준비물과 유의사항, 역할 분담 등을 이야기 나눈다. - 재배하려는 식물의 특성과 크기에 맞게 학교 환경 중 어떤 장소를 이용할지, 더 필요한 것은 없는지 생각한다. - 친환경 농업을 어떻게 실천해야할지 생각한다. • 친환경 작물 가꾸기 계획 발표하기 - 친환경 재배 방법을 적용한 작물 기르기 계획을 발표한다. - 재배할 작물의 종류, 재배 방법, 재배할 장소, 역할 나누기 등을 모둠별로 발표한다.	65	* 태블릿 PC, 식물 도감 ※ 계절과 학교 상황에 맞는 작물과 재배 방법을 선택하도록 한다. ※ 심는 방법, 재배 장소, 준비물 등을 고려하여 수업을 진행한다.
정리	• 새롭게 알게 된 점을 이야기 해 봅시다. • 농산물을 기를 때 필요한 것을 말해봅시다. • 앞으로의 활동 중 기대되는 점을 발표해 봅시다.	5	

출처: 권희숙(2021: 32-33)

참고문헌

고창택(2004), 지속가능성의 윤리와 생태 체계의 가치. 철학연구, 89, 1-22.
권상철(2016), 지역정치생태학: 환경과 개발의 비판적 검토와 공동체 대안, 서울: 푸른길.
권희숙(2021), 친환경 주제 통합 농업교육 프로그램이 초등학생의 환경 태도에 미치는 영향, 제주대학교 교육대학원 석사학위논문.
김병연(2015), 생태시민성과 페다고지, 서울: 박영스토리.
김영인·설규주(2022), 시민 교육론. 서울: 한국방송통신대학교출판문화원.
김찬국(2013), 생태시민성 논의와 기후변화교육, 환경철학, 16, 35-60.
김혜수·허혜경(2022), 인류의 미래를 위한 글로벌 시민교육, 서울: 창지사.
박규민(2021), 텃밭 가꾸기 중심의 환경 교육 프로그램이 초등학생의 환경 감수성에 미치는 영향, 제주대학교 교육대학원 석사학위논문.
배성기(2009), 초등학생의 환경감수성 증진을 위한 미술과 프로그램 개발 적용, 춘천교육대학교 석사학위논문.
오해섭(1998), 미술교육의 환경적 접근, 한국교원대학교 대학원 석사학위논문.
유네스코(2014), 글로벌시민교육: 21세기 새로운 인재 기르기, 유네스코 아시아태평양 교육원.
이가빈(2017), 생태그림책을 활용한 교육연극 활동이 환경감수성에 미치는 영향, 서울교육대학교 교육(전문)대학원 석사학위논문.
이경한, 김병연, 조철기, 최영은, 김다원, 이상훈(2023), 생태전환시대 생태시민성 교육, 서울: 푸른길.
이나미(2023), 생태시민으로 살아가기: 에코크라시를 향하여, 서울: 알렙.
이상덕(2011), 환경교육 프로그램이 인터넷 중독 초등학생들의 환경감수성 함양에 미치는 영향, 서울교육대학교 교육대학원 석사학위논문.
한면희(2006), 미래 세대와 생태 윤리. 서울: 철학과 현실사.
Dobson, A.(2003), *Citizenship and the Environment*, Oxford: Oxford University Press.
Dryzek, J. S. & Pickering, J.(2018), *The Politics of the Anthropocene*, Oxford: Oxford University Press.
ENEC(2020), Framework of the Education for Environmental Citizenship, ENEC Cost Action.
Hadjichambis, Andreas, Reis, Pedro, Paraskeva-Hadjichambi, Demetra, Činčera, Jan, Boeve-de Pauw, Jelle, Gericke, Niklas, Knippels, Marie-Christine, eds.(2020), *Conceptualizing Environmental Citizenship for 21st Century Education*, Switzerland: Springer.

Manitoba Education and Training(2017), Grade 12 global issues: citizenship and sustainability, the Government of Manitoba.

Misiaszek, G. W.(2017), *Educating the Global Environmental Citizen: Understanding Ecopedagogy in Local and Global Contexts*, New York: Routledge.

Morgan, J.(2012), *Teaching Secondary Geography As If the Planet Matters*, London: David Fulton Book.

제3장

디지털 AI 시민성

김지윤 · 류현종

1. 디지털 AI 시민성의 의미

스마트폰 어플리케이션(앱)으로 진료를 예약 받는 병원이 많아지면서 환자들의 불만이 늘고 있다. 유료로 앱을 사용하지 않고는 병원을 이용하기 어렵다는 점과 취약 계층의 진료 받을 권리가 침해될 우려 때문이다. 복수의 언론보도에 따르면, 월 1,000원을 내면 병·의원을 직접 가지 않고도 진료 접수나 예약을 할 수 있는 모바일 앱에 대한 여러 의견들이 나오고 있다. 이른바 '병원 오픈런' 현상 해소에 도움이 됐다는 평가와 앱을 사용하지 않으면 진료를 받기가 어렵다는 상반된 의견들이 주를 이룬다.[1]

---

1 디지털 세상의 예시를 들기 위해서 월요뉴스(2023) 내용을 수정하여 제시함.

AI로 대표되는 디지털 기술이 발달하면서 우리 삶의 모습은 편리하게 변하고 있다. 일자리를 찾거나 상품을 구매할 때 우리는 간편하게 인터넷이나 스마트 폰 앱을 사용한다. 유튜브를 통해서 우리는 특정 사안에 대해 의사를 표현하고 널리 공유할 수 있으며, 선거 및 정치에 관한 정보도 쉽게 찾을 수 있다. 지방자치단체에서 제공하는 지역 상품권도 앱을 통해서 활용할 수 있게 되었다. 글을 시작하면서 제시한 상황도 '병원 오픈런' 현상으로 인한 불편을 예약 앱으로 해소하게 해준 디지털 기술의 혜택을 보여주고 있다. 하지만 과학기술에는 언제나 명암이 있듯이, 디지털 기술에도 문제점이 있다. 스마트폰 앱을 사용하지 못하는 환자들은 진료를 받을 수 없게 된다는 점이다. 디지털 기술을 활용하지 못하면 당연히 누려야 할 치료 받을 권리를 빼앗기게 되는 것이다.

우리는 오프라인 공간과 온라인 공간 혹은 현실 공간과 가상 공간의 혼융이 만들어 내는 현상과 사건을 마주하면서 살아오고 있다. 디지털 정보를 소유하고 활용할 수 있는 능력이 세상을 살아가는데 커다란 자원이 되었다. AI가 발달하면서는 시민들이 자기 의사를 자유롭게 표현하고(자유권), 정치에 직접 참여하며(정치권), 사회·경제적 기회를 얻고(사회권), 주변화된 소수 집단과 문화 공동체의 정체성을 재현하고 인정할 것을 요구하는데(문화권), 이러한 일련의 활동에서 디지털 기술은 필수불가결한 요소가 되었다. 즉, 디지털 기술을 바탕으로 정치, 경제, 사회, 문화 영역에 참여할 수 있는 권리를 뜻하는 '디지털 시민권'(김만권, 2021: 236)이 현대 생활에서 필요한 핵심 권리로 등장하게 되었다.

그렇다고 디지털 시민권을 누구나 가질 수 있는 것은 아니다. 디지털 기술과 정보에 접근할 수 있는 기회가 불평등하게 배분되기 때문이다. 디지털 정보 격차(디지털 디바이드)로 인해 디지털 기술과 정보에서 소외되고 배제된 사람들은 기존보다 더 심한 불평등 상황에 처하게 되었다. 이제는 AI와 디지털 시대를 살아가야 하는 공동체 시민으로 어떻게 살아가야 하는가의 문제를 고민할 수 밖에 없다. 이 문제는 정치 공동체를 구성하는 개인이 어떤 '시민다움' 혹은 '시민성'을 지녀야 하는가의 문제이다. 시민성은 개인이 정치 공동체의 구성원이 되기 위해 지녀야 하는 지위, 자격, 조건, 소속, 권리, 의무, 덕목, 자질 등을 포괄한다(박이대승, 2017; 김재근, 2019). 공동체의 지위와 자격을 가진 구성원은 법적으로 정해진 권리를 행사하고 의무를 다하게 된다. 또한, 윤리적인 덕목을 가지고 행동하기를 요구받는다.

정치 공동체에서 디지털 기술을 활용하여 자유권·정치권·사회권·문화권을 누릴 수 있는데, 디지털 시민권은 네 가지 권리를 보조하는 역할만 하는 것이 아니다. 디지털 AI 시대에는 '디지털 기술에 대한 평등한 접근성과 활용 가능성'이 평등한 시민의 삶을 누리는데 필수 요건이 되었다. 즉, '다른 권리들을 가질 권리'라 할 수 있다(김만권, 2021: 238). 그렇다면, 디지털 시민권을 지닌 디지털 시민은 생태 시민, 문화·예술 시민, 정치·경제 시민과 더불어, 다양한 시민의 정체성을 나타내는 하나의 구성 요소로 볼 수 없다. 오히려, 생태 시민성, 문화·예술 시민성, 정치·경제 시민성 안에 디지털 시민성 요소가 붙박혀 있다고 보아야 한다. 디지털 AI 시대에 인간은 자신이 기계와 절대 다르다는 특권 의식을 포기하고 인간과 기계의 공존을 모색하며, 인간과 기계가 공진화하면서 변화한다는 포스트 휴머니즘 관점(김종갑, 2017: 64-71)으로 살아야 하기 때문이다.

디지털 및 AI 기술이 만연한 세상에서 디지털 시민으로 살아가려면 무엇이 필요할까? 기술 활용, 오용, 악용에 관련한 수많은 논문, 책, 뉴스 방송을 검토한 후 9가지 디지털 시민성 요소를 ① 디지털 접근성 ② 디지털 리터러시 ③ 디지털 소통 ④ 디지털 권리와 책임 ⑤ 디지털 에티켓 ⑥ 디지털 보안 ⑦ 디지털 상업성 ⑧ 디지털 법률 ⑨ 디지털 건강과 안녕으로 정리한 마이크 리블(Mike Ribble, 2011)의 논의가 많이 회자 되고 있다. 리블은 미래 기술 사회에 살아갈 학생들을 위해 이와 같은 디지털 시민성을 제안하였다. 9가지 요소들은 서로 연관되지만, 학생 학습과 학업 수행에 직접 영향을 주는 요소(①, ②, ③), 학교 환경과 학생 행동에 영향을 주는 요소(④, ⑤, ⑥), 학교 환경 밖 학생 생활에 영향을 주는 요소(⑦, ⑧, ⑨)와 같이 세 범주로 나눌 수 있으며, 학교에서 직면한 쟁점에 따라 관련 범주에 우선 순위를 두고 디지털 시민성 교육을 할 수 있다고 밝혔다(Ribble, 2011: 43-44). 리블의 디지털 시민성 요소가 비록 학교 교육과 학생을 위한 교육에 초점이 맞추어져 있지만, 디지털 AI 시대를 살아가야 하는 모든 시민들이 갖추어야 할 시민성으로 확대하여 생각할 수 있다. 또한, 인터넷과 핸드폰이 디지털 기술의 주를 이루었던 시기인 2011년의 디지털 시민성을 다루기는 하였으나, 디지털 기술 변화에 대응하기 위한 자질, 권리, 책임 등을 망라하여 제시하였기에 생성형 AI 등장으로 달라진 디지털 세상에 필요한 시민성을 궁리하는데 많은 시사를 준다.

필자들은 디지털 AI 시민성을 '**디지털 및 AI 기술을 비판적으로 이해하고 활용하여 책임 있게 개인과 공동체 문제를 해결하는 실천 행위**'로 정의하고자 한다. 앞서 밝혔듯이, 현대 사회에서 디지털과 AI 기술은 우리 생활과 불가분의 관계를 맺고 있다. 디지털 및 AI 기술을 이해하고 활용하는 것이 필요하다. 얼리 어답터(early adoptor)로서 새로운 기술에 적응만 해서는 안된다. 기술의 특성을 비판적으로 파악하여 사람들의 삶에 적정한 기술이 될 수 있도록 해야 한다. 디지털 기술 활용 자체에만 머물러서는 안된다. 공동체의 공적 사안과 문제들을 해결하는 것으로 연결되고 확장되어야 한다. 디지털 AI 기술 발달로 정보를 쉽게 공유할 수 있고, 다양한 채널을 통해 의사 표현을 할 수 있으며, 단시간에 의사를 모아 행동을 취할 수 있는 디지털 기반 환경이 갖추어졌기 때문이다.

공동체의 공공선을 위한 전자민주주의와 원격민주주의는 디지털 인프라만으로 실현되지 않는다. 디지털 환경 속에 작동하는 다양한 매개변수들을 몸으로 받아내고 디지털 시민으로 숙의하고 참여해야 가능하다. 공동체 시민이 되었다는 것은 공동체에서 권리를 누리지만 다른 사람들이 누릴 권리를 존중해야 하는 의무도 다해야 한다는 것을 뜻한다. 개인의 성장과 복지뿐만 아니라 공동체 구성원 모두의 번영을 위해서 공공 사안의 문제 해결과 의사결정에 참여하고 행동할 책임이 있는 것이다. 따라서, 디지털 AI 시민은 디지털 및 AI 기술을 비판적 이해하고 기술을 활용하여 문제를 해결하며, 이 과정에서 책임 있게 실천하는 시민이라는 점을 강조하게 된 것이다.

필자들은 디지털 AI 시민성을 함양하기 위한 체계(framework)를 고안하기 위해서 시민성 차원을 구체적으로 시민 지식, 시민 숙의·기능, 시민 가치·태도·성향, 시민 참여·행동·실천으로 나누어 접근하고자 하였다. 각 차원과 관련 내용 요소를 궁리하기 위해서 필자들이 내린 정의를 구성하고 있는 핵심 요소를 살펴 보았다. 요소를 궁리해본 결과, 디지털 AI 시민성을 구성하는 요소로 '디지털 리터러시', '컴퓨팅 사고력', '디지털 윤리 역량'을 도출할 수 있었다. 세 가지 요소를 구체적으로 살펴보면 다음과 같다.

■ 디지털 리터러시(Digital Literacy)

디지털 리터러시는 "디지털 사회 구성원으로서 자주적 삶을 살아가기 위해 필요한 기본소양으로 윤리적 태도를 가지고 디지털 기술을 이해·활용하여 정보의 탐색 및 관리, 창작을 통해 문제를 해결하는 실천적 역량"(김수환 외, 2017: 47)이다. 디지털 AI 시민성에 포함되는 디지털 리터러시에는 이에 더하여, "문제를 해결하기 위해 데이터를 수집하고 분석 및 활용하여 정보로 처리하는 지식 구성과 의사소통의 기초 능력"(김슬기·김태영, 2021: 700)인 '데이터 리터러시(data literacy)'의 개념을 포함하여 제시하고자 한다. 컴퓨팅 기술이 발전되고 대중화됨에 따라 수많은 데이터가 쏟아지고 있으며, 특히 인공지능 시대에 데이터는 인공지능의 석유로 불릴 정도로 그 중요성이 강조되고 있기 때문이다. 이를 종합하여, 본 고에서는 디지털 리터러시를 '디지털 기술 및 데이터를 비판적으로 이해하고 활용하여 문제를 해결하는 실천 역량'으로 정의하고자 한다.

■ 컴퓨팅 사고력(Computational Thinking)

컴퓨팅 사고력은 컴퓨터 과학자의 사고방식으로서 모든 학생들에게 3Rs(Reading, wRiting, and aRithmetic)와 같은 필수적인 역량이다(Wing, 2006: 33). 우리나라 교육과정에서는 컴퓨팅 사고력을 '컴퓨터과학의 기본 개념과 원리 및 시스템을 활용하여 실생활과 다양한 학문 분야의 문제를 이해하고 창의적으로 해법을 구현하여 적용할 수 있는 능력'(교육부, 2015: 96)으로 정의하고 있다. 컴퓨팅 사고력은 컴퓨터가 해결 가능한 단위로 문제를 분해하는 '문제 분해(Decomposition)', 반복되는 일정한 경향 및 규칙을 탐색하는 '패턴 인식(Pattern Recognition)', 문제 단순화와 패턴 인식으로 발견한 원리를 공식화하는 '추상화(Abstraction)', 추상화된 핵심 원리를 절차적으로 구성하는 '알고리즘(Algorithm)', 컴퓨터가 이해할 수 있는 언어로 구현 및 실행하는 '프로그래밍(Programming)' 등으로 구성된다(김진숙 외, 2015: 75). 필자들은 디지털 AI 시민성에서의 컴퓨팅 사고력을 '디지털·AI 원리 및 기술을 활용하여 개인과 공동체의 문제를 해결할 수 있는 능력'으로 정의한다.

■ 디지털 윤리 역량(Digital Ethics Competency)

디지털 윤리는 컴퓨터 윤리, 사이버 윤리, 정보통신 윤리 등 다양한 용어들과 혼재되어 사용되고 있다. 디지털 윤리 역량은 "디지털 세계의 시민으로서 지켜야 할 도덕적 책임과 의무에 대한 규범적 측면으로 디지털 환경에서 개인의 권리와 책임, 새로운 형태의 정치·경제·사회·문화 활동에 참여할 때의 정의롭고 비판적인 사고, 디지털 기기와 인터넷 사용에 있어 안전하고 올바른 태도"(이청재, 2021: 12)를 의미한다. 디지털 AI 시민성을 궁리하면서 필자들은 '디지털 윤리 역량'을 AI를 포함한 시대 상황을 반영하여, '디지털 및 AI 세계의 시민으로서 지켜야 할 도덕적 책임과 실천 행위'로 정의하였다.

세 가지 구성 요소들은 독자적으로 발휘될 수 있는 능력이 아니다. 서로 유기적으로 연결되어 디지털 AI 시민성을 함양할 수 있도록 작동된다([그림 1] 참고). 디지털 기술과 데이터를 이해하고 디지털 세상에서 일어나는 현상들과 사건을 인식하는 차원이다. 이런 지식과 이해의 차원은 컴퓨

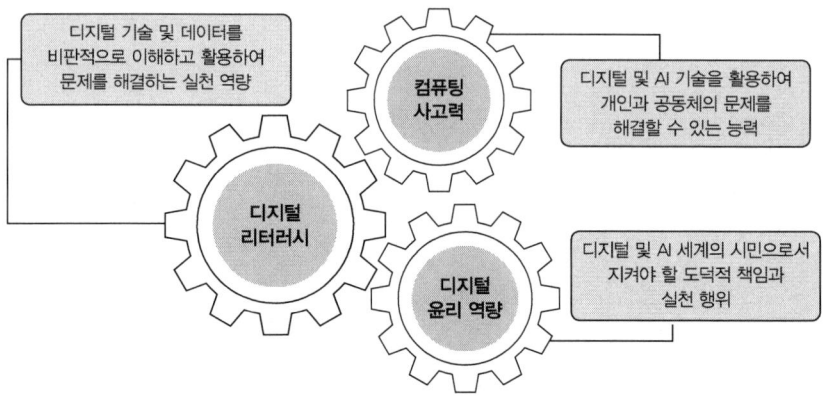

[그림 1] 디지털 AI 시민성 정의(定義)에 포함된 구성 요소

터 과학자가 사고하는 방식에 따라, '문제 분해', '패턴 인식', '추상화', '알고리즘', '프로그래밍'의 사고 과정을 거친 문제 해결로 시너지 효과를 발휘한다. 이는 디지털 세상에서 지식, 이해, 기능 및 숙의가 서로 혼융하여 작동하는 모습을 보여준다. 세상을 인식하고 문제 해결하는 것은 모든 사람들이 디지털 세상에서 자율적 주체로 삶과 세상의 변화에 영향을 주며 살아갈 수 있는 능력(empowerment)을 갖추기 위해 서로 책임을 다하는 것이다. 문제 해결 과정은 모든 단계마다 누릴 권리와 책임이 존재하게 된다. 따라서, 세상을 어떻게 바라보고 문제를 해결할 것인가는 어떤 디지털 세상을 만들어야 하는지와 관련된 가치·태도가 붙박혀 있는 문제이다. 이렇게 본다면, 세 가지 구성 요소들은 필자들이 구분한 시민의 네 가지 차원 즉, 시민 지식, 시민 숙의·기능, 시민 가치·태도·성향, 시민 참여·행동·실천을 시사한다고 하겠다. 그러면, 디지털 AI 시민성 차원과 내용 요소를 살펴보도록 하자.

2. 디지털 AI 시민성의 차원과 내용 요소

1) 디지털 AI 시민 지식

시민 지식 차원의 내용 요소는 '디지털·AI 기술의 원리', '데이터의 의미와 가치', '디지털 사회에서의 안전', '디지털·AI의 사회적 영향'으로 설정하였다.

(1) 디지털·AI 기술의 원리

시민으로 디지털 문화를 향유하고 적재적소에 디지털 기술을 활용하기 위해서는 디지털과 AI 기술 원리를 이해할 수 있는 기반이 있어야 한다. 이와 관련한 내용으로는 2022 개정 교육과정의 정보 교과에서 모든 학생들이 배워야 할 지식으로 제시한 내용들이 여기에 포함된다. 타 내용 요소와 중복되지 않는 것들을 구체적으로 살펴보면, 컴퓨팅 시스템의 구성요소와 동작 원리, 운영체제의 기능, 알고리즘, 프로그래밍, 인공지능의 개념과 동작 원리 등이 여기에 해당된다(교육부, 2022a: 149-150).

(2) 데이터의 의미와 가치

인공지능 시대에 데이터의 중요성이 더욱 커지면서 한국형 데이터 댐이 구축되어 활용되고 있다. 또한 컴퓨팅 기술이 발전되고 디지털 기기의 활용이 보편화되면서 생성되는 데이터의 규모도 매우 방대한 상황이다. 2022 개정 정보과 교육과정에서는 '데이터'를 별도의 영역으로 편성하고 있어, 기존 2015 개정 정보과 교육과정에서 다룬 '자료와 정보'보다 데이터의 의미 해석과 이를 기반 한 문제 해결을 강화하면서 데이터의 중요성을 강조하고 있다(교육부, 2022a: 152-153). 데이터의 의미와 가치 이해는 시민 숙의·기능 중 '데이터를 기반으로 의사 결정하기'의 토대가 된다.

(3) 디지털 사회에서의 안전

일상 현실 사회에서 이루어지는 활동 못지않게 디지털 사회의 활동 또한 활발하게 일어나면서 여러 가지 사회 문제가 발생하고 있다. 사이버 괴롭힘, 사이버 명예훼손, 사이버 스토킹, 개인정보 유출, 디지털 성범죄, 피싱 등 사이버 범죄는 갈수록 치밀하고 다양해지고 있다. 특히 최근에는 AI 기술이 활용된 딥페이크, 딥보이스 등이 피해자들의 눈과 귀를 속이는 데 악용되고 있어 그 심각성과 피해 규모가 더욱 커지고 있다. 피해를 예방하고 건전한 디지털 생활을 영위하기 위하여 사이버/디지털 상호작용과 소통을 할 때, 활동 주체 간 지켜야 할 디지털 에티켓을 익히는 것, 디지털 기기와 게임의 적절한 이용으로 과몰입을 예방하는 것, 사이버 범죄의 유형을 이해하고 예방법을 익혀 실천하는 것 등이 현실 사회의 안전만큼이나 매우 중요한 과제가 되었다.

(4) 디지털·AI의 사회적 영향

자신의 미래를 적절하게 설계해 나가기 위해서는 디지털과 AI로 인한 일상, 자본과 노동 형태, 직업 세계의 변화를 이해할 필요가 있다. 사물 인터넷, 인공지능, 빅 데이터, 가상현실, 로봇 등 디지털에 기반을 둔 새로운 기술 등장으로 생산 수단 없이 그리고 스스로 생산 수단을 만들지 않고 이윤을 창출하는 기업들(예컨대, 구글, 넷플릭스, 소셜 미디어, 아마존, 에어비엔비 등)의 세력이 강화되면서 플랫폼 자본주의가 등장하게 되었다(김만곤, 2021: 114). 이에 따라, 디지털 플랫폼을 통해 위탁을 받아 택시 운전,

청소, 배달, 심부름 같은 일을 하는 컨시어지 직종의 노동자들이 늘어나게 되었다. 하지만, 사용자도 노동자도 아닌 플랫폼 노동자들은 노동권을 보장 받지 못한 상황에 이르게 되었다(김만곤, 2021: 196, 206). 기존 기준으로 생각할 수 없는 새로운 일상 생활의 특징을 이해하기 위해서는 새로운 기술의 변화에 관심을 가지고 디지털·AI의 특징을 인식하면서, 자신의 삶과 진로에 미칠 영향을 고려하여야 한다.

2) 디지털 AI 시민 숙의·기능

시민 숙의·기능 차원의 내용 요소는 '데이터를 기반으로 의사 결정하기', '컴퓨팅 사고로 일상 문제 해결하기', '디지털·AI 기술을 비판적으로 선택하여 활용하기'로 설정하였다.

(1) 데이터를 기반으로 의사 결정하기

이른바 데이터 기반 경제(data-driven economy)에서 합리적 의사결정을 하기 위하여, 시민은 데이터의 의미와 가치를 이해하고 데이터에 기반해서 현상을 바라볼 수 있는 토대를 마련해야 한다. 문제를 해결하기 위해 필요한 데이터를 적절히 수집하고, 이를 적절히 가공하고 처리하여 문제 해결을 위한 새로운 의미(insight)를 도출해 의사결정 하는 것이 인공지능 시대 디지털 시민의 합리적 의사결정 과정이라 할 수 있다. 이와 관련하여, 인공지능으로 빅데이터를 식별하고 분석하는 기술을 적용해 새로운 가치를 창조하는 역량인 '데이터 인텔리전스(data intelligence)'가 중요하며, 여기서 데이터(data)를 기반으로 인간 사고 능력을 능가하는 수준의 의사결정(decision)을 하는 '데시전(dacision=data+decision)'이 필요하다고 밝혔던

트렌드 제안서가 주목된다(김난도 외, 2018).

(2) 컴퓨팅 사고로 일상 문제 해결하기

컴퓨팅 사고는 현실 세계의 복잡하고 다양한 문제를 효율적이고 체계적인 방법으로 해결하는데 초점을 두고 있다(이애화, 2019: 215). 앞서 디지털 AI 시민성 의미를 다룬 장에서 컴퓨팅 사고 개념을 정리했듯이, 디지털 및 AI 기술을 활용하여 개인과 공동체 문제를 해결하기 위해서는 크고 복잡한 문제를 분해하여 관리 가능한 작은 문제들로 나누고, 반복되는 패턴이나 규칙을 탐색하며, 원리를 공식화하여 절차(알고리즘)를 구성하고 이를 프로그래밍하여, 문제를 해결하도록 하는 컴퓨팅 사고력의 과정(김진숙 외, 2015: 75)을 익히고, 이를 문제 해결에 반복하여 적용하는 경험을 하도록 해야 한다.

(3) 디지털·AI 기술을 비판적으로 선택하여 활용하기

디지털과 AI 기술을 활용하는 것이 모든 상황에서 적절한 것은 아니다. 때로는 오히려 비효율적이거나 비인간적인 결과를 야기할 수도 있기 때문이다. 따라서 맹목적으로 기술을 활용하는 것이 아니라, 건강한 사회의 구성원으로서 디지털 기술과 AI를 활용하는 것이 적합한 상황인지 그렇지 않은 상황인지 판단하고 다양한 측면을 고려하여 적재적소에 이를 활용할 수 있는 역량을 기르는 것이 필요하다. 다양한 측면을 파악하기 위해서는 다양한 사람들의 관점과 목소리를 들어야 한다. 대부분 우리는 목소리를 듣더라도 찬반 양측으로 나누어진 목소리를 듣게 되어 협소한 출처에 의지하여 판단하게 된다. '길거리에 개인 소유의 자율 주행차 운행을 허용할 것인가?'에 대한 법안을 마련한다고 생각해 보자. 어떤 판단을 내리겠는가? 이 문제에 대해 경제학자, 노동조합 대표, 환경주의자, 안전 전문가, 정치 자문가, 자율 주행차 제조사, 보험회사, 도시 계획 입안자, 시 행정 당국, 기업 경영자, 보안 전문가, 윤리 철학자의 입장을 제시하며, 다양하고 경합하는 조언을 듣고 균형 잡힌 관점으로 법안을 처리해야 한다고 밝힌 책의 내용(Macdonald, 2017, 이지연 역, 2018: 51-55)은 다양한 측면을 파악한다는 의미가 무엇인지, 주행 자율차 소유에 대해 판단할 때 어떤 목소리를 들어야 하는지를 결정하는데 좋은 시사점을 준다. 책에서 밝힌 여러 입장들은 [부록 1]에 제시하기로 한다.

이외에도 생성형 AI(generative AI)가 보편화되면서 AI 챗봇의 응답을 맹신하여 따르는 것 또한 경계해야 할 부분이다. 아직까지는 생성형 AI에 한계가 분명 존재하므로, 옥석을 가려 적절히 활용할 수 있는 비판적 사고 능력이 필요하다.

3) 디지털 AI 시민 가치·태도·성향

시민 가치·태도·성향 차원의 내용 요소는 '디지털·AI 기술과 데이터를 비판적으로 선택하여 활용하려는 자세', '컴퓨팅 사고를 바탕으로 문제를 해결하려는 태도', '디지털 세상에서 규칙과 예절을 지키려는 책임감 있는 자세', '디지털·AI의 사회적 영향을 비판적으로 평가하고 윤리 문제를 해결하려는 자세'로 설정하였다.

(1) 디지털·AI 기술과 데이터를 비판적으로 선택하여 활용하려는 자세

앞서 언급한 바와 같이 디지털과 AI 기술은 유목적적이고 합리적으로 활용해야 할 필요가 있다. 기술의 유용성과 중요성, 혁신성 등을 강조하다

보면 자칫 기술의 활용 자체가 곧 혁신이라는 맹목적인 생각에 사로잡힐 수가 있어 이를 경계할 필요가 있는 것이다. 데이터 활용 또한, 비판적 사고를 바탕으로 문제 상황을 해결하기 위해 수집해야 하는 데이터가 무엇인지, 어떻게 전처리를 해야 필요한 분석을 할 수 있는지, 적절한 분석 방법은 무엇인지, 시각화 방식은 해결하려는 문제에 적합한지, 결론의 도출이 비약적이지 않고 문제 해결에 필요한 시사점을 제공하는지 등을 바탕으로 이루어져야 한다.

(2) 컴퓨팅 사고를 바탕으로 문제를 해결하려는 태도

앞서 살펴본 디지털·AI 기술과 데이터를 비판적으로 선택하여 활용하기로 선택했다면, 이를 문제 해결에 적용하는 방법 및 절차가 바로 컴퓨팅 사고이다. 컴퓨팅 파워를 이용하여 효과적으로 문제를 해결하기 위해 컴퓨팅 사고를 연습하고 이를 일상에서 지속적으로 활용하여 문제를 해결하려는 태도를 갖추어야 한다.

(3) 디지털 세상에서 규칙과 예절을 지키려는 책임감 있는 자세

디지털 발자국은 특정 사용자가 인터넷을 사용하며 남기는 개인 데이터의 흔적이다. 방문한 사이트, 다운로드한 자료, 재생한 영상, 접속한 게임 등 모든 기록이 디지털 세상에 남는 것이다. 이러한 디지털 발자국은 광고 추천이나 맞춤 서비스 제공 등 유용하게 사용될 수도 있지만, 자신의 활동 기록이 모두 남는다는 점에서 사용자의 주의와 책임감이 필요하다. 특히 사이버 공간에서 규칙과 예절을 지키지 않는 행동 또한 모두 기록으로 남게 되므로, 디지털 세상에서의 규칙과 예절을 익히고 이를 실천하는 자세를 체득해야 한다.

(4) 디지털·AI의 사회적 영향을 비판적으로 평가하고 윤리 문제를 해결하려는 자세

디지털과 AI는 사회 전반에서의 거대한 변화를 일으키고 있다. 그러나 이로 인한 긍정적 영향 못지않게 역효과 또한 반드시 고려되어야 한다. 중요한 결정에서 AI가 도출한 결과를 온전히 믿을 수 있는지(신뢰성), AI 자율주행 자동차가 유발한 교통사고는 누가 책임져야 하는지(책임성), AI는 사용한 데이터와 개발 또는 사용하는 사람의 편견을 학습하게 되어 차별적인 결과를 산출할 수 있는데 이를 어떻게 관리할 것인지(편향성), 딥페이크 기술과 같이 자체로는 중립적이며 긍정적인 활용도 기대되는 기술의 범죄 이용 가능성을 어떻게 낮출 것인지(악용 가능성) 등 이전에는 고려되지 않았던 다양한 윤리 문제를 고려하고 시민으로서 이를 예방 또는 해결하기 위한 자세를 갖추어야 한다.

4) 디지털 AI 시민 참여·행동·실천

시민 참여·행동·실천 차원의 내용 요소는 '디지털 시민으로서 디지털 현상과 AI 관련 정책 이해 및 참여하기', '디지털·AI로 발생하는 사회 문제를 예방하고 해결하기 위한 행동 및 실천'으로 설정하였다.

(1) 디지털 시민으로서 디지털 현상과 AI 관련 정책 이해 및 참여하기

디지털 기술이 빠르게 발전하는 만큼 디지털과 관련된 다양한 현상이 발생하고 변화하고 있다. 이 글의 서두에서 소개했던 바와 같이, 최근 병원 예약 앱을 통한 진료 예약과 관련해 서비스 접근이 어려운 디지털 소외계층에 대한 권리 침해 및 역차별 현상이 논란이 되고 있다(월요신문,

2023). 이외에도 인건비가 상승하면서 대체 수단으로 많이 활용되고 있는 키오스크 도입 또한 비슷한 문제를 야기하고 있다(경향신문, 2023). 이러한 문제를 이해하고 해결하기 위해 행동하고 실천하는 것은 성숙한 디지털 시민의 자세이다.

디지털과 관련된 정책들도 꾸준히 발표되고 있으며, 특히 예비교원으로서 교육현장에서 인공지능을 윤리적으로 개발하고 활용할 수 있도록 하기 위해 만들어진 자율 규범 성격의 〈교육분야 인공지능 윤리 원칙(교육부, 2022b)〉([부록 2] 참고), 100만 디지털 인재 양성과 디지털 교육 체제로의 대전환을 다루는 〈디지털 인재양성 종합방안(관계부처합동, 2022)〉, 디지털 기반의 교육 혁신을 위한 교사 재교육을 목표로 하는 〈디지털 기반 교육 혁신 역량강화 지원방안(교육부, 2024)〉 등에 꾸준히 관심을 가지고 디지털 현상과 AI 관련 정책을 이해하고 참여하도록 해야 한다. 또한 시대의 변화에 맞게 지속적으로 나오는 정책들에도 관심을 가질 필요가 있다.

(2) 디지털·AI로 발생하는 사회 문제를 예방하고 해결하기 위한 행동 및 실천

디지털과 AI로 인해 기존에 존재하지 않던 유형의 사회 문제가 발생하고 있다. 안전한 디지털·AI 라이프를 영위하기 위하여 발생 가능한 사회 문제의 유형과 예방 및 대처법에 대해 인지적인 차원에서 이해할 뿐 아니라 이를 해결하기 위해 행동하고 실천해야 한다. 이를 위해 학생들과 유형별 사례를 살펴보고 충분한 협의와 토론을 통해 활용 규칙을 수립하고 이를 지키기 위한 실천 계획을 세운다거나, 해당 상황에 대한 역할극을 통해 문제의 심각성을 느껴보고, 이를 해결하기 위한 프로젝트 활동을 할 수 있다.

또한 최근 활용이 증가한 AI 측면에서 사용자는 단순히 서비스를 사용하기만 하는 수동적이고 소극적인 역할을 취하기보다 AI가 악용되지 않도록 개발 목적에 맞게 사용하고 윤리적 문제의 발생 가능성을 발견 했을 때에는 이를 제조사에 알려 개선하도록 해야 한다.

지금까지 설명한 디지털 AI 시민성의 차원과 내용 요소를 정리하면 〈표 1〉과 같다.

〈표 1〉 디지털 AI 시민성의 차원과 내용 요소

범주	내용 요소
시민 지식	- 디지털·AI 기술의 원리 - 데이터의 의미와 가치 - 디지털 사회에서의 안전 - 디지털·AI의 사회적 영향
시민 숙의·기능	- 데이터를 기반으로 의사 결정하기 - 컴퓨팅 사고로 일상 문제 해결하기 - 디지털·AI 기술을 비판적으로 선택하여 활용하기
시민 가치· 태도·성향	- 디지털·AI 기술과 데이터를 비판적으로 선택하여 활용하려는 자세 - 컴퓨팅 사고를 바탕으로 문제를 해결하려는 태도 - 디지털 세상에서 규칙과 예절을 지키려는 책임감 있는 자세 - 디지털·AI의 사회적 영향을 비판적으로 평가하고 윤리 문제를 해결하려는 자세
시민 참여· 행동·실천	- 디지털 시민으로서 디지털 현상과 AI 관련 정책 이해 및 참여하기 - 디지털·AI로 발생하는 사회 문제를 예방하고 해결하기 위한 행동 및 실천

3. 디지털 AI 시민성 관련 수업 사례: 〈디지털 AI 시대의 세상 읽기〉

1) 수업 개요

본 장에서 소개하고자 하는 디지털 AI 시민성 관련 수업 〈디지털 AI 시대의 세상 읽기〉는 제주대학교 시민교육 역량강화 사업단이 시민성 관련 내용을 학교 현장과 나누는 〈모드絡 재능기부〉 프로젝트 일환으로 필자가 실행한 수업이다. 수업은 2023년 12월 13일 2교시에 제주대학교 교육대학 부설 초등학교 6학년 ○○반 학생들과 실행한 수업이다.

본 수업은 디지털 AI 시민성의 지식 차원 중 '디지털·AI의 사회적 영향'에 관한 내용을 다룬 수업이다. 수업 구성의 관점은 다음과 같다. 디지털 AI 시대의 정보를 수용하는 것을 소화전(消火栓) 물을 마시는 것과 같다고 비유할 수 있다. 다양한 정보들이 가치의 우선순위가 있지만 동등하게 배치되어 노출되고 있고, 가짜 뉴스와 허위 정보로 세상을 편협하게 보도록 만든다. 사람들의 '주의력'을 사로잡아 관련 메시지를 전달하는 것이 중요하게 대두되었다. 이와 관련하여 알고리즘을 통한 추천 서비스는 특정 정보 소비 루프를 거치게 하면서 편견과 혐오를 부추기고 있다. 알고리즘이 중립적이지 않으며, 무의식적으로 '필터 버블(filter bubble, 정보 여과 현상)'에 갇혀, 같은 목소리를 내는 사람과 소통하는 '메아리 방(echo chamber)효과'에 빠지게 된다. 따라서, 민주공화국을 사는 시민으로서 다양성을 존중하며 소통해야 하므로, 알고리즘의 편견에서 벗어나 보다 명민하게 세상을 읽고 보는 것이 중요하다.

수업을 실행하기 전에 디지털 AI와 관련한 학생들의 사전 지식을 살펴보았다([부록 3] 참고). 첫 번째는 학생들의 전반적인 디지털 매체의 접근성이 어느 정도인지 알아보기 위해서, 검색 매체, SNS, 구매 매체를 통해서 정보를 찾거나 정보를 나눈 경험을 써보게 하였다. 두 번째는 본 수업의 주요한 초점이 되는 내용으로, 디지털 매체나 프로그램의 작동 기반인 알고리즘과 인공지능에 대한 개념을 알고 있는지, 알고리즘 편견 현상을 일컫는 필터 버블 개념을 알고 있는지 살펴보았다. 세 번째는 본 수업에서 주 초점은 아니었으나, ChatGPT와 같은 생성형 AI 응용 프로그램을 사용한 경험과 생각을 적도록 하여 생성형 AI에 대한 사전 지식을 알고자 하였다. 담임 교사가 디지털 정보에 대한 식견이 있고 평소 디지털 매체 교육을 많이 실시해서, 학생들의 디지털 접근성이 뛰어났다. 또한, 인공지능과 알고리즘에 대한 개념도 알고 있었고, ChatGPT 등 생성형 AI 응용 프로그램을 이미 사용해 본 상태였다. 하지만, 본 수업에 중요하게 다루는 필터 버블 개념을 모르고 있었다. 따라서, 학생들에게 이 개념을 접하게 하여 디지털 세상의 편견과 존중을 생각해보게 할 수 있는 수업이었다.

  수업 구성 관점과 사전 지식을 고려하여 수업 활동은 ① 정보 플랫폼과 넘쳐나는 정보(Too Much Information)에 대한 비유 살펴보기 ② 정보 플랫폼의 추천 알고리즘 알아보기 ③ 편견이 증폭되는 과정 알기 (필터 버블, 메아리 방 효과) ④ 민주공화국 시민으로서 알고리즘 대하는 방법과 자세 살펴보기 순으로 구성하여 실행하였다.

2) 수업 내용 및 활동

(1) 정보 플랫폼과 넘쳐나는 정보(Too Much Information)에 대한 비유 살펴보기

수업은 기차역의 플랫폼 사진을 제시하고, 우리가 정보를 서로 나누는 공간을 '정보 플랫폼'이라고 불린다는 것을 살펴보는 것으로 시작하였다. 그런 후, 학생들이 주로 사용하는 정보 플랫폼을 살펴보기 위해서 〈사전질문지〉의 1번 문항에 20명의 반 학생들이 복수로 답한 반응 결과를 제시하였다. 학생들이 주로 사용하고 있는 인터넷 검색 매체, SNS, 구매 매체 등을 빈도 순으로 적어보면, 네이버(20명), 유튜브(20명), 구글(19명), 넷플릭스(10명), 다음(4명), 카카오톡(2명), 마이크로소프트엣지(1명), 트위터(1명), 페이스북(1명), 인스타그램(1명), 아마존(1명), 쿠팡(1명) 순으로 나타났다.

다양한 정보 플랫폼에서 넘쳐나는 정보(TMI: Too Much Information)에 우리가 노출 되어 있는 현상을 설명하기 위해서 '물이 쏟아져 나오는 소화전'의 이미지를 보여주었다([그림 2]). 소화전에서 물이 나오는데 이 물을 마실 수 있는지 물어보았고, 학생들은 마실 수 없다고 답했다. 이 것을 우리가 접하는 정보와 연결지어 생각해보며, "정보를 인터넷에서 얻는 것이 소화전에서 물을 마시는 것과 같다"는 글씨와 함께, 넘쳐나는 정보를 비유하는 이미지라는 점을 알아보았다. 오염되었다는 표시를 덧붙이며, 소화전의 물이 더러우면 더 마실 수 없는 것이 문제라고 이야기해 주었다. 이 더러운 물은 가짜 뉴스와 같은 오염된 정보를 뜻하는 것이라며, 오늘 수업에서 디지털 시대에 넘쳐나는 정보를 어떻게 받아들여야 하는지 구체적으로 생각해 보자고 했다.

[그림 2] 정보 플랫폼에서 넘쳐나는 정보를 비유한 이미지

출처: medium.com
(https://medium.com/my-learning-essentials/finding-information-sources-for-your-first-assignment-business-and-management-29e0a07383f9)의 내용을 수정 제시함.

(2) 정보 플랫폼의 추천 알고리즘 알아보기

수많은 정보에 노출되기 때문에 정보를 제공하려는 기관, 매체, 기업의 입장에서 자기 정보에 주의를 끌려고 노력한다는 점을 살피는 수업 활동으로 이어졌다. 먼저, 다음(DAUM) 포털 첫 화면에 깔린 뉴스가 선택적이라는 점을 알려주기 위해서 학생들에게 태블릿을 이용해 다음 포털에 첫 화면 제시된 뉴스의 헤드라인을 읽어보게 하였다. 그런 후, 전국장애인차별철폐연대의 이동권 시위에 관한 뉴스 헤드라인을 보여주며(뉴스1, 2023; 이데일리, 2023), 전장연 시위 관련 뉴스가 나오는지 찾아보게 했다. 이와 관련 뉴스가 포털 첫 화면에 실리지 않은 것을 확인했고, 포털의 주요 화면에 제시되지 않았다고 해서 사건이 일어나지 않은 것은 아니라고 설명하였다.

선택적인 정보 노출의 다른 사례를 설명하기 위해서 수업자가 활용하는 교보문고 인터넷의 책 추천 및 문자로 발송된 책 추천, 넷플릭스의 유사 영화 및 드라마의 추천, 유튜브에 주로 뜨는 동영상 이미지들을 차례로 보여 주었다. 모두 수업자가 사용한 내력을 보고 추천을 해주는 것이라고 설명했는데, 학생들은 알고리즘이 추천해 주는 것이라는 사실을 이미 알고 있었다. 사전 설문지에 알고리즘을 "데이터를 통해 인공지능이 추천해 띄워주는 것"과 같은 반응이 많았는데, 학생들은 '알고리즘'을 '추천'과 관련지어 개념화하고 있었다. 수업자는 인공지능(AI)을 "인간의 사고 능력을 능가하는 수준의 의사결정"으로, 알고리즘을 "한정된 시간에 의미 있는 목적을 달성하는 명확한 단계들의 연결 사슬"이라고 말해주었다.

그 다음으로 알고리즘이 작동하는 원리를 알아보았다. 첫 번째는 사용자 과거 활동 정보를 바탕으로 추천하는 사례를 살펴보았다. 내가 〈무한도전〉을 즐겨 보았다면, 이 프로그램 PD가 제작한 〈놀면 뭐하니?〉를 추천하거나, 같은 출연자가 출연하는 예능 프로그램인 〈유퀴즈 온 더 블록〉을 추천하게 된다고 설명해 주었다. 다른 작동 원리로 다른 사용자와 비교하여 추천하는 방식을 소개하였다('협업 필터링'). 내가 D 회사 피자와 K 회사 도넛을 선호해서 구매했다면, 나와 동일한 구매 이력을 가진 사람이 L 회사 과자를 구매한 이력을 보고, 이 L 회사의 과자를 나에게 추천해 준다고 설명해주었다. 앞서 필자가 교보문고 인터넷에서 책을 구매했을 때, 다른 사람들이 이 책과 함께 구매했던 책을 추천 받은 사례가 여기에 해당한다고 말해 주었다.

그렇다면, 어떻게 우리가 사용한 이력을 알아서 알고리즘이 작동하는지를 질문하며, 사용자의 활동 흔적을 남기는 쿠키 파일에 대해 알아보았다. 수업자가 신문을 보려는데, "쿠키 수집에 동의하십니까?"라는 메시지가 떴다며, 해당 화면을 보여 주었다. 쿠키는 디지털에서 우리가 남긴 흔적이며, '웹사이트 이용을 편리하게 하기 위해 사이트를 방문한 이용자의 정보와 방문 기록을 저장하는 텍스트 파일'로 주로 사용자 아이디, 패스워드, 접속위치, 장바구니 물품 목록 정보가 담긴다고 설명해 주었다. 학생들이 사용해 보았다는 생성형 AI 프로그램 '뤼튼'의 서비스 이용 약관 화면을 보여주면서 서비스를 가입할 때 우리가 사용하는 정보 등을 수집하는데 동의하게 되어 있다는 점을 말해주며, 이용 약관을 주의 깊게 살펴야 한다고 말해주었다.

(3) 편견이 증폭되는 과정 알기 (필터 버블, 메아리 방 효과)

수업은 개인 추천 알고리즘에 빠지면 어떻게 되는지 살펴 보는 활동으로 이어졌다. 필터 버블 현상과 메아리방 효과를 각각 재현한 비누방울과 상자에 갇힌 사람들의 이미지를 보여주며, '필터 버블'과 '메아리 방 효과'를 설명했다. 알고리즘은 우리에게 다양한 것을 보여주기보다 현재 관심사에 초점을 맞춘 정보만을 보여주므로, 이것이 반복되며 우리는 관심사에 맞춰 걸러진 정보 안에 갇히게 되는 '필터 버블(filter bubble) 현상(정보여과 현상)'에 빠지게 된다고 설명했다. 또한, 비슷한 생각을 하는 사람들끼리 점차 모이게 되고, 다른 생각을 접할 기회를 잃어가는 현상인 '메아리 방(echo chamber) 효과'에 빠진다고 설명했다. 정리하자면, 필터 버블은 메아리 방을 형성하여 사용자가 가진 기존의 태도와 신념을 더욱 확신하게 만든다. 믿고 싶은 것만 믿고, 보고 싶은 것만 보며, 듣고 싶은 것만 듣게 만들어 한쪽으로 치우쳐 세상을 보게 된다(확증 편향)고 설명하였다. 이런 확증편향은 인간이 알고리즘과 상호작용하면서 더 증폭되게 되는데, 이 과정을 [그림 3]을 활용하여 설명해 주었다. 설명의 주요 내용을 정리하면 다음과 같다.

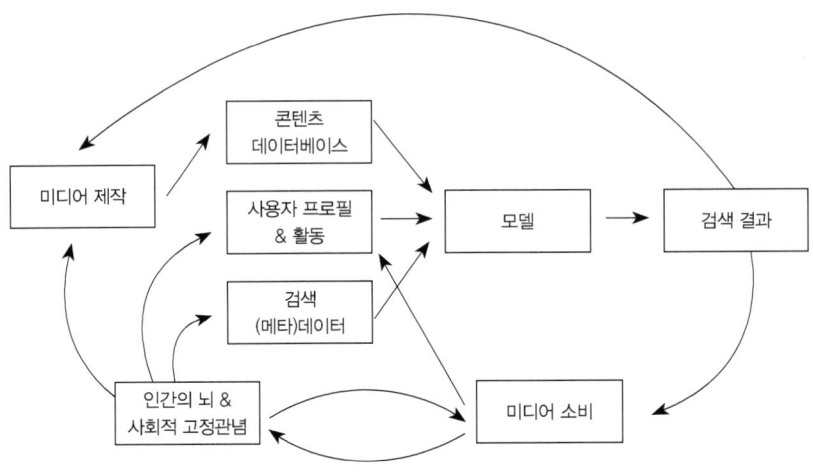

[그림 3] 인간과 알고리즘 간 상호작용의 피드백 루프

출처: Shaffe(2019), 김산 역(2021: 3장)에 제시된 그림을 수정하여 제시함.

　내가 무언가 검색하면 검색어, 나에 대해서 아는 것(사용자 프로필과 활동), 데이터베이스에 저장된 내용, 나와 비슷한 선호를 가지고 선택을 하는 사람들에 대해 아는 것을 바탕으로 내가 가장 관심 가질 만한 콘텐츠를 예측하여 보여준다. 나는 알고리즘이 선택한 콘텐츠를 가지고 세상을 본다. 제한된 정보로 나는 편견과 고정관념을 갖게 되며, 이 것이 검색 과정에 반영되고, 알고리즘이 내 편견을 바탕으로 검색 내용을 보여주는 과정을 반복한다. 나는 내 편견에 따라서 무언가를 보고, 그 편견에 따라 내가 고른 콘텐츠의 일부를 공유하고, 알고리즘은 그걸 바탕으로 내 네트워크 안의 사람들이 소비하는 편향된 콘텐츠를 고르고, 사람들은 그 콘텐츠들 중에서 그들의 편견에 따라서 나와 공유할 일부의 콘텐츠를 고르고, 이런 식으로 알고리즘은 우리 편향을 계속 늘려간다(Shaffe, 2019, 김산 역, 2021: 3장).

(4) 민주공화국 시민으로서 알고리즘 대하는 방법과 자세 살펴보기

수업은 민주공화국 시민으로 살아가려면 알고리즘에서 벗어나야 한다는 점을 살펴보는 활동으로 이어졌다. 대한민국 헌법 제1조, "① 대한민국은 민주공화국이다. ② 대한민국의 주권은 국민에게 있고, 모든 권력은 국민으로부터 나온다."는 조항을 읽고, 민주공화국에서 다양성을 인정하고 현명하게 판단하는 시민이 중요하므로, 알고리즘에 의해 조종되지 않고 정보의 위험을 알고 대처해야 한다고 말해주었다.

먼저, 디지털 플랫폼에 우리 흔적을 남겨 우리 활동 내역이 악용 당하지 않도록 해야 한다고 말해주었다. 인터넷 방문 기록과 쿠키 파일을 삭제하는 방법을 알려주었고, 학생들은 자신의 태블릿을 가지고 직접 쿠키 파일을 삭제해 보았다. 둘째, 추천으로 보이는 정보만 받아들이지 말고 스스로 정보를 찾아야 한다고 말해주었다. 앞서 살펴본, 전장연(전국장애인차별철폐연대)의 이동권 기사를 살펴보기 위해서 직접 구글에 '전장연'을 검색어로 넣어서 기사를 확인해 보게 하였다. 생성형 AI 프로그램 뤼튼에 "디지털 AI 시대의 세상 읽기라는 주제로 제주대학교 교육대학 부설초 6학년 ○○반 학생들에게 수업을 하기 위한 PPT를 만들어주세요."라는 검색어를 넣어 생성된 결과를 보여주면서, 수업자는 이 내용과 다르게 지금 수업 내용으로 구성했다면서, 생성형 AI 결과도 수동적으로 받아들이지 말자고 이야기하면서 수업을 마쳤다.

3) 수업 성찰

디지털 세상에서 확증 편향을 강화하고 서로 같은 진영 사람끼리 갈라치는 현상을 부추기는 알고리즘의 작동 원리를 아는 것은 디지털 세상을 살아가는 시민에게 필요하다. 비록 의미있는 주제와 내용이지만 초등학생들이 이해할 수 있을지 걱정이 많았으나, 다행히 담임선생님과 디지털 세상 및 매체에 관한 수업을 많이 해본터라, 학생들과 나누고 싶은 이야기를 수업자가 구상한 대로 나눌 수 있었다. 필터 버블, 메아리방 효과, 확증 편향, 알고리즘 편향 등에 관한 내용은 학생들이 처음 접한 개념이었다. 그래서 비유, 사례, 이미지 등을 통해서 학생들에게 쉽게 이해할 수 있게 설명하려고 했다. 학생들에게 수업에 대한 소감을 붙임쪽지에 이모티콘으로 표현해달라고 부탁했는데, 이 이모티콘에 새로운 내용에 대한 생각, 느낌, 질문 등이 담겨 있었다. 이모티콘에 나타난 학생들의 반응은 세 가지로 분류할 수 있었는데, 새로운 사실을 배운 것에 대한 신기함과 놀라움([그림 4]), 새로운 앎에 대한 충격, 감명, 집중([그림 5]), 알고리즘과 사회 현실에 대한 분노([그림 6])가 나타나 있었다. 학생들이 이 수업을 통해서, 알고리즘이 민주주의를 오작동 시키는 현실에서 디지털 세상과 관련한 현상과 문제를 합리적으로 인식하고 타인을 존중하며 사회를 개선하고자 하는 시민으로서 한 걸음 내딛었기를 기대해 본다.

[그림 4] 학생 소감 1

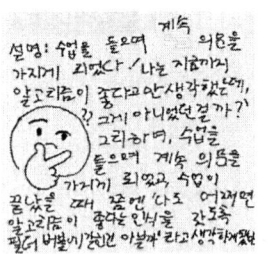

[그림 5] 학생 소감 2

[그림 6] 학생 소감 3

참고문헌

관계부처합동(2022), 디지털 인재양성 종합방안, 세종: 관계부처합동.
교육부(2015), 실과(기술·가정)/정보과 교육과정, 세종: 교육부.
교육부(2022a), 실과(기술·가정)/정보과 교육과정, 세종: 교육부.
교육부(2022b), 교육분야 인공지능 윤리 원칙, 세종: 교육부.
교육부(2024), 디지털 기반 교육혁신 방안, 세종: 교육부.
김난도·전미영·이향은·최지혜·이준영·김서영·이수진·서유현·권정윤(2018), 트렌드 코리아 2019, 서울: 미래의 창.
김만권(2021), 새로운-가난이 온다, 고양: 혜다.
김수환·김주훈·김해영·이운지·박일준·김묘은·이은환·계보경·김진숙(2017), 디지털리터러시의 교육과정 적용 방안 연구, 대구: 한국교육학술정보원.
김슬기·김태영(2021), 초·중등 AI 교육을 위한 데이터 리터러시 정의 및 구성 요소 연구, 정보교육학회논문지, 25(5), 691-704.
김재근(2019), 문화시민성 개념의 탐색: 문화예술교육의 시민교육적 의의, 교육문화연구, 25(5), 503-521.
김종갑(2017), "2장 포스트휴먼, 그는 누구인가?", 몸문화연구소, 지구에는 포스트휴먼이 산다, 서울: 필로소픽, 47-77.
김진숙·한선관·김수환·정순원·양재명·장의덕·김정남(2015), SW교육 교수학습 모형 개발 연구, 대구: 한국교육학술정보원.
박이대승(2017), '개념' 없는 사회를 위한 강의, 서울: 오월의 봄.
이애화(2019), 컴퓨팅사고력에 관한 국내 연구동향 분석, 한국콘텐츠학회논문지, 19(8), 214-223.
이청재(2021), CJD : MZ세대 대학생을 중심으로, 숭실대학교 대학원 박사학위논문.
한국정보교육학회(2023), 2023 초등학교 정보과 교육과정, 서울: 한국정보교육학회.
Ribble, Mike(2011), *Digital Citizenship in Schools*(2nd ed.), International Society for Technology in Educatuon. https://www.researchgate.net/publication/340468314_Digital_Citizenship_in_Schools_Second_Edition?enrichId=rgreq-0eabdffcbe-561f105aa077c2da6b2b0f-XXX&enrichSource=Y292ZXJQYWdlOzM0MDQ2ODMxNDtBUzo4Nzc0OTY1MzA2NDkwODhAMTU4NjIyMjg4NDIyMw%3D%3D&el=1_x_2&_esc=publicationCoverPdf [2024.4.5. 검색]
Shaffe, K.(2019), *Data versus Democracy; How Big Data Algorithms Shape Opinions and Alter the Course of History*, 김산 역(2021), 데이터, 민주주의를 조작하다, 서울: 힐데와 소피.(전자책)

Wing, J. M.(2006), Computational Thinking, *Communications of the ACM*, 49(3), 33-35.

경향신문(2023), "'키오스크'라는 차별과 배제, 당신은 괜찮나요", (2023.4.17.). https://m.khan.co.kr/economy/market-trend/article/202304170830001#c2b [2024.4.1. 검색]

뉴스1(2024), "'지하철 시위 봉쇄' 반발하던 전장연 회원 8명 현행범 체포", (2023. 12.8.). https://www.news1.kr/articles/?5255386 [2024.4.6. 검색]

월요신문(2023), "병원 예약 앱으로 예약 안하면 진료 못 받나요?", (2023. 12. 5.). https://www.wolyo.co.kr/news/articleView.html?idxno=233142 [2024.3.30. 검색]

이데일리(2024), "전장연 활동가 8명 연행…혜화역 25분간 열차 무정차 통과", (2023. 12.8.). https://www.edaily.co.kr/news/read?newsId=01886006635836552&mediaCodeNo=0 [2024.4.6. 검색]

[부록 1] '길거리에 개인 소유의 자율 주행차 운행을 허용할 것인가?'에 대한 다양한 입장들(Macdonald, 2017, 이지연 역, 2018: 52-55에서 발췌·수정 정리함.)

1. 경제학자
자율 주행차는 기술 발전과 소비자 수요를 자극하면서 새로운 대형 산업이 되어 경제 성장을 이끌 것이다. 또한 자율 주행차는 운전자에게 수십억 시간의 자유 시간을 제공해 더 생산적인 일을 하거나 더 많은 디지털 엔터테인먼트를 소비할 수 있게 해줄 것이다. 두 가지 모두 경제에 보탬이 된다.

2. 노동조합 대표
자율 주행차는 운전자가 필요하지 않기 때문에 화물 수송 및 택시 산업에서 수백만 개의 일자리가 사라지게 할 것이다. 평범한 노동자들을 희생시키고 우버와 유피에스의 이익만 늘려주어 불평등을 확대할 것이다.

3. 환경주의자
자율 주행차는 택시 비용을 줄이고 대안적 이동 수단의 매력을 높여줄 것이다. 자동차를 구매하는 사람이 줄어 교통 혼잡이 사라지고 에너지와 자원 소비가 감소할 것이다. 또한 자율 주행차는 인간보다 더 효율적으로 운전하기 때문에 배기가스와 부품 마모도 줄 것이다.

4. 안전 전문가
매년 미국의 교통사고 사망자가 130만 명에 달하는데 대부분이 인간 실수로 일어난다. 자율 주행차도 소프트웨어상의 결함이나 위험물을 제대로 감지하지 못해 일부 사고가 발생할 수 있지만, 그래도 인간이 운전하는 것보다는 훨씬 더 안전할 것이다.

5. 정치 자문가
유권자는 오래된 문제에 대해서는 참을성을 보이지만 새로운 문제에 관해서는 그렇지 않다. 만약 자율 주행차의 시스템 오류로 수백 명이 길에서 사망한다면 정치적으로 도저히 용납할 수 없는 상황이 될 것이다. 전체 교통사고 사망자 수는 감소하더라도 말이다.

6. 자율 주행차 제조사
자율 주행차에는 다양한 종류가 있다. '고급 운전 보조 시스템'을 장착하고 있으나 인간의 개입이 필요한 시스템도 있고, 인간의 조작 여부가 선택 가능한 경우도 있고, 인간이 전혀 개입할 수 없는 경우도 있다. 이 문제는 '된다, 안 된다'의 이분법적으로 접근할 성격의 문제가 아니라 자동차에 어느 정도의 자율성을 허용할 준비가 되었느냐의 문제다.

7. 보험회사
자동차 보험은 인간의 실수에 대비한 개별 운전자 중심에서 기술 오류에 대비한 제조사 중심으로 옮겨야 할 것이다. 일반 보험업계가 초토화될 가능성도 배제할 수 없다.

8. 도시 계획 입안자
자율 주행차는 도심 한가운데에 주차할 필요가 없다. 따라서 지금 주차 공간으로 쓰이고 있는 땅값 비싼 도심지를 수익이 날 수 있는 곳으로 개발하거나 공원이나 운동장 같은 편의 시설로 바꿀 수 있다.

9. 시 행정 당국
우리 주차료 수익으로 행정 서비스를 운영하고 있다. 사람들이 더 이상 주차할 필요가 없어진다면 지방세를 올리거나 행정 서비스를 줄여야 하는데 취약 계층의 불이익으로 돌아갈 것이다.

10. 기업 경영자
전 세계적으로 언젠가는 자율 주행차가 대세가 될 것이다. 자율 주행차를 빨리 받아들일수록 글로벌 시장에서 더 앞서나가고 경쟁 우위를 누릴 수 있다.

11. 보안 전문가
자율 주행자는 해킹에 취약하다. 자고 일어나 보니 내 차가 망가져 있거나 테러리스트또는 적대국의 손에 넘어갔을 수도 있다.

12. 윤리 철학자
앞으로는 자율 주행차의 AI가 선택을 내릴 수 밖에 없는 심각한 상황들이 생길 것이다. 예컨대 어린아이가 도로로 뛰어들었을 경우 아이를 치고 지날 것인지 아니면 탑승자가 죽을 수 있음에도 도로를 벗어날 것인지 선택해야 할 수 있다. 입법자들은 끔찍한 여러 상황에서 자율 주행차가 어떻게 작동하게 할 것인지 결정해야 한다.

[부록 2] 〈교육분야 인공지능 윤리원칙〉의 주요 내용

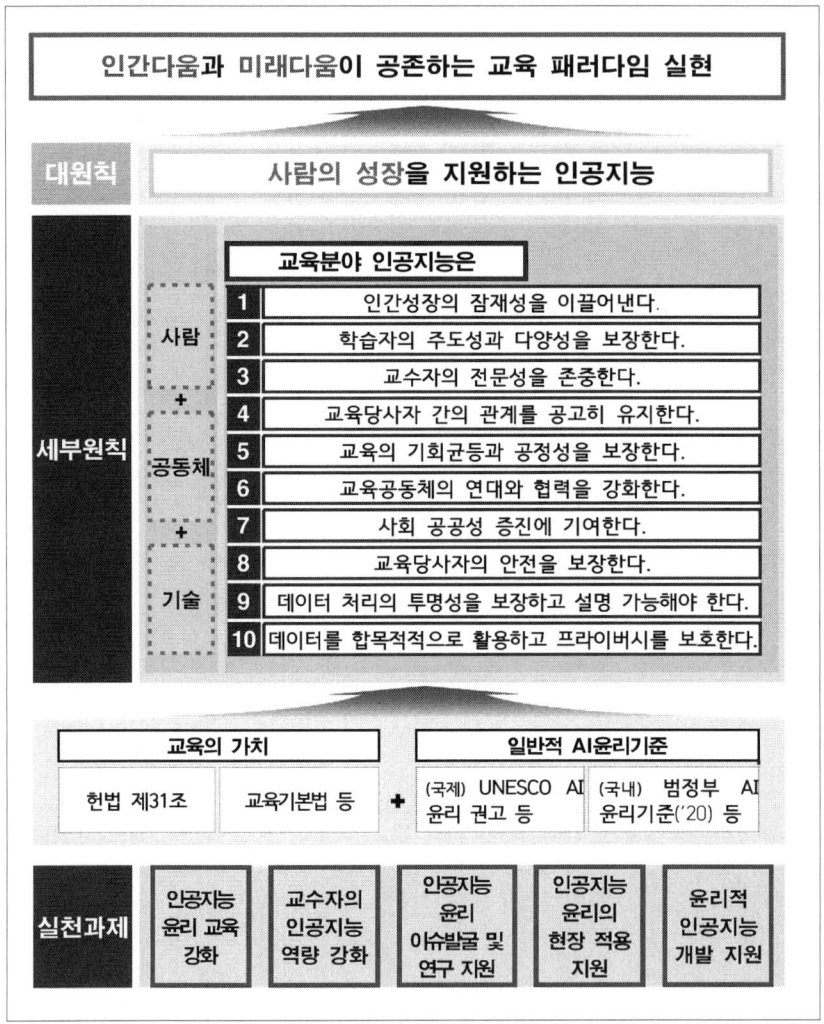

제4장

문화·예술 시민성

임은정 · 정은재 · 조유영

1. 문화·예술 시민성의 의미

"사회에서 보통 음악(및 음악가/작곡가/프로듀서)으로 인식되는 것에 대한 전통적인 경계는 사회적, 경제적 및 민주적 도전이 증가하는 시기에 특히 도전받고 있습니다. 예술적 시민권 개념은 예술가들이 사람들의 삶에서 창조적 행동의 힘을 촉진하는 데 헌신함으로써 예술의 변형적 잠재력을 강조합니다.

예술적 시민권은 예술가가 자신의 지식과 기술을 활용하여 사회가 직면한 일반적인 문제 중 일부를 해결하는 방법에 대해 다룹니다. 이는 예술교육에 대한 포용적인 접근으로, 개인 및 사회 집단의 삶의 질에 영향을 미칠 수 있습니다."[1]

---

1 https://rmc.dk/da/news/maria-westvall-er-rmcs-nye-professor-i-paedagogik

예술적 시민권을 포함한 다양한 주제를 연구하고 있는 리듬 음악 학원의 교육학 교수 Maria Westvall은 RMC 웹사이트에 게시된 기사에서 위 인용문과 같이 시민권의 개념을 시민(예술가)이 커뮤니티를 위해 긍정적인 일을 하고 사회에 적극적으로 참여하는 것으로 설명한다. 시민권은 자기 결정의 기회가 있는 민주 사회의 구조 안에서 개인의 최소한 원칙으로, 예술적 시민권은 예술가가 개인의 실천을 넘어 사회와 적극적으로 관련된 움직임 속에서 자신을 위치시키는 것이다(Holgersen & Skov, 2020: 2).

문화예술 시민성은 '문화예술에 대한 이해를 통한 인간에 대한 공감적 태도와 비판적 사고를 지니고, 세계시민으로서 다른 사람들과 소통하고 협력하여 문제를 해결할 수 있는 책임감과 이에 기반한 실천 행위'를 의미한다. 문화예술 시민성이 가진 중요성은 다양한 문화예술을 포용하는 자세를 갖춘 미래 지향적 시민을 육성하는 데 있다. 이것은 예술의 공공성을 기반으로 한 문화적 실천을 통해 개인과 사회를 이해하고 개선하고자 하는 실천 의지에 관한 지식, 기능, 태도, 행동 차원의 체계를 갖는다. 문화예술 시민성은 문화적 이해와 성숙을 촉진하며, 사회와 인간의 삶에 대한 이해를 넓히며 다양한 문화적, 인종적, 종교적 배경을 가진 시민들 간의 이해와 상호작용으로 다양성을 존중하고 포용할 기회를 제공한다. 또한 공동체 참여와 소통을 강화하여, 예술을 통해 공동체의 가치와 목표를 공유하고, 다양한 의견과 경험을 공유하며 협력할 수 있게 한다. 이러한 활동은 공동체의 융합과 발전을 촉진하며, 각 개인이 공동체 구성원으로서 존중받도록 한다. 따라서 문화예술 시민성은 시민 스스로 공동체에서 필요한 활동을 수행하고 소통하며 협력할 수 있도록 하는 기본 자질이라 할 수 있으며, 다양성과 포용성을 증진시켜 공동체의 상호 발전을 촉진하는 중요한 역할을 한다.

문화예술은 시민들의 비판적 사고와 시민 참여를 촉진하는 중요한 역할을 한다. 예술을 통해 다양한 사회적 문제나 이슈를 탐구하고, 이에 대한 비판적 시각을 얻을 수 있으며, 시민들이 사회적으로 참여하고 변화를 이끄는데 기여하게 된다. 또한 문화예술은 정서적 지능과 공감 능력을 키울 수 있도록 도와주며, 예술 작품은 종종 사회적 문제에 대한 중요한 메시지를 전달하고 사회 변화를 촉진하는데 도움이 된다. 문화예술이 정서적 지능과 공감 능력을 키우도록 함으로써 예술을 통해 다른 이들의 경험을 이해하고 공감할 수 있는 능력을 강화할 수 있다.

Wayned(2016)은 예술이 사회적 선에 영향을 미치고, 그것을 전복시킬 수 있는 엄청난 힘을 가지고 있으며, 인간 집단성의 건강하고 활기찬 양식을 형성하거나 반대로 약화할 수 있기 때문에 예술적 시민의식에는 엄청난 특권과 책임감이 따라야 한다고 주장한다. 이렇게 문화예술 시민성은 일종의 윤리의식으로 개인의 자유와 사회 집단에서 요구되는 규범 간 균형을 이루는 것이 중요하다. 이는 예술가들에게는 자유로운 표현의 공간을 제공하면서 동시에 사회적 책임과 공공의 이익을 고려하고 창의적인 방법으로 사회에 기여하는 것을 의미한다. 따라서 예술가들은 자유로운 예술적 표현을 추구하는 동시에 사회적 책임을 갖는 예술적 시민의 역할을 수행한다.

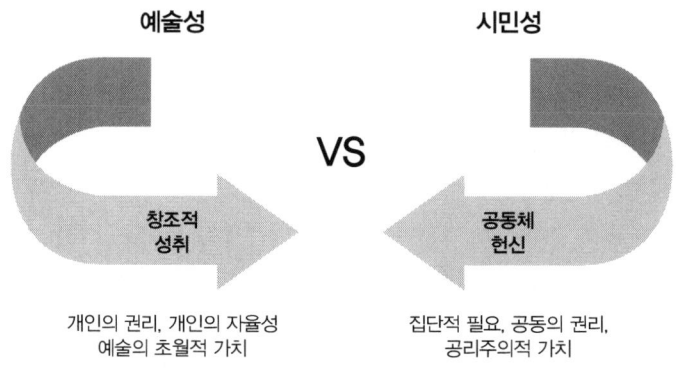

[그림 1] 예술성과 시민성의 균형

　문화예술을 통해 시민들은 사회적으로 책임 있는 시민으로서 자신을 인식하고, 예술을 통해 사회적 문제를 지각하고 이를 개선하기 위한 봉사활동에 참여할 수 있는 동기를 얻을 수 있다. 문화예술은 사회적 문제를 다양한 시각에서 바라보고 이를 표현함으로써 사회적 변화를 이끌어내는 데 중요한 역할을 한다. 예술은 감정적으로 상호관계에 깊게 다가가며 사회적 이슈를 논의하고 인식하는데 도움을 준다. 따라서 문화예술교육은 시민성을 강화하고, 더 나은 사회적 참여와 문화적 이해를 촉진하는 데 중요한 역할을 하게 된다.

　시민교육에서 문화예술 시민교육으로의 전환은 시민성 개념보다 훨씬 폭 넓은 변화를 포함한다. 시민교육의 문화적 전환을 위해서는 시민들의 일상학습, 무형식학습, 문화학습을 촉진하기 위해 지역 차원에서 문화예술자원을 개발하고, 지속가능한 공동체의식을 고취하는 다양한 문화예술 협력체계를 구성하며, 개인과 개인, 개인과 공동체의 소통과 협력을 실천하기 위한 학습을 구축해야 한다. 인간과 사물을 연계한 시민교육을 실시

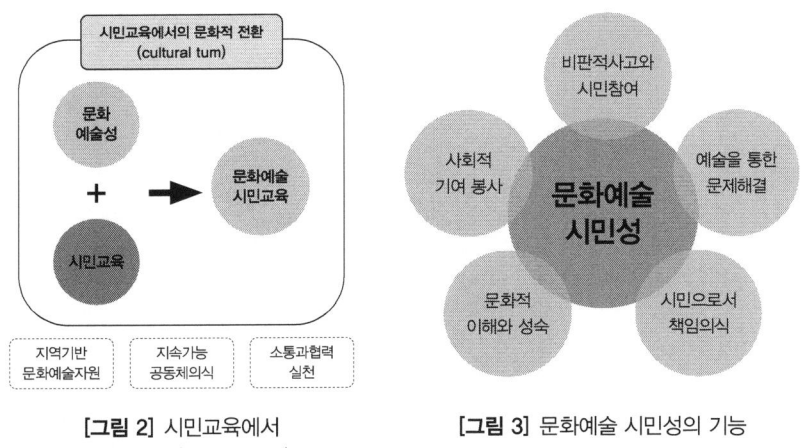

[그림 2] 시민교육에서 문화적 전환(cultural turn)

[그림 3] 문화예술 시민성의 기능

하고 시민교육과 문화예술성을 결합한 문화예술 시민교육의 실천이 요구된다.

'예술 시민성(artistic citizenship)'은 예술을 실천하기 위한 예술의 수용과 향유에 요구되는 예술적 행위를 하는 것이 시민으로서 역할을 실행하는 실재적인 의무와 책임을 다하는 것으로 표현된다(Elliott, Silverman, & Bowman, 2016). 예술 시민은 '사람들을 모으고, 공동체의 안녕을 강화하고, 인간 번영에 실질적으로 기여하는 방식으로 예술 행동에 헌신적으로 관여하는 사람'이며, '친 사회적이고 책임 있는 방식으로 살고 행동'하는 사람이라 하겠다.

예술 시민성은 근대의 평면적 텍스트 중심의 표현 및 소통 과정에서 점차 현대 사회의 이미지 및 다양한 매체 중심의 표현과 소통 방식으로 발전되어 왔다. 이런 이미지 중심의 소통은 시민들의 미적 인식, 미적 성찰, 미적 판단력, 미적 감수성을 요구한다. 현대 디지털 문화의 빠른 적용으로 이를 활용하고 발전시킬 수 있는 능력을 갖춘 시민의 필요성에 따라 문화

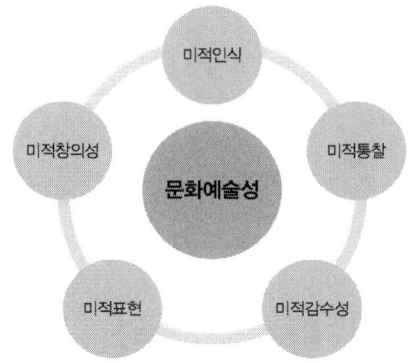
[그림 4] 문화예술 시민성의 구성 요소와 특징

예술 시민성은 감성 역량을 포함하는 문화적 역량을 갖춘 사람으로 함축될 수 있다. 문화예술 시민성은 미적인식, 미적통찰, 미적창의성, 미적표현, 미적감수성으로 구성되며 시민교육과 문화예술교육을 접목하는 방식으로 다양한 매체, 문화교육 방식, 예술교육 방법을 활용하게 된다.

문화는 자연물과 달리 인간의 인위적 작용에 의해 만들어진 물질적·정신적 산물의 총체라 할 수 있으며, 이러한 광범위한 의미에는 다양한 예술 형태가 포함된다. 예술은 아름다움을 표현하고 체험하고자 하는 인간의 활동이라 할 수 있다. 예술은 일반적으로는 문학, 음악, 미술 등을 지칭하며, 미적 세계를 토대로 문화와 예술은 인간의 창의적이고 지적인 사유의 결과물이자, 인간이 만들어낸 사회의 가치관이 반영되어 공유되어 온 삶의 방식이다.

예술가들의 작품은 전통적인 관행이나 사회 규범에 도전하는 경우가 종종 있었기 때문에 예술은 자유롭거나 급진적인 표현이 가능하다는 인식이 일반적이다. 이로 인해 예술과 공공의 선은 마치 대립하는 것으로 이해되곤 하지만, 문화예술 시민성의 개념에는 예술가들이 누리는 어떤 특권에 의무나 책임이 부여되어야 한다는 의미가 내포되어 있다. 현대 사회는 국가 간 상호연결성(interconnectivity)이 증대되면서 세계화가 급속도로 진행되고 있다. 하지만 이러한 변화와 함께 지역 간 경제적·문화적 불평등과 인종 및 민족 갈등, 그리고 생태환경의 위기가 더욱 격화되고 있는 것 또한 사실이다. 이러한 문제를 해결하기 위해서는 전 지구적 수준의 연대와 협력이 필요하며, 사회 구성원은 세계시민으로서의 자세와 태도, 인간에 대한 이해와 공감, 그리고 지역 사회와 공동체에 대한 새로운 인식을 갖추어야 한다.

공공성과 사회성에 기반한 문화예술교육은 문화 문해력(culture literacy)을 갖춘 시민을 양성하는 데 있어 중요한 역할을 담당할 수 있다. 문화 문해력은 현대 사회의 다양한 문화적 정보들을 이해하고 해석할 수 있는 능력이라 할 수 있으며, 다문화 사회 속에서 살아가야 하는 시민들에게 무엇보다 필요한 능력이라 할 수 있다. 따라서 문화예술 시민성은 이러한 문화 문해력의 향상에 주안점을 두는 문화예술교육을 지향한다. 그리고 문화예술 시민성의 핵심역량은 '인간과 사회에 대한 포용력', '문화예술 기반 창의력', '협력적 의사소통 능력' 등으로 제안할 수 있다.

예술의 공공성과 사회성에 주목하는 '문화적 시민권(cultural citizenship)'과 '문화적 권리(cultural right)'에 관한 논의는 다음과 같다. 한 공동체에 소속된 시민의 지위와 자격은 입법적인 권리의 주장보다 더 확장되어 공동체의 구성원으로 완전한 소속을 주장하는 것을 포함한다. 시민권은 단순히 국가에서 부여한 지위가 아니라 국가에 인정을 요구하는 것을 포함하는 것으로서 시민권은 자유권, 정치권, 사회권까지 확장되지만 실질적인 시민권을 향유하는 조건으로는 충분하지 않다. 이는 시민권이 다른 공동체 구성원들의 인정을 필요로 하는 소속의 문제이기 때문이다(Beaman,

2016: 850-851). 문화적 시민권은 '다를 수 있는 권리(right to be different)'로서, 주변화에 대조되는 상징적 현전과 가시성의 권리, 낙인에 반대한 존엄한 재현의 권리, 정체성 전파와 유지의 권리를 포함한다(Pakulski, 1997, Beaman, 2016: 853 재인용). 문화적 시민권을 통해 공동체의 주류 집단에 의한 주도와 주류가 아닌 구성원들의 주변화·소외화에 저항하며, 공동체의 완전한 구성원(membership)의 범주에 제외되는 부당함을 반박하게 된다. 문화적 권리를 행사하는데 예술은 큰 역량을 발휘할 수 있으며, 문화적이고 교양 있는 '문화 시민'은 예술, 철학, 문학 등으로 대변되는 '지적 정수'를 알고 향유하게 된다.

문화적 시민권의 올바른 정착을 위해 예술을 합리적인 숙의와 서로 다른 차이의 가치를 인정하도록 가르친다면, 예술교육은 의사소통 교육으로도 간주될 수 있다. 의사소통에 참여하는 두 주체 간에 일어나는 '경청'은 효과적인 신체적 행위일 뿐만 아니라, 다른 사람의 의견을 받아들이고 그것을 허용하는 '지적 개방성을 지닌 침묵'이라 할 수 있다. 듣기와 성찰(listening and reflection)로 이루어진 의사소통의 예를 음악 교과교육에서 찾아볼 수 있다. 초등학교 저학년 초기 음악 수업에서 적용되는 소리 내지 않는 적극적인 침묵 속에서 새로운 음향 특성과 환경의 소리를 발견할 수 있게 되는 활동이 그 예이다(Enslin & Ramírez-Hurtado, 2013: 65). 이런 의미에서 예술-예술교육이 문화적 시민권을 개발하고 주장할 수 있는 공간이자, 문화 시민을 개발하는 과정이 될 수 있다(Kuttner, 2016: 74, Thomson & Christine, 2019: 6 재인용). 예술교육을 통해 학생들이 자신의 문화적 삶의 중요한 측면에 참여하게 하며, 예술 창작과 소비와 관련한 역할과 책임을 하도록 할 필요성이 있다. 또한 학생들이 의견 표현과 변화의 선택지를 탐색하고 문화 시민권을 적극적으로 실현하며, 세상을 바꿀 수 있도록 예술 매체, 예술 장르, 예술 플랫폼을 사용하도록 한다.

문화예술 시민성은 문화예술의 다양한 형태를 통해 자신, 타인, 그리고 환경과의 상호작용을 이해하고 이를 실천하는 올바른 시민을 의미한다. 또한 이는 문화예술이 사회와 개인의 상호작용을 나타내고 영향을 미치는 과정을 이해하고 활용하는 능력을 의미하기도 한다. 그리고 문화예술 시민성은 전통적인 예술의 가치를 존중하면서도 새로운 도전과 혁신을 추구하는 진취적 시민 정신을 반영하는 것이다. 이는 예술의 전통을 이해하고 존중하는 동시에 현재의 사회적 문제나 이슈를 탐구하고 표현함으로써 새로운 시각과 아이디어를 제시하는 것을 의미한다. 또한, 문화예술 시민성은 다양한 문화예술을 수용하고 표현하는 자기주도적 활동을 포함하며, 예술의 다양성과 다양한 문화적 배경을 존중하고 수용함으로써 자신의 목소리를 표현하고 타인과 소통하는 데 이바지하는 것을 의미한다.

문화예술 시민성은 인간과 사회에 대한 포용이라 할 수 있다. 인간은 이성과 감성의 두 날개를 통해 외부 세계를 이해하고 자신의 삶을 영위해 나간다. 새는 한쪽 날개로만 날 수 없듯이, 인간에게 이성과 감성의 균형과 조화는 무엇보다 중요하다. 그러나 현대 사회에서는 이성적 사고와 합리주의적 인간관만이 절대 선으로 받아들여짐으로써, 사회·경제 등 다양한 불평등이나, 개발에 의한 생태환경 파괴와 같은 여러 문제가 필연적으로 발생한다. 따라서 이러한 현대 사회의 문제점을 해결하기 위해서는 인간의 감성에 주목할 필요가 있다. 특히 현대 사회의 가장 심각한 문제는 사회의 다양한 층위에서 발생하고 있는 수많은 갈등이다. 그리고 이러한 갈등은 대부분 인간과 사회에 대한 이해와 공감의 결여가 문제가 된다. 문화예술은 인간 삶에 대한 이해를 도모하고, 감성을 풍부하게 하는 역할을 가능하게 함으로써, 인간과 사회에 대한 포용력을 길러낼 수 있는 유효한 수단이다. 따라서 시민으로서의 가치관과 윤리관을 확립해 나가기 위해서는 이성적 지식뿐만 아니라 감성이나 정서에 대한 이해가 반드시 수반되어야 한다.

문화예술 시민성의 핵심 역량 중 하나라 할 수 있는 협력적 의사소통은 집단 의사결정의 하나로, 공동체가 문제해결을 목적으로 서로의 생각을 공유하고 결정하는 과정을 의미한다(백재현 외, 2019: 79-82). 이러한 협력적 의사소통은 2015 개정 교육과정에서도 중요하게 다루어져 왔는데, 토의나 토론을 통해 공동체 구성원 간의 협력적 문제해결을 강조한 것이 그러한 방향을 잘 보여준다.[2] 협력적 의사소통 능력은 미래 사회에서 더욱 중요시되어야 할 핵심 역량이다. 문화예술은 이러한 협력적 의사소통 능력을 함양하는데 있어서 특별한 역할과 기여를 할 수 있다는 점에서 주목된다. 문화예술 교육은 기본적으로 예술의 창의성과 감수성을 기반으로 문화를 수용하고 재창조할 수 있는 능력을 함양함으로써, 문화 공동체의 일원으로서 성장하게 만드는 교육이라 할 수 있다. 이러한 측면에서 본다면 문화예술 시민성이 추구하는 바는 타자와의 공감과 연대의 태도로, 공동체의 문제들에 대해 구성원들과의 협력을 통해 대안을 마련해 가는 능력, 즉 협력적 의사소통 능력의 함양을 중시하는 것이다.

더불어, 문화예술 시민성은 문화예술 기반 창의력을 의미하여 문화 그리고 예술의 가장 큰 가치는 새로운 것의 창조에 있다고 할 수 있으며, 끊임없는 생성과 창조를 통해서 살아 움직인다(김재근, 2019: 514). 이처럼 문화예술에는 기본적으로 창조와 생성의 역동성이 내재해 있다. 이러한 창조와 생성의 역동성은 시민으로서 미래 사회를 살아가기 위해 갖추어야

---

2 국어과 선택 교과인 『실용국어』에서 집단적 의사 결정을 통한 문제 해결 및 갈등 관리와 관련된 수업이 진행되고 있다.

할 핵심적 역량이라 할 수 있다. 그리고 이러한 역량을 창의력이라 말한다면, 문화예술 기반 창의력은 문화예술의 구성 요소라 할 수 있는 인간의 상상력, 영감, 직관적 아이디어 등을 토대로 형성되는 창조와 생성의 역동성이라 할 수 있다.

2. 문화·예술교육과 시민성의 차원들

현대 예술은 다양한 문화와 사상, 철학을 기반으로 다양한 매체로 표현되고 공유되며 전시되고 확산한다. 기술의 발전으로 예술 작품은 단순한 감상의 영역에서 벗어나, 실시간으로 대중이 예술 작품의 기획이나 창작에 참여하여 창의적인 시도들이 이루어지고, 소셜 네트워크와 새로운 매체들을 통해 빠르게 전파되고 있다. 문화 다양성 측면에서 다양한 문화권의 문화예술에 대한 감상 방법과 존중하는 태도에 대해 문화예술 시민성에 기반한 예술교육이 이루어 질 수 있다. 의무교육에서 예술교육은 급변하는 문화예술 생태 속에서 올바른 가치관과 책임의식을 더욱 견고히 하여 자신의 생각을 예술언어로 표현할 수 있는 성숙한 예술시민을 양성해야 할 필요성이 있다. 따라서, 문화예술 시민성은 글로벌화 되는 우리 사회의 다양한 현상을 바라보는 관점과 올바르게 수용하는 능력과 태도를 함양하는 것을 중요시 하여야 한다. 이 같은 맥락에서 미래 사회에서 필요한 문화예술 시민성이 요구하는 다양한 요소는 다음과 같다.

- 첫째, 창의성과 비판적 사고가 필요하다. 문화예술교육은 학생들이 창의성을 즐겁게 발휘할 수 있도록 하고, 비판적 사고 능력을 강화할 수 있는

환경과 교육내용을 제공해야 한다.
- 둘째, 다양성이 더욱 중요한 가치로 인식되어야 한다. 앞서 기술한 대로 한국 사회도 다문화 사회로 접어들고 있다. 문화예술교육은 다양한 문화적 배경과 관점을 존중하고 포용하는 가치를 전달해야 한다.
- 셋째, 새로운 기술과의 융합이다. 문화예술교육은 협의의 예능교육에 머물지 않고 다양한 디지털 기술과의 접목을 통해 학생들의 생각을 전통적인 예술 도구에서 벗어나 새로운 형식과 방법으로 표현하는 기회를 제공해야 한다.
- 넷째, 문제해결능력의 중요성이다. 4차산업혁명 사회에서는 다양하고 복잡한 문제에 대한 해결능력이 필수적인 역량으로 주목받고 있다. 문화예술교육은 학생들이 예술이 가진 다양한 강점으로 문제를 해결하는 능력을 강화할 수 있도록 해야 한다.
- 다섯째, 협업과 소통이다. 이는 현대 사회에서 필수적인 능력으로 인식되고 있으며, 학생들이 팀으로 작업하고 아이디어를 공유하며 소통하는 능력을 강화할 수 있는 교육내용을 구성해야 한다.
- 여섯째, 자기표현과 자아 인식의 중요성이다. 문화예술교육은 학생들이 자신의 감정과 생각을 예술을 통해 표현하고 발전시키는 기회를 제공해야 한다.
- 일곱째, 예술의 사회적 역할 강조이다. 미래 사회에서는 예술이 사회적 변화와 연계되는 역할이 더욱 중요해질 것이다. 문화예술교육은 학생들이 예술의 사회적 역할을 이해하고 이를 실천할 수 있는 능력을 강화할 수 있도록 해야 한다.

공동체에서 구성원들은 다양한 구성원 및 집단과 관계를 맺고 있으며,

공동체는 인간 존재뿐만 아니라 비인간 존재를 포함할 수 있다. 공동체의 구성원이 관계 맺는 차원은 개인과 개인, 개인과 공동체, 공동체와 공동체로서 개인은 자발적인 주체성을 지니고 공동체에 소속되며 자신의 자리와 몫을 차지하고 있다. 개인은 여러 집단에 소속되어 다양한 이해관계를 지니고 있으며, 개인과 집단은 구체적인 문화 맥락을 만들어낸다. 문화는 정적인 명사가 아니며 항상 형성되는 동사로서 공동체는 이질적인 문화 지식 및 태도를 바탕으로 서로 다른 이해관계에 있는 구성원들이 대립하고 갈등하며 살아가는 과정에서 상호 소통함으로써 문화예술을 형성한다.

개인이 공동체 안에서 능동적 시민으로 성장하기 위해서 문화예술을 경험할 수 있는 체계적인 학습, 토론, 협업, 프로젝트 및 다양한 커뮤니케이션을 실천하고, 민주주의와 연결된 문화예술의 다양한 과정과 결과들을 학습해야 한다. 이는 교사가 교육과정의 '내용(stuff)'과 방법을 문화예술과 바람직한 시민성 학습을 연결할 수 있을 때 생기는 것이다. 문화예술 경험과 시민성 학습의 내용과 형식을 연결하면서 중점을 두어야 할 주제는 다음과 같다(Thomson & Christine, 2019: 7-8).

- 예술가의 사회적 역할에 대한 지속적인 토론
- 다양한 커뮤니티를 하나로 모아 '머리·손·마음' 대화가 가능한 '제3의 공간'을 조성하는 간문화적 예술 실천
- 민주적 과정에 직접 대응하는 예술 작품 및 예술 실천에 대한 학습
- 현대 생활에 대한 질문(예:공동체 소속)을 제기하고 작품·작업을 연구하고 생산
- 인간과 살아 있는 생물 및 물질 세계 간 관계를 변화시키는 예술 실천의 가능성 조사
- 자신들의 공공적 오해와 정치적 주변화에 대해 발언하고 시사에 대해 협의하고 의견을 세워 해결책 모색

시민성교육은 다양한 차원들로 구성되는데, 시민성의 지식 차원, 숙의: 토의와 의사결정, 투표와 선거, 시민성의 가치 차원, 시민성의 성향과 덕목 차원, 공동체 봉사와 사회 행동 등으로 구성될 수 있다(Parker, 2009, 주웅영 외 역, 2012: 72-101). 이를 바탕으로 제주대 시민교육 역량강화 사업단은 〈모드락 시민성〉 함양을 위한 내용 요소로 '시민 지식', '시민 숙의·기능', '시민 가치·태도·성향', '시민 참여·행동·실천'을 설정하여 각 시민 영역의 내용(제주대, 2023: 17-18)으로 설정한다. 이에 따라 문화예술 시민성은 4개의 차원으로 구분하여 각 차원에 속하는 내용을 제시하였다.

1) 시민 지식 차원

문화예술 시민성의 첫 번째인 시민지식 차원은 공동체의 시민으로서 문화예술을 수용, 비교, 분석, 평가, 표현, 성찰, 확장, 융합, 연계, 창작하는 모든 과정에서 기초적이며 전문적인 지식을 포괄한다. 시민으로서 시민이 갖추어야 할 기본적인 지식과 이해를 문화예술에 접목하여, 시민으로 문화예술을 향유하기 위해 요구되는 모든 지식, 이해, 인식을 포함한다. 예술을 이해하며 감상하고 수용하는 과정에서 문화예술 활동은 다음과 같은 가치에 대한 관점과 여러 측면을 고려하여야 한다.

- 첫째, 예술의 본질적 가치와 인지적 측면이다. 예술을 감상하는 것은 감각적인 경험을 통해 작품의 아름다움이나 표현의 깊이를 느끼는 과정이다. 이를 통해 예술 작품의 감성적인 가치를 인지하고 예술 작품에 담긴 메시지, 주제, 문맥 등을 이해하면서 예술의 본질적인 가치를 파악할 수 있는 것이다.

- 둘째, 다양한 문화에 대한 이해와 그 가치에 대한 인지적 측면이다. 다양한 문화적 배경에서 나온 예술 작품을 감상하면서, 각 문화의 독특한 특성과 가치를 인지할 수 있고, 다양한 문화적 작품을 수용하면서 문화 간의 이해와 상호 연결이 가능해지며 예술을 통해 서로 다른 문화들의 공감과 이해가 이뤄질 수 있는 것이다.

Stevenson은 정보를 갖춘 식견 있는 문화 시민권은 이와 관련된 실천이 중요하다는 점을 강조하고, 모든 아이가 문화 잡식가(cultural omnivbore)가 되어 중요한 문화자본을 소유하기 위해서는, 자신들의 지식, 유산, 목적론의 자산을 활용하여 의미를 창출할 수 있는 예술교육에 참여해야 한다고 하였다. 문화 시민권으로서 예술교육은 대중문화와 고급문화 이분법을 가로질러 도출된 폭넓은 문화적 레퍼토리를 제공하는 포용적인 문화 전략을 따라야 한다고 주장한다. 그러나 Thomson & Christine는 고전 음악부터 공연 예술에 이르는 예술 실천에 비판적인 평가를 심어주지 못한다면 포퓰리즘에 빠지지 않도록 주류 문화 실천 및 엘리트 문화 실천에 비판적으로 관여할 수 있는 지식과 기술에 대한 접근이 가능해야 한다고 보았다. 예술에 대한 접근 범위와 관련하여 호주 예술 교육 과정은 Freedman(2003)과 Zimmerman(2010)이 제시한 예술이 교육에서 하는 폭넓은 역할에 대해 인정하였다. 이를 위해 예술 교육은 두 가지의 구별된 영역을 시행하였는데, 첫째는 창작과 응답이다. 창작은 아이디어와 의도를 전달하는 작품을 만들기 위해 예술 실천을 탐구하고 작품을 만들기 위한 지식, 기술, 기법, 공정, 재료 및 기술을 의미하며, 응답은 다양한 맥락을 통해 작품을 해석하는 것을 의미한다. 그 중에는 '사회적, 문화적 및 역사적 맥락을 포함한 다양한 맥락을 통해 작품을 해석하는 것'이 포함된다

(Independent Schools of Victoria, 2020: 20). 문화 시민권을 위한 예술교육은 포용적이므로 사람들이, 특히 사회적으로나 문화적으로 소외된 사람들이 높이 평가되는 문화자본에 접근하도록 한다.

2) 시민 숙의·기능 차원

시민은 예술적 사안에 대해 다양한 의견을 나누고 토론하며 공동의 결정에 적극 참여할 필요가 있다. 이는 민주주의 사회의 중요한 원칙으로 다양한 의견이 수렴됨으로써 사회적 합의와 공정한 결정이 이루어질 수 있도록 한다. 이를 통해 사회적 분쟁을 최소화하고 공동체의 문화예술이 강화되는 역할을 한다. 그러기 위해 시민들은 문화예술에 대한 주제를 토론하고 의견을 나누는 공간과 기회를 통해 문화예술의 가치, 사회적 역할, 정책 등에 대한 다양한 관점을 듣고 공유하게 된다. 시민의 예술에 대한 숙의는 비교·분석·비평을 통해 예술에 대한 심층적인 이해를 제공하며, 창의성과 비평적 사고를 촉진하여 예술 분야에서의 발전과 다양성을 증진할 수 있다.

예술은 사회, 정치, 경제적 영향력을 반영하고, 문화정책 수립과 교육, 연구에도 도움이 된다. 또한 문화 간 차이점과 유사점을 이해하여 서로 다른 문화 간의 이해를 촉진하고 교류와 상호작용을 강화할 수 있다. 각 문화의 특성을 파악하면서 지역이나 국가의 문화정책을 효과적으로 수립하고 그에 맞는 교육프로그램을 적용하여 학문적 이해를 높일 수 있다. 참여와 소통을 통해 정부와 지자체는 시민들의 의견을 수렴하여 문화예술 정책을 수립하고 이행할 수 있다. 이를 통해 시민들은 문화예술에 대한 정책적 결정에도 직접적으로 참여할 수 있는 것이다. 이와 같이 문화예술에 대한 시민의 숙의를 통해 문화예술은 보다 다양하고 포용적인 방향으로 발전하며, 사회적으로 더 큰 영향력을 발휘할 수 있다. 시민들이 직접 참여할 수 있는 문화예술 프로젝트를 기획하고 실행하며 이를 통해 시민들은 자신의 의견과 아이디어를 작품에 반영하고, 문화예술에 참여하는 주체로서의 경험을 쌓을 수 있다. 이러한 과정에서 시민들은 문화예술에 대한 이해를 높이고 참여를 유도하기 위해 예술교육 프로그램이나 홍보 활동을 실시해야 하며 이를 통해 문화예술의 다양성과 중요성에 대한 인식을 확대할 수 있다. 앞서 언급한 시민들이 문화예술에 대한 주제를 토론하고 의견을 나누며 소통하는 공간은 디지털 플랫폼을 활용할 수 있으며, 지리적, 시간적 제약을 극복하고 더 많은 사람들이 참여할 수 있게 한다.

현대사회에서 문화예술 시민성을 갖춘다는 것은 다양한 매체의 활용 능력을 포함한다. 이것은 예술의 현장에서 창조적인 다양성을 촉진하고 예술 경험을 더욱 풍부하게 만드는 중요한 요소이다. 문화예술 교육은 다양한 매체를 활용하여 예술 감상과 창작을 하고 타인과 공유하면서 표현 과정에서 다양한 매체를 탐구하여 창의적으로 제작하도록 구성되어야 한다. 창작을 위한 도구로서의 매체나 감상을 위한 매체는 하드웨어, 소프트웨어로 나눌 것 없이 빠른 속도로 발전하고 새로운 기술이 쏟아져 나오고 있다. 이러한 매체 가운데 SNS(social networking service)는 작품을 발표하는 전시의 장, 의견과 비평을 나누는 공유 및 커뮤니티의 장 등 다양한 역할을 수용하여 급속도로 그 사용자가 늘어나면서 영향력이 강해짐에 따라 이에 대한 올바른 적용이 요구된다.

문화 그리고 예술의 가장 큰 가치는 새로운 것의 창조에 있다. 독창성이 없는 문화와 예술, 예컨대 모방과 모사, 또는 복제된 예술품이 그 가치를 인정받지 못하는 이유가 여기에 있다. 따라서 문화시민이 가져야 할 덕성 또는 자질로서의 문화 시민성의 중요한 측면 가운데 하나는 독창성 또는 창의성, 그리고 창조를 가능케 하는 상상력이라 할 수 있다. 예술을 감상하고 이해하며 수용하는 과정에서 창의성과 영감의 발현은 중요한 역할을 한다. 그리고 우리는 예술 작품을 감상하면서 예술가의 창의성과 표현력에 감동과 영감을 받을 수 있다. 작품의 창작 과정과 예술가의 의도를 이해하면서 창의성과 독창성을 향상시킬 수 있으며, 예술은 새로운 아이디어와 관점을 제시하는 데 기여한다.

문화와 예술은 끊임없는 생성과 창조를 통해 변화하고 발전한다. 인간의 이성에 기초한 사유는 합리적·분석적 사유이지만, 문화예술적 사유는 이러한 과학적 사유, 분석적 사유, 합리적 사유를 넘어서게 된다. 문화예술적 사유에서 이 세계는 합리적으로 분석될 수 없는 끝없이 변화하는 흐름과 끊임없는 질적 풍요로움으로 가득한 세계로 인식된다. 다시 말해 과학이 아무리 분석해도 온전히 파악할 수 없는 존재의 근본적 실재는 이 세계의 흐름, 풍요로움, 탄생, 그리고 창조라는 것이다. 이러한 세계가 바로 문화예술이 뿌리내리고 뻗어나가고자 하는 생동하는 세계이다(김재근, 2019: 514).

3) 시민 가치·태도·성향 차원

예술을 감상하고 이해하며 수용하는 일련의 과정에서 문화예술이 갖는 사회적 영향력을 이해하고 이에 대한 자신의 관점을 형성하며, 문화예술이 인간에게 미치는 중요한 가치를 우리는 인식하게 된다. 예술 작품을 감상하는 과정에서 예술을 이해하고 수용하게 되면서 사회 문제, 역사적 사건, 정치적 상황 등에 대한 통찰력을 얻을 수 있게 된다. 이는 문화예술이 사회에 미치는 영향을 깊이 있게 이해하는데 도움이 될 수 있다. 예술 활동에 참여하고 예술로서 표현하는 것은 자아에 대한 인식과 성장적 측면에서 감성적인 경험을 제공하며, 이를 통해 자아를 식별하고 강화할 수 있다. 다양한 예술 작품을 수용하면서 자아의 다양성과 개인적 취향을 발견하고 발전시키면서 개인적 성장과 삶의 의미를 탐색하는 과정에 도움을 준다.

영(Young, 1997)은 의사소통 행위 이론에서 차이에 주목하면서, 상호성(reciprocity)을 참여자 간 대칭적인 교환 또는 관점의 뒤바뀜(reversal)으로 묘사하는 것을 조심스럽게 피했다. 의사소통 윤리는 서로가 완전히 이해할 수 있다고 가정하는 것은 오히려 차이를 닫아버릴 위험이 있다고 경고한다. 따라서 영은 비대칭적 상호성의 이상을 주장하는데, 이를 선물 주는 행위를 통해 설명한다. 중요한 점은 다른 사람의 입장에서 세상을 보는 것이 다른 이의 입장(standpoint)을 취하려 행동 개시하는 것(setting out)으로 즉, 나와 다른 사람의 차이를 부인하고, 다른 사람의 사고와 행동의 틀, 전통, 이해를 지워버리게 되며, 도리어 자신의 관점을 그들에게 강요하는 것일 수 있다는 것이다.

> 도덕적 또는 정치적 판단에 도달하기 위해 의사소통 상황에 접근하는데 도덕적 겸손의 입장에서 다가가는 것이 보다 적절하다. 도덕적 겸손에서는 한 사람이 다른 사람의 시각에서 사물을 볼 수 없다는 가정으로 시작하고, 그들이 유사한 경험을 어느 정도 했는지를 다른 사람에게 듣고 배우기를 기다린다(Young, 1997: 49).

이는 상대방의 시각으로 세계를 보려는 욕구를 피하고, 대신 존중할 만한 거리(respectful distance)를 선택하는 것을 의미한다. 이러한 비대칭적 상호성이 가진 입장은 문화적, 성별적, 인종적, 종교적 관점 및 기타 관점을 횡단하여 이해를 촉진하는 것과 예술이 갖는 한계와 엄청난 잠재력을 구체화하는데 명확한 함의가 있다. 차이 부정을 피하고 자기 관점을 다른 사람에게 부과하는 것을 피하려면, 다른 사람의 관점에 대해 이해할 수 없는 많은 것들이 남아있다는 사실을 인정해야 한다는 것이다. 이러한 예술을 통한 타자 학습의 한계는 아프리카 예술을 서양 예술과 동일한 조건으로 해석하려는 유럽의 시도에서 명확하게 드러나며, 타자 즉 아프리카 사람들에 대한 사고와 행동의 틀, 전통 및 이해는 제외되었다.

매체와 다양한 소셜미디어의 발달에 따라 새로운 매체에 대한 적응과 활용 이상으로 이를 사용하는 사용자의 책임 의식과 윤리성이 중요하다. 어떻게 사용하는가에 따라 다양한 매체를 활용하는 예술 교육은 문화예술 시민성 교육과 균형을 이루면서 진행되어야 한다. 더불어 전통적 매체의 활용뿐만 아니라 다양한 매체를 적극적인 자세로 활용하는 자세와 타인의 권리를 존중하는 윤리적 민감성을 함양해야 한다.

4) 시민 참여·행동·실천 차원

시민 참여·행동·실천은 문화예술을 수용하고 표현하는 과정과 결과는 일상적인 삶에서 시민이 자기주도성을 가지고 삶 속에서 본인의 예술적 취향을 형성하고, 취향에 따른 문화예술 활동을 선택하며, 선택한 문화예술을 실천하며 삶에서 문화예술을 향유하는 모든 행위를 포함한다. 이는 예술을 통해 개인의 창의성과 감수성을 발휘하고, 자유롭게 표현하고 나누는 것을 의미하고, 시민성은 시민의 자기 주도적으로 문화예술에 대한 관심과 흥미를 갖고 다양한 문화예술을 탐색하고 예술 활동에 참여하는 것을 포함한다. 개인의 문화예술 활동으로 머무는 것이 아니라 자기 주변에서 문화예술활동에 참여하고 있는 타인과 협력하여 문화예술을 참여하도록 하여 문화예술을 통한 공감과 소통이 일어날 수 있도록 하는 것이다. 따라서 문화예술 시민성은 문화예술활동 과정에서 타인의 문화예술 창작에 대한 존중을 바탕으로 문화예술의 저작권을 비롯한 창작 윤리를 실천하며 건전한 문화예술 활동이 이루어 질 수 있도록 해야한다. 타인과 문화예술에 참여하는 협업과정에서 타인의 예술을 탐구하고 향유하는 공간과 시간에서 공동체 구성원으로서 타인에 대한 예의를 지켜 교양 있는 문화예술 향유가 이루어질 수 있어야 한다.

쿠트너(Kuttner, 2016: 74)는 예술교육이 문화적 시민권을 개발하고 주장하는 공간으로 기능을 할 뿐만 아니라, 일반적으로 예술교육을 문화시민 개발 과정이라고 주장하였다. 예술교육자들이 각기 다른 결과물들을 산출하더라도, 학생들에게 예술적 창작과 소비와 관련한 역할과 책임에 대해 가르치는 것이다. 이는 문화예술을 통해 학생들의 능력과 성향을 형성하고 문화적인 삶의 중요한 측면에 참여하도록 하는 것이다(Thomson & Christine, 2019: 6). 문화예술을 표현하고 참여한다는 것은 우리의 인식과 감정의 영역을 넓혀주는 것으로서 문화예술은 다양한 매체를 활용하게 된다. 사적(私的) 영역에 있는 인간 경험을 공적(公的) 영역으로 옮기려면 '표상 형식(forms of representation)'이라는 수단을 필요로 하며, 표상 형식을 통해 시각적, 청각적, 운동감각적, 후각적, 미각적, 촉각적인 개념이 공적 상태를 확보할 수 있다. 이것은 언어, 사진, 무용, 그림, 음악 등 다양한 형식을 취할 수 있으며, 하나의 표상 형식은 다른 표상 형식으로 포착하지 못하는 세상의 모습을 드러나도록 하는 것이다. 예술은 각기 다른 표상 형식들을 사용하므로 다른 세상의 모습들을 재현하여 보여주게 된다.

문화예술에서 소통은 새로운 경험과 창의적 발전을 위해 중요한 역할을 하는 요소이며, 소통은 낯선 것을 받아들이고 귀 기울이는 것이다. 문화예술은 공통 문화와 지배 문화의 문법을 그대로 따르는 것이 아니어야 하며, 소통은 다양한 경계를 자유로이 넘나들며 문화의 속박을 넘어서야 한다. 공동체에서 당연한 것으로 여기는 문화 표현, 해석, 의사소통 방식에 주목하여, 이 기제를 통해 한 집단이 다른 집단을 배제, 경멸, 혐오하는 현상을 제거해야 한다. 소외된 집단의 손상된 정체성과 문화적 산물들을 재평가하고 인정해야 하며, 문화적 편견과 차별을 생산하는 사회적 해석이나 소통 등 상징체계의 패턴을 변화시켜야 한다.

예술 행동은 감상자로서 타인을 역할을 기대하는 활동이다. 예술은 감상자로서의 역할을 요구하나, 감상자 이상의 능력으로 반응하고 행동할 타인이 필요하다. 이른바 깨어나는 시민, 연대하는 시민으로서 예술 행동을 바라보는 감상자가 아닌, 감상자인 동시에 행동하고 연대하는 능동적 시민을 기대한다. 어떻게 감상자가 행동하는 시민이 될 수 있는지, 예술의 영향에 따른 변화인지, 감상자를 행동하는 시민으로 바꿔줄 다른 활동이 더 필요한가(유성애, 2015: 205)에 대한 고려가 요구된다.

3. 문화·예술 시민성 내용 요소

문화예술 시민성의 내용은 다양한 문화예술을 포용하는 평화 추구의 자세를 지닌 미래 지향적 시민 육성 방안을 모색하기 위하여 지역, 국가, 세계 공동체의 문화예술을 통한 소속감과 연대감을 함양하고, 문화예술의 보편적 가치와 다원적 가치 이해에 기초한 다양성 존중의 태도를 갖춘 문화예술 시민성으로 규정하였다. 이를 '시민 지식', '시민 숙의·기능', '시민 가치·태도·성향', '시민 참여·행동·실천'에 기반하여 문화예술 시민성 내용 요소 및 성취기준을 설정하였다.

〈표 1〉 문화예술 시민성 내용 요소 및 성취기준

문화예술 시민성의 의미		다양한 문화예술의 수용과 표현을 통해 개인과 공동체의 개선과 변화를 실현하기 위한 구체적 의지와 실천적 행위
요소	내용	성취 기준
1. 시민 지식	1.1. 문화예술의 종류와 형태 1.2. 문화예술의 구성 요소 1.3. 문화예술의 의미와 역할 1.4. 시대-지역-공동체의 문화예술 1.5. 문화예술의 맥락적 이해	1.1.1. 문화예술의 다양한 종류에 따른 표현 방법 및 표현 형태를 인지한다. 1.2.1. 문화예술 구성 요소의 종류와 차이점을 알고, 각 요소들의 기능과 쓰임새를 이해한다. 1.3.1. 문화예술이 개인과 공동체에 미치는 예술적 의미와 그 역할을 이해한다. 1.4.1. 다양한 시간과 공간에 따른 문화예술의 특징과 차이점을 이해한다. 1.5.1. 문화예술의 발생과 발전 과정에 대한 포괄적인 이해를 바탕으로 맥락적 이해를 한다.
2. 시민 숙의·기능	2.1. 문화예술의 구상-시도-표현 2.2. 문화예술의 감상-이해-수용 2.3. 문화예술의 비교-분석-비평 2.4. 문화예술의 창작과 전이 2.5. 문화예술의 연계와 융합 2.6. 문화예술의 다양한 매체 활용	2.1.1. 다양한 문화예술의 특징을 적용하여 작품을 구상하고, 적용하여, 표현하도록 한다. 2.2.1. 문화예술 감상을 통해 작품의 특성을 이해하고, 문화예술의 아름다움을 경험하도록 한다. 2.3.1. 다양한 문화예술의 경험을 통해 그 특징을 비교하여 분석하며, 관점에 따라 비평하도록 한다. 2.4.1. 문화예술 작품의 일부분을 바꾸거나 새롭게 창작 하고 새로운 아이디어로 확산되도록 한다. 2.5.1. 문화예술 간 또는 다른 분야와 연계 및 융합하여 새로운 문화예술을 만들어내도록 한다. 2.6.1. 다양한 매체를 활용하여 예술 감상과 창작을 하며 타인과 공유하도록 한다.

3. 시민 가치· 태도· 성향	3.1. 개인과 공동체의 문화예술 상호소통 3.2. 다양한 문화예술의 가치 존중과 배려 3.3. 문화예술적 감수성 및 정체성 3.4. 문화예술의 성찰과 지속가능한 발전	3.1.1. 문화예술을 통한 개인과 개인, 개인과 공동체, 공동체와 공동체의 소통과 교류의 자세를 갖는다. 3.2.1. 다양한 문화예술 실천의 소중함을 알고, 그 가치를 존중하는 태도를 갖는다. 3.3.1. 문화예술 활동을 통한 감수성을 기르고, 자신과 공동체의 문화적 정체성을 갖는다. 3.4.1. 문화예술에 대한 개인과 사회의 성찰을 통해 공동체의 지속가능한 발전을 위해 노력하는 태도를 갖는다.
4. 시민 참여· 행동·실 천	4.1. 삶에서 문화예술의 향유 4.2. 자기주도적 문화예술 활동 4.3. 지역과 공동체 문화예술 참여 4.4. 문화예술의 공감과 상호소통 4.5. 문화예술의 책임과 윤리 실천	4.1.1. 일상의 삶에서 다양한 문화예술의 종류를 선택하여 향유한다. 4.2.1. 상황과 시기에 적절한 다양한 문화예술에 자기주도적으로 활동한다. 4.3.1. 내가 속한 지역과 공동체의 문화예술 관련 행사를 알고 참여한다. 4.4.1. 문화예술을 통해 개인과 개인, 개인과 공동체, 공동체와 공동체 간 상호 소통한다. 4.5.1. 문화예술의 활동 과정과 결과에 대한 자기책임의식과 윤리의식을 고양하고 이를 실천하도록 한다.

1) 시민지식

문화예술교육에서 시민 지식은 문화예술의 종류와 형태에 대한 기초적인 지식을 나타낸다. 문화예술은 문화예술이 발생하고 향유된 시대적, 정치적, 사회적, 경제적, 인문학적 배경을 맥락적으로 반영하고 있으며, 문화예술 발달 과정에 소요되고 영향을 미치는 다양한 요인들을 포괄적으로 이해하고 인식하여 문화예술을 이해할 수 있는 능력을 포괄한다.

(1) 문화예술의 종류와 형태

문화예술 시민성은 시민으로서 문화예술을 수용하고 표현하는데 요구되는 다양한 문화예술 장르의 원리적인 구성 요소의 종류와 의미를 알고 각 구성 요소의 특징에 대한 인식과 이해가 필요하다. 다양한 문화예술의 종류와 형태를 알며, 각각에 따른 문화예술의 구성 요소를 비교하여 문화예술이 표현하거나 나타내고자 하는 의미를 인식해야 한다. 각 시대, 지역, 환경, 종교, 경제, 성별, 연령에 따른 문화예술의 경향성을 파악하고, 시대나 문화권에 따라 어떤 맥락에서 변화하고 발전해 왔는지 이해할 수 있는 능력이 요구된다. 문화예술 시민성은 문화예술을 비교하고 분석하면서 그 스타일과 경향성을 파악하여 인지할 수 있는 능력을 갖추어, 예술의 역사와 발전뿐만 아니라 예술가들의 예술적 변화와 그 흐름을 이해할 수 있도록 하는 것을 의미한다.

예술의 한 영역인 문학은 인간의 언어를 표현 수단으로 삼기에 언어예술이라 불린다. 그러나 문학에서 활용되는 언어는 상징, 비유, 은유 등과 같은 문학적 표현 양식을 적극적으로 활용하면서 인간의 경험, 감정, 사상 등을 미적으로 표현한다는 점에서 일상의 언어 규범을 뛰어 넘는다. 문학은 미술이나 음악 등 여타의 예술 분야와 동일하게 작가의 상상력과 창의력을 토대로 만들어지는 문화적 산물이라는 점에서 문화예술에 속한다. 문학은 표현 수단인 언어에 따라 입말로 전승되는 구비문학(口碑文學, oral literature)과 글말로 기록된 기록문학(記錄文學, documentary literature)으로 나눌 수 있다. 이 중 구비문학은 말로 존재하고 말로 전승된다는 점에서 문자를 활용하는 기록문학과 기본적인 차이를 갖지만, 이 둘은 모두 언어를 통해 인간의 사상이나 감정, 그리고 세계와의 경험 등을 미적으로 표현한다는 점에서 동질성을 지닌다.

구체적으로 살펴보면, 먼저 구비문학은 문자가 존재하기 이전부터 자연발생적으로 나타난 것으로 인간이 만들어낸 특정한 구연(口演) 방식이나 연행(連行) 방식을 통해 인간과 세계의 다양한 가치와 의미를 표현해 왔다. 구비문학은 설화와 같은 이야기 문학, 민요, 무가, 판소리와 같은 노래 문학, 민속극 등과 같은 놀이 문학으로 존재하면서 지역적 또는 민족적 층위의 문학을 구현해 온 특징이 있다. 구비문학은 문자가 아닌 말이 중심이기에 지배층보다는 피지배층에 의해 향유되어 왔고, 민중 대다수가 오랜 시간 동안 그들의 생활과 의식을 예술적으로 표현하는 역할을 담당해 왔다. 이에 비해 기록문학은 인간의 의사소통을 위한 기호 체계인 문자를 활용하여 인간의 미적 체험을 예술적으로 표현함으로써, 말이 가진 근원적 한계를 극복하고 문자가 가진 기록성의 영역 속에서 구비문학과는 다른 언어예술을 구현해 왔다. 기록문학은 문자의 발생과 함께 시작되어 구비문학과는 구별되는 기록문학으로서의 특징적인 영역을 구축해 왔다. 특히 시나 소설과 같은 기록문학의 대표적 갈래들은 전근대를 지나 근대까지 시대와 사람, 그리고 당대 사회의 다양한 측면을 담아내며 성장 발전해 왔다. 이처럼 구비문학과 기록문학은 언어라는 표현 수단은 동일하나 말과 글이 가지는 본질적 차이에 의해 발생하여 오랫동안 서로 영향을 주며 공존해 왔다. 이처럼 구비문학과 기록문학을 통해 문학의 종류와 형태를 이해하는 것은 문학의 역사적 흐름과 언어 예술의 성격을 파악하는데 유용하고 중요한 시각이 된다.[3]

(2) 문화예술의 구성 요소

예술에서 내용은 특정한 형식에 담겨 있는 '무엇'을 뜻한다. 그리고 내용은 인간의 삶과 밀착되는 경험적 현실과 인간의 사상, 관념, 감정, 가치

---

3 『2022 개정 교육과정』, 〈국어과 교육과정〉에서도 문학의 범위와 갈래를 설명하는데 있어, 언어의 성격을 중시하고 있음을 볼 수 있다. 특히 한국 문학을 구비문학, 한문학, 국문문학의 세 영역으로 제시하고 있는 것은 말과 글이라는 언어적 성격을 중시하는 시각이라 할 수 있다.

관과 세계관 등을 포괄한다. 음악과 미술은 개인과 공동체의 사상과 감정을 표현, 감상, 활용하는 데 있어 청각적 또는 시각적 구성 요소가 존재한다. 예술 구분에 따른 각 예술 분야의 구성 요소는 다양하지만 크게는 내용과 형식, 그리고 표현으로 나눌 수 있다. 예술 작품은 내용과 형식, 그리고 표현이 얼마나 유기적으로 통일성 있게 구성되었는가에 따라 그 가치와 의미가 평가될 만큼 중요한 구성 요소가 되기 때문이다. 하지만 이러한 구성 요소들 그 자체가 문화예술이라 할 수 없으며, 문화예술이 특정한 형식이 되어 구현되었을 때 문화예술로서의 정체성을 갖는다.

문학에서의 예술적 표현은 작품에 담고자 하는 내용을 특정한 문학의 형식에 담아 언어의 활용을 통해 구체적으로 드러내는 행위를 말한다. 즉 작가는 자신의 독창적이며 개인적인 언어 활용을 통해 작품에 담을 내용을 표현함으로써 작품에 독창성을 부여하게 된다. 문학의 주요 구성 요소로서의 표현은 예술에서 중요하게 다루어지는 '형상화'의 문제와 밀접한 관련을 갖는다 할 수 있으며, 문학에서의 표현은 언어라는 기호를 통해 작품의 내용을 구체화, 개별화, 사실(事實)화하는 방식의 형상화라 할 수 있다. 이처럼 문학의 주요 구성 요소와 그 특징에 대한 기본적인 이해는 문화예술로서의 문학을 이해하는 데 있어 필수적인 사안이며, 이를 통해 미술이나 음악 등 다른 문화예술과의 차이를 올바르게 인식할 수 있게 된다.

(3) 문화예술의 의미와 역할

음악과 미술은 인간의 사상과 감정을 소리나 시각적으로 표현하는 예술이라는데 의미가 있으며, 문학은 언어를 통해 이러한 진실을 아름답게 표현하는 예술이라는 점에서 또 다른 의미를 찾을 수 있다. 인간이 인지하는 아름다움은 주관적인 영역에 속하고, 문학이 언어를 통해 아름다움을 드러내는 방식 또한 다양하다. 그러나 음악, 미술, 문학은 인간과 사회에 대한 진실한 인식을 지시적으로 나타내기보다는 형상적, 시각적, 청각적 아름다움을 통해 표현함으로써 감동(感動)과 감화(感化)라는 정서적 행위를 이끌어 낸다는 점에 주목할 필요가 있다. 이 가운데 문학은 언어를 매개로 인간과 사회에 대한 진실한 인식을 인간의 고유한 상상력과 창의력을 통해 미적으로 표현하는 예술이다. 이러한 정의는 문학이 가진 문화예술로서의 의미와 역할을 이해해 볼 수 있는 중요한 단초가 된다. 특히 인간과 사회에 대한 진실한 인식을 문학이 담아낸다는 것은 복잡한 인간 내면에 대한 깊이 있는 이해를 문학이 가능하게 한다는 것이며, 가려져 있는 사회의 다양한 문제들을 문학을 통해 비판적으로 바라보게 한다는 점에서 그 의미를 찾을 수 있다.

예술은 인간의 상상력을 기반으로 시각, 청각, 언어를 통해 인간과 사회에 다양한 영향을 미치는 예술이라 할 수 있기에, 현대 사회에서 중요한 의미와 역할을 지닌다. 이를 구체적으로 말하면, 인간은 문학을 통해 세계에 대한 이해의 폭을 심화하고 확장하며, 문학 작품 속 형상이 현실을 그대로 반영하는 것이 아니라 문화적 상징(象徵)으로서 존재한다는 점에서 그러하다. 이러한 문학 내 상징들은 인간이 추구하는 가치 있는 진실을 담아내기에, 문화예술로서 문학을 향유하는 행위는 이러한 문화적 상징을 이해하는 것이라 할 수 있다. 예술은 삶의 형태, 조건, 방식에 따라 끊임없이 변화해 온 문화를 예술적 맥락에서 이해할 수 있게 하는 중요한 도구이다. 따라서 예술은 인간 삶의 다양성을 추구하면서 이를 통해 인간에 대한 이해를 심화시키고, 예술이 담아내는 이러한 인간의 모습은 결국 인간다움과 인간다운 삶에 대한 방향성을 환기시키는 의미와 역할을 가진다.

(4) 시대 – 지역 – 공동체의 문화예술

문화예술이 개인, 공동체, 지역에서의 역할과 다양한 사회적 계층에 미치는 영향을 이해한다. 문화예술의 다양한 장르는 개인, 지역, 공동체와 연계되어 다양한 예술적, 문화적, 사회적, 정치적 의미와 역할을 수행하며, 이를 이해하고 문화예술의 발전을 모색하기 위한 방안을 탐구하여 문화예술에 영향을 미치는 요인들을 인지하도록 한다.

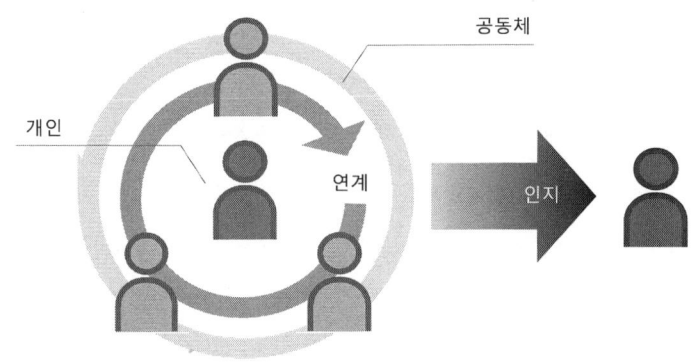

[그림 5] 개인과 지역, 공동체의 연계

지역, 시대, 공동체에 따른 문화예술을 비교하여 문화예술의 특징을 알고, 서로 다른 문화예술의 유사성과 상이성에 대한 이해를 바탕으로 문화예술의 다양성을 이해하여 각 시대, 지역, 공동체 문화예술의 특징을 이해한다. 문화예술의 시대적, 상황적, 사회적 맥락을 이해하여 문화예술에 대한 이해와 인식의 폭을 넓히도록 한다.

문학은 고대로부터 현대에 이르기까지 인간과 함께 존재해왔다. 문자가 나타나기 전에는 말과 몸짓으로 이루어졌던 구비문학으로, 문자 발생 이후에는 문자의 활용에 따른 기록문학이 공존하며 발전해 왔다. 그리고 고대-중세-근대로 이어지는 기나긴 역사의 흐름에 따라 문학은 그 모습을 달리하며 존재해 왔으며, 이러한 시대 변화 속에서 다양한 문학 갈래들이 흥망성쇠(興亡盛衰)를 거쳐왔음을 우리는 문학사를 통해 확인할 수 있다. 문학의 기본적 소통 방식은 개인의 자기표현에 기초하지만, 이러한 문학 활동은 자기표현을 넘어 사회적 소통 방식이라 할 수 있다. 특정 작품이 어떤 개인의 사적 체험을 바탕으로 창작되었다 해도 그 체험 자체는 사회적 삶에서 이루어졌을 뿐만 아니라, 작품의 소통 과정에서 사회적 의미를 획득하기 때문이기도 하다(김대행 외, 2000:247). 또한 문학의 사회적 소통은 결국 인간 삶의 토대가 되는 지역을 기반으로 하여 지역을 토대로 형성된 공동체 속에서 발현되었다. 결국 문학 작품을 감상하는 것은 기본적으로 시대-지역-공동체라는 문학의 다층적 측면을 이해하는 행위이다. 특정 시간으로서의 시대와 인간 삶의 토대가 되는 공간으로서의 지역, 그리고 그 속에서 문학을 향유하며 전승하는 사람들의 집합인 공동체에 주목함으로써, 문학이 가진 본질적 속성과 시대-지역-공동체의 차이에 의해 형성된 다양한 문학 갈래의 특징을 파악할 수 있게 된다.

(5) 문화예술의 맥락적 이해

인간은 개인적 삶을 토대로 사회적 삶을 살아가는데, 이는 인간이 시대와 사회, 그리고 풍속, 관습, 사상, 종교, 전통 등과 같은 문화 속에서 살아감을 말한다. 다양한 문화예술이 발달하는 현대와 미래 시대의 문화예술 시민성은 사회적 맥락에서 개인과 공동체가 미친 영향과 역할을 폭넓은 이해와 인식을 통해서 수용하고, 각 문화예술을 구성하고 있는 예술적 요소들이 시대에 따라 어떻게 변화되어 영향을 미치고 있는지를 이해하는 능력을 포함한다.

문화예술 시민성의 발현은 다양한 문화예술의 다양한 소재와 주제를 발견하고 문화예술 활동으로 연계될 수 있는 인지와 사고능력이 요구된다. 이러한 사고능력은 개인과 공동체의 문화예술 창작과 향유 활동과 같은 관련성을 비교·분석하여 인식하게 된다. 이와 더불어 문화예술 장르와 각 장르를 연계하고자 하는 관심과 아이디어를 정확히 인지하고 발전시키려는 노력이 필요하다. 표현 과정에 있어 발생되는 다양한 문제의 원인을 파악하고, 해결하고 협력하는 태도가 필요하며 이러한 일련의 과정에서 다양한 지역사회의 문화예술 기관과 단체의 도움을 받을 수 있어야 한다.

인간의 문학 활동이 형성하는 관계망을 문학의 맥락이라 한다(김대행 외, 2000:221). 문학의 맥락은 매우 다양하지만 기본적으로 인간 삶에 기초한다고 할 수 있다. 또한 인간의 삶은 개인적 삶과 사회적 삶으로 구분될 수 있으며 특히 개인적 삶은 인간의 일상생활과 밀접한 관련을 맺고 있다. 문학은 이러한 일상생활의 자기 욕망을 표현하고자 하는 데에서 출발하며, 문학은 다양한 인간 욕망의 자기표현이라 할 수 있다. 문학은 자기표현의 차원에만 국한되는 것이 아니라, 문학 작품을 창작한다는 것은 주체와 대상의 관계 형성의 과정이라고 할 수 있다. 인간은 자신에게 주어진 세계를 단순하게 받아들이지 않고 자신의 가치관과 세계관을 통해 대상과 새로운 관계 형성을 모색하며, 이를 통해 인간 삶에 대한 새로운 인식으로 나아간다. 결국 문학의 자기표현은 타자와의 관계 맺기라 할 수 있고, 이러한 과정은 타자와의 공존을 모색하는 삶의 또 다른 과정이 된다.

문학의 특정 양식은 일정한 시대적 상황에서 사회적 의사소통 양식으로 활용되며, 이러한 사회적 공유 양식으로서의 문학을 창작하고 향유하는 일은 문화적 차원에서의 연대의 의미를 가진다. 인간과 인간, 인간과 사회, 인간과 자연 등의 관계 속에서 문학은 끊임없이 연대의 가능성을 모색하고, 이를 통한 인간다움을 실현하고자 하기 때문이다. 이처럼 문학의 발생과 발전과정은 개인의 자기표현으로 출발하여 주체와 대상의 관계 형성을 통한 연대로 이어지고, 연대의 문화적 의미는 인간다움의 실현이라는 맥락적 배경을 가진다고 할 수 있다.

2) 시민 숙의·기능

문화예술에 대한 시민 숙의는 사회 구성원들이 문화예술 활동과 그 영향에 대해 함께 논의하고 의견을 교환하는 과정을 의미한다. 이는 문화예술이 사회적인 영향력을 가지고 있으며, 시민들의 관심과 참여가 중요하다는 인식에서 출발한다. 문화예술이 생성과 성장, 쇠퇴와 재창조의 생명력을 갖기 위해 문화예술창작자의 창작활동뿐 아니라 지역 구성원 즉 시민의 관심과 다양한 참여가 필요하다.

(1) 문화예술의 구상 - 시도 - 표현

문화예술의 구상은 예술가나 창작자가 새로운 아이디어를 형성하고 발전시키는 과정을 의미하며, 창의성과 상상력을 바탕으로 다양한 형태의 작품이 탄생하고 발전하는 과정을 포함한다. 구상 단계는 예술 작품의 탄생과 발전에 있어서 매우 중요한 단계라고 할 수 있다. 예술가는 다양한 영감을 받아 새로운 아이디어를 형성하는데 이는 주변 환경, 개인적 경험, 사회적 문제, 철학적 고찰 등 다양한 요인에 의해 영향을 받을 수 있다. 작품을 구상할 때는 작품의 핵심 메시지나 이야기를 결정하는 것이 중요하며, 이는 작품이 전달하고자 하는 의도와 감정을 담아낸다. 또한 문화예술의 구상에서 작품의 시각적, 청각적, 감성적인 측면을 고려해야 한다.

작품을 구상할 때는 사용할 기술과 재료를 고려해야 하며, 어떤 기술이나 재료를 사용하고 어떤 매체로 발표되느냐에 따라 작품의 메시지를 효과적으로 전달할 수 있다. 구상 단계에서는 다양한 실험과 탐구를 통해 아이디어를 발전시켜야 하며, 예술가는 자유로운 상상력을 발휘하고 새로운 시도를 통해 작품을 발전시키는 데 중점을 두어야 한다.

색채, 형태, 리듬, 조형, 음악적 요소 등을 포함하는 작품을 구상하는 과정에서는 다른 사람들의 피드백을 수렴하여 작품을 발전시키는 것도 중요하다. 이는 작품의 완성도를 높이고 더 나은 결과물을 창출하는 데 도움이 되며 시대의 요구와 목소리를 담아내는데 적극적인 방법이 될 수 있다. 이러한 일련의 과정을 문화예술의 구상이라고 할 수 있으며 작품을 완성하기 위한 아이디어와 방향성을 결정하고, 이를 토대로 작품을 창작하고 발전시키는 밑바탕이 될 수 있다.

문학에서 문학 활동은 감상과 창작을 아우른다. 창작은 곧 세계를 이해하고, 새로운 질서와 세계를 만들어내는 일과 맞닿아 있다(우한용 외, 2013:132). 그리고 창작에 있어서 가장 먼저 이루어져야 하는 부분은 어떠한 특정 문학 갈래를 활용하여 자신의 삶과 세계에 대한 인식을 담아낼 것인가를 구상하는 단계라 할 수 있다. 그리고 이러한 구상은 문학의 특정 갈래가 가진 형식에 담아 문학적 언어로 표현하는 단계로 나아간다. 이처럼 문학 창작의 전반적인 과정은 인간의 경험과 세계에 대한 인식에 의미를 부여하여 재구성하고, 가치를 부여하는 행위라 할 수 있다. 또한 문학이 가지는 언어예술로서의 심미적 가치를 체득하는 과정이며, 개성적 자기 표현을 통해 타인과의 소통을 도모하는 행위라 할 수 있다. 따라서 문화예술로서의 문학 활동은 공동체 구성원들과의 소통 과정이라 할 수 있다.

(2) 문화예술의 감상-이해-수용

감상, 이해, 수용은 문화예술과 관련된 경험을 풍부하게 만들어주는 핵심 요소이다. 예술 작품을 감상하고 이해하며 수용하는 과정을 통해 우리는 예술의 깊이 있는 측면을 탐험하고 인간의 다양한 차원에 대한 이해와 연결을 강화할 수 있다. 미술, 음악, 문학, 무용 등 다양한 예술 분야에서 감상, 이해, 수용의 과정을 통해 예술을 더욱 풍부하게 즐길 수 있는 것이다. 감상은 예술 작품을 감정적으로 경험하고 그 속에 담긴 메시지나 느낌을 받아들이는 과정이라 하겠다. 이해는 작품의 의도나 문맥을 이해하고 그 배경에 대한 지식을 활용하여 작품을 해석하는 것을 의미하며, 수용은 작품이 전달하고자 하는 메시지나 감정을 받아들이고 자신의 생각과 경험과 결합시켜 새로운 의미를 만들어내는 것을 의미한다. 예술은 우리의 감성과 지성을 모두 충족시키며, 우리의 삶에 깊은 영감과 의미를 부여한다. 따라서 예술을 향한 감상과 이해를 높이고, 새로운 시각과 경험을 통해 예술과의 연결을 더욱 강화함으로써 보다 풍요로운 예술 경험을 만들어낼 수 있을 것이다.

인간에게 경험은 자신을 성장시킬 수 있는 중요한 계기가 된다. 그리고 인간의 경험은 자신이 직접 어떠한 일을 겪음으로써 축적하게 되는 것과 다른 사람의 경험을 간접적으로 이해하거나, 책과 같은 매체를 통해 다양한 인간의 삶을 간접적으로 경험하면서 성장하는 과정을 포함한다. 문학 작품을 감상하는 일은 개인적 차원의 일이면서도 사회적 차원에서 이루어지는 타자와의 소통 행위라는 점에서 이러한 간접 경험을 극대화할 수 있는 유용한 실천 행위이다. 또한 문학 작품을 감상하는 과정에서 독자는 작품에 담겨 있는 인간의 삶과 세계의 진실된 모습을 이해하는 과정을 거치며, 이를 통해 문학 작품을 자신의 것으로 내면화하는 단계인 온전한 수용으로 나아가게 된다.

(3) 문화예술의 비교 – 분석 – 비평

문화예술의 비교 분석 비평은 여러 예술 작품이나 문화적 현상을 비교하여 그들의 차이와 공통점을 분석하는 과정을 의미한다. 이러한 비평은 다양한 측면에서 중요하며, 비교 분석을 통해 우리는 여러 가지 시각에서 예술 작품을 바라보게 되며 예술의 다양성에 대한 이해도가 높아지게 된다. 다양한 시대, 지역, 문화 속의 예술 작품을 비교하고 분석함으로써 이에 대한 다양한 학문적 분야의 발전과 통합 또한 이룰 수 있다. 비평적 사고능력은 비교 분석을 통해 길러질 수 있으며, 다양한 작품들 사이의 차이나 유사성을 파악하면서 비평적 시각이 확장될 수 있고 또한 활발한 비평적 소통을 통해, 보다 폭 넓고 다양한 의견을 수용할 기회를 제공하게 된다. 비교 분석을 통해 다양한 작품들 사이의 연결고리나 차별적인 특징을 찾아내면서 창의성과 혁신 또한 촉진할 수 있다. 문화예술에 대한 깊이 있는 비교, 분석, 비평은 창작자들에게 영감을 주고 새로운 시도를 유도할 수 있다.

문화예술에는 다양한 예술 영역이 포함된다. 음악·미술·문학 등 다양한 문화예술은 이를 향유하는 이들에게 다양한 미적 체험을 제공하게 된다. 그리고 이러한 문화예술들은 독자적인 영역에서 나름의 특징적인 예술적 가치를 추구한다. 그리고 문화예술을 감상하는 이들은 특정 예술 작품에 대해 다양한 가치 기준을 통해 판단하고 평가한다. 따라서 음악이든, 미술이든, 문학이든 작품을 감상하는 향유자들은 특정한 기준을 가지고 예술 작품을 평가하게 되며, 이러한 과정은 넓은 의미의 비평 행위라 할 수 있다. 또한 예술 작품에 대한 비평은 다양한 방법을 통해 이루어지는 데, 그중 대표적인 방법이 비교와 분석이다. 우리는 특정 예술 작품을 평가하기 위해서 유사한 작품과의 비교를 통해 가치 판단에 도달하기도 하고, 섬세한 분석을 통해 작품이 가지는 의미와 가치를 확인하기 때문이다. 그리고 이러한 비평적 시각은 작가의 작품 창작에 있어 혁신을 가져올 수 있게 함으로써 긍정적 영향을 미치게 된다.

(4) 문화예술의 창작과 전이

창작과 전이는 예술이 개별 예술가나 커뮤니티를 넘어서 전 세계적인 예술 생태계를 형성하고 영향을 미치는 중요한 요소로 이러한 과정을 통해 예술은 창조자와 수용자 간의 소통을 촉진하고, 문화적 다양성과 이해를 증진시킬 수 있다. 창작은 아이디어를 형성하고 그것으로 작품을 구현해내는 과정이며, 개별의 예술가가 자신의 경험이나 영감, 감정이나 현상, 물질에 대한 관찰을 바탕으로 창의적으로 작품을 만들어 낼 수도 있고 지역이나 집단에 의한 발전된 문화적 산물일 수도 있다. 이러한 결과물인 문화예술은 다양한 방식으로 사회적 문화적으로 전이가 이루어진다. 공식적인 전시회나 공연 출판 디지털 미디어의 발표는 물론 음성적인 표절이나 차용을 통해서도 전달, 확산되며 다른 문화, 지역, 매체 등으로 전이되는 과정에서 문화예술은 사회와 문화에 다양한 영향을 줄 수 있다.

문화예술을 통한 사회 구성원들의 인식 전이는 사회 문제에 대한 대중의 인식을 바꾸거나 사회적 움직임을 촉진, 둔화할 수 있으며 예술의 영향력을 확장하고, 창작자와 관객 간의 연결 강화에 이바지할 수 있다. 이는 개개인의 문화적인 정체성을 형성하고 대중의 감정과 생각에 영향을 줄 수 있으며, 중요한 문화예술의 창작과 전이는 여러 경로 중에서도 교육을 통해 더욱 광범위하고 의도가 있는 확산을 촉진시킬 수 있다. 예술교육은 예술의 창작과 이해를 증진시키고 예술의 가치를 전파하는 역할을 하게 되며, 예술교육을 통해 예술의 창작 과정과 가치가 더 넓은 범주로 전이될 수 있는 것이다.

문화예술에 대한 시도는 창작자들이 새로운 아이디어나 형식을 탐구하고 실험하는 과정을 의미하며, 이러한 시도는 예술의 다양성과 혁신을 촉진하고 문화예술의 발전에 기여한다. 새로운 창작의 시도에 대한 관점을 살펴보면 다음과 같다.

- 첫째, 형식적 시도이다. 예술가들은 형식적 시도를 통해 기존의 예술 형식을 넘어서거나 혼합하여 새로운 예술 형식을 창조한다. 이는 예술가들이 자유로운 상상력과 실험적인 접근을 통해 새로운 예술적 표현 방식을 모색하고 발전시키는 과정이다. 예를 들어, 미술가가 음악이나 퍼포먼스를 결합하여 현대미술 작품을 만들거나, 작가가 문학과 시각 예술을 결합하여 새로운 형식의 콘텐츠를 창작할 수 있다. 이러한 형식적 시도는 예술의 경계를 넓히고 새로운 시각과 경험을 제공함으로써 예술의 다양성과 창의성을 증진시킨다. 또한 이는 예술의 발전과 현대 예술의 다양한 양상을 이해하고 감상하는 데 기여하는 중요한 요소이다.
- 둘째, 주제나 내용적인 시도이다. 예술가들은 다양한 주제나 내용을 다루는 작품을 만들어내고 이는 사회적 문제, 인간의 삶과 감정, 역사적 사건 등 다양한 영역에 걸쳐 있을 수 있다. 예컨대, 사회적 문제를 다룬 퍼포먼스 아트나 인간의 복잡한 감정을 표현한 회화 작품, 혹은 역사적 사건을 바탕으로 한 시각 예술 작품 등이 여기에 속한다. 이러한 주제나 내용적 시도는 예술가들이 개인적인 경험과 관심사, 또는 사회적인 이슈와 관련된 이야기를 표현하는 과정을 반영하고 이를 통해 예술은 단순한 장식이

나 엔터테인먼트 이상으로 사회적 메시지를 전달하거나 감정과 생각을 공유하는 매개체의 역할을 수행한다. 또한, 이러한 주제나 내용적 시도는 관객들에게 다양한 시각과 경험을 제공하여 예술의 다양성과 복잡성을 체험하도록 도와주는데 이는 예술이 사회적으로 중요한 주제를 다루고 인간의 본성과 우리의 존재에 대해 깊이 생각하게 함으로써 우리의 시각과 인식의 확장에 이바지한다. 따라서 주제나 내용적 시도는 예술의 다양성과 깊이를 더욱 풍부하게 만들어주는 중요한 측면이다.

- 셋째, 기술적 시도이다. 예술가들은 기술적 시도를 통해 현대의 문화예술에서 기술과의 융합을 강조하고 있고 이는 최신 기술을 활용하여 작품을 만들거나 새로운 창작 방식을 모색하는 것을 의미한다. 가상현실(VR), 증강현실(AR), 인터랙티브 아트(interactive art) 등의 기술을 활용한 작품들이 이에 해당한다. 이러한 기술적 시도는 예술가들이 새로운 시각과 경험을 제공하기 위해 다양한 디지털 도구와 플랫폼을 적극적으로 활용하는 과정이고 이를 통해 예술가들은 고유한 창작 방식을 발전시키고, 관객들에게 현대 기술의 활용과 예술적 표현의 결합을 통해 새로운 감동과 경험을 선사한다. 또한, 기술적 시도는 예술과 기술의 경계를 허물고 새로운 창조적 가능성을 탐구함으로써 예술의 영역을 확장시키는 역할을 한다. 이는 예술의 다양성과 혁신성을 증진시키는 중요한 요소가 될 수 있다. 따라서 기술적 시도는 예술의 진보와 발전을 위해 중요한 동력이 되며, 예술가들이 새로운 시대에 걸맞은 창작활동을 펼치고 현대사회의 다양한 시각과 이해를 제공하는 데 기여할 수 있다.
- 넷째, 문화적인 다양성과 교류의 시도이다. 예술가들은 다양한 문화적 배경을 가진 사람들 간의 교류를 통해 서로의 이해를 촉진하는 작품을 만든다. 이는 다양한 문화 요소나 전통을 결합하여 새로운 작품을 창작하거

나, 다양한 문화 간의 대화와 상호작용을 위한 프로젝트를 기획하고 창작하는 것을 말한다. 이러한 다양한 시도를 통해 문화예술은 지속적으로 발전하고 확장되며, 새로운 아이디어와 경험을 창출한다.

문학에서 창작은 비록 허구의 세계이기는 하지만 새로운 질서의 세계를 만들어내는 일이며, 이를 통해 다시 자신을 둘러싼 세계와 타자를 이해하는 방법이 된다. 또한 문학 창작은 자신의 경험을 토대로 한 허구적 상상력의 발현이라 할 수 있다. 문학에서 허구적 세계는 사실이 아닌 세계를 사실인 것처럼 구성한 것을 말하는데, 비록 사실이 아닌 세계를 그렸다고 하더라도 그 세계는 실현 가능한 세계를 보여준다는 점에서 개연성을 내포한다(김혜원·정래필, 2019: 31). 따라서 문학을 활용한 시민교육에 있어 이러한 문학 창작의 경험은 시사하는 바가 크다. 개인은 자신이 발견한 인간의 삶과 공동체에 대한 진실된 인식을 작품에 담아내고, 이러한 작품을 향유하는데 스스로 미적 가치 기준과 개인적 상상력으로 작품에 구현된 세계를 자신이 살아가고 있는 현실의 세계와 비교 분석함으로써, 시민으로서의 자세와 가치관을 형성해 나갈 수 있게 된다.

(5) 문화예술의 연계와 융합

현대 사회에서 예술 간의 융합은 더욱 빈번해지고 있다. 특히 문학이나 미술, 음악 등이 각각의 예술적 가치와 효과를 극대화하는 방향에서 차원 높은 융합을 시도하는 경우를 볼 수 있다. 예를 들면 미술이 가진 시각적 효과와 문학이 가진 언어적 전달력을 가지고 새로운 표현 방식의 예술 작품이 나타나기도 하고, 음악과 문학, 음악과 미술 등 다양한 조합에 의한 융합이 실천되기도 한다. 시민교육에서 이러한 문화예술의 연계와 융합은 문화예술 시민성이 추구해야 할 핵심적 가치인 창의력을 함양하는데 도움이 될 수 있다. 현대사회는 디지털 네트워크에 의해 다중적으로 연결되며, 디지털 기술의 급속한 진화가 이루어지고 있는 시대이다. 이러한 시대에 문화예술은 다양한 융합의 길을 모색해야 한다. 특히 디지털 기술이나 매체와의 연계와 융합은 시민교육으로서의 문화예술의 가능성을 열어주는데, 문학의 경우 또한 종래의 문학 창작과 감상의 관행을 벗어나고 있음을 우리는 종종 볼 수 있다.

문화예술의 연계와 융합은 다양한 예술 형식, 문화 요소, 기술 등을 결합하여 새로운 창조적인 경험과 가치를 창출하는 과정을 의미한다. 이는 예술과 문화가 다른 분야와 상호작용하며 새로운 아이디어와 혁신을 도모할 수 있음을 뜻하며, 문화예술의 연계와 융합의 다양한 관점은 다음과 같다.

- 첫째, 다양한 예술 형식의 결합이 가능하다. 음악, 미술, 연극, 춤, 문학 등 다양한 예술 형식이 융합되어 새로운 공연, 전시, 퍼포먼스를 창출할 수 있다. 예를 들어, 음악과 미술이 결합한 프로젝트에서는 음악을 들으며 동시에 관객은 미술 작품을 감상할 수 있거나 시각 예술과 연극이 결합한 공연에서는 배우들이 미술 작품의 배경 속에서 연기를 펼치는 등의 다양한 형태가 있을 수 있다. 이러한 다양한 예술 형식의 결합은 예술의 경계를 넓히고 창의적인 시너지를 발생시켜 새로운 예술 경험을 제공하고 또한, 이는 관객들에게 다양한 감각과 경험을 제공하며 예술의 다양성을 강조하는 중요한 요소가 될 수 있다. 다양하게 결합된 예술 형식은 예술가들에게 새로운 창작 영역을 열어주며, 예술 작품의 다양한 면모를 탐구하고 표현하는 기회를 제공한다.

[그림 6] 미디어(media)와 프랑스어 파사드(facade)가 합쳐진 광화문의 미디어파사드

출처: 서울시청홈페이지 https://culture.seoul.go.kr

- 둘째, 새로운 기술과의 융합이다. 최근에는 기술과 문화예술이 점점 더 융합되어 다양한 방식으로 감상자에게 선보여지고 있다. 가상현실(VR), 증강현실(AR), 인공지능(AI), 인터랙티브아트 등의 기술이 문화예술과 결합되어 새로운 창작물이 탄생하고 있는 것이다. 튜브물감이 처음 개발되어 화가들이 작업실 밖으로 나가서 자연광을 캔버스에 들여올 수 있었고, 카메라가 발명되면서 카메라가 본뜨지 못하는 추상의 세계를 그릴 수 있었던 것처럼 새로운 기술과 문화예술과의 결합은 혁신적인 발전을 이끌어내고 반면 기술이 대체하지 못하는 새로운 관점을 제공한다.
- 셋째, 문화와 사회, 경제 등 다른 분야와의 연계를 통해 사회적 영향력을 확대하고 있다. 사회문제를 다루거나 사회적 메시지를 전달하는 작품들이 많이 등장하고 있다. 예를 들어, 사회적 불평등, 환경문제, 정치적 갈등 등 다양한 사회적 이슈를 다루는 예술 작품들이 활발하게 제작되고 있고 이러한 작품들은 사회적 인식을 높이고 긍정적인 변화를 이끌어내는 데 기여하고 있다. 뿐만아니라 문화산업은 경제적 가치를 창출하는 중요한 요

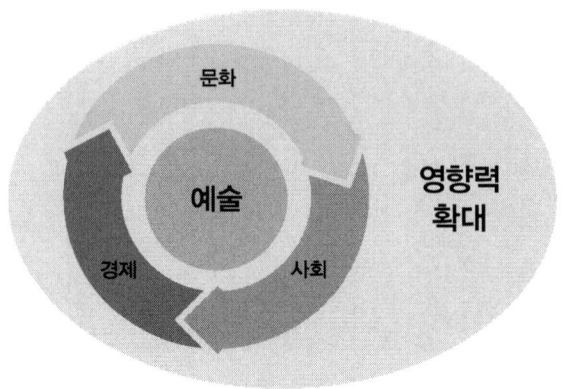

[그림 7] 예술과 다른 분야의 연계

소로 인식되고 있는데 실제 문화예술과 경제는 서로 긴밀하게 연계되어 있으며, 문화산업의 성장과 발전은 지역 경제의 활성화와 일자리 창출에 기여한다. 예를 들어, 문화예술 이벤트나 축제는 관광 산업을 촉진하고 지역 경제에 활력을 불어넣는 역할을 하거나, 문화 콘텐츠의 수출이나 국제 문화교류를 통해 국가의 경제적 이익을 증진시킨다. 이처럼 문화예술은 사회와 경제, 그리고 다른 분야와의 연계를 통해 다양한 영향력을 발휘하고 있으며 이는 문화예술이 단순히 예술적 가치만을 추구하는 것이 아니라 사회적, 경제적 가치를 함께 고려하며 발전하는 중요한 측면임을 보여준다.

- 넷째, 다양한 문화 간의 융합이다. 다른 국가의 예술 형식, 전통, 문화 요소 등이 결합되어 새로운 창작물이 탄생하며, 이를 통해 다양성과 교류, 서로에 대한 이해가 증진된다. 예를 들어, 서양과 동양 문화가 융합된 음악이나 무용 작품이 있을 수 있고 전통적인 예술 형식과 현대적인 접근 방식이 결합되는 경우도 많이 있다. 이처럼 문화예술의 연계와 융합은 창의

성과 혁신을 촉진하고 서로 다른 문화 간의 융합은 새로운 아이디어와 관점을 가져다 주며, 문화적 경계를 넘어서는 새로운 시각을 제공한다. 또한, 이러한 융합은 문화예술의 영역을 확장시키고 새로운 가치를 창출하는데 기여할 뿐만 아니라 다양성과 교류를 촉진하여 서로 다른 문화에 대한 이해를 높이고 문화 간의 연대와 상호작용을 증진시킨다. 이는 문화예술이 보다 포용적이고 열린 사회를 구축하는 데 도움을 줄 수 있으며, 세계 각국의 예술가들이 서로의 문화를 존중하고 경험하는 공간을 제공함으로써 글로벌 시민성을 증진하는 데에도 기여할 수 있다.

문학을 포함한 여타의 문화예술들은 모두 고유한 표현 양식과 목적이 있다. 그중 문학은 언어를 통해 인간 삶과 세계를 미적으로 표현한다. 그러나 이러한 문학 또한 그 하위 갈래에서는 기본적으로 다양한 예술과의 융합적 형태로 발현되는 경우가 많다. 대표적으로 구비문학의 민요나 고전문학 중 고전시가 갈래는 문학이면서 음악이라는 점에서 이러한 구도를 알 수 있다. 또한 한시의 경우에는 특정 그림을 대상으로 남겨진 수많은 제화시(題畫詩)가 존재한다. 이처럼 오랜 시간 동안 문학은 음악이나 미술 등의 다양한 예술 갈래와 연계·융합하면서 존재해 왔다.

(6) 문화예술의 다양한 매체 활용

문화예술에서 다양한 매체를 사용하는 것은 예술 작품의 창조성과 다양성을 높일 수 있는 측면에서 중요하며, 다양한 매체를 활용하면 예술가들은 각각의 매체가 가지고 있는 고유한 특성과 장점을 활용하여 다양한 시각과 경험을 제공할 수 있다. 이는 관객들에게 더 풍부하고 다채로운 예술 경험을 제공하며, 예술의 경계를 확장하고 새로운 아이디어를 탐구할 수 있는 기회를 제공한다. 예를 들어, 연극과 춤을 결합한 무용이나 영화와 음악을 통합한 뮤지컬과 같이 여러 예술 분야를 결합하는 경우가 있다. 이런 다양한 매체의 융합은 새로운 예술 형식을 탄생시키고 예술가들에게 더 많은 표현의 방법을 제공하게 된다. 디지털 예술, 가상현실(VR)과 같은 새로운 미디어 기술을 활용하는 것도 문화예술에서의 다양성을 확장하는 방법 중 하나로서, 이러한 기술은 예술가들에게 창의적인 실험과 혁신의 기회를 제공하며, 관객들에게는 예술을 색다르게 경험할 수 있는 기회와 새로운 영감을 줄 수 있다.

현재 우리는 뉴미디어의 시대를 살고 있으며, 이러한 상황 속에서 인간이 오랫동안 향유해 온 문학의 위상은 이전 시대와 달라지고 있다. 특히 문학 창작과 감상은 더 이상 쓰기와 읽기라는 전통적 방식만 존재하는 것은 아니다. 현대 사회의 문학 작품은 디지털 글쓰기와 결합하면서 전자책이나 웹소설과 같은 새로운 유통 질서가 구축되고 있고, 이러한 디지털화된 글쓰기를 넘어 디지털 텍스트, 즉 생산과 재현, 그리고 향유가 디지털 매체를 통해 이루어지는 하이퍼텍스트로서의 글쓰기로 나아가고 있다.[4] 그리고 새로운 디지털 매체의 활용은 제한된 환경 내에서의 문학 작품의 유통을 획기적으로 확대시킬 수 있는 가능성을 담지하고 있다. 따라서 이러한 시대 변화 속에서 문학은 새로운 매체의 활용을 적극적으로 모색할 필요가 있으며, 문학 교육에 있어서도 문학 작품의 창작과 감상, 타인과의 공유를 위해 미디어 매체를 적극적으로 활용할 필요가 있다.

---

4 디지털화된 글쓰기와 하이퍼텍스트적 글쓰기의 차이와 현재적 상황에 대해서는 구연정·임석원의 연구(2021:419-422)에서 자세히 다루고 있다.

3) 시민 가치·태도·성향

문화예술의 상호소통에서 중요한 것은 상호 간에 완전히 이해할 수 있다는 가정에서 벗어나는 것이다. 이것은 다른 사람의 시각에서 사물을 볼 수 없다고 생각하고 상대방이 유사한 경험을 어느 정도 했는지 듣고 배우기를 기다리는 '존중의 거리'가 필요하다. 문화예술을 통해 문화적, 성별적, 종족적, 종교적 관점 등 여러 관점을 횡단하며 타자를 학습하려고 할 때, 자기 관점을 다른 사람에게 부과하지 않기 위해 다른 사람의 관점에 대해 이해할 수 없는 많은 것들이 남아있다는 사실을 인정하는 '도덕적 겸허함'이 필요하다.

(1) 개인과 공동체의 문화예술 상호소통

예술은 미적 경험을 풍성히 하고 몰입 경험을 가능하게 하여 사람들의 열망과 욕망을 채우는 역할을 한다. 개인의 만족, 취향, 즐거움은 '좋은 삶'의 기준이 되게 한다. 실제로 우리는 추상적인 관념으로 동기를 부여받지 않으며, 우리가 원하고, 갈망하고, 욕망하는 바에 따라 우리를 매혹하여 잡아끌고 노력하며 살게 된다. 우리의 정체성의 무게 중심은 우리의 갈망, 욕망과 관련된 직감 차원에 자리 잡고 있으며, 우리가 존재하는 것은 무언가 사랑한다는 것이다. 예술은 우리가 사랑하고 욕망하는 것을 만들어주며, 무엇을 사랑하고 욕망하며 사는지가 중요하다. 자본주의 생활방식에 길들여진 개인과 사회의 삶은 상품의 매력에 이끌리어 개인의 인식, 가치, 행동을 조율하게 된다. 모든 일상이 미학화되는 기준도 바로 상품이 가져다주는 미적 관점과 태도라 할 수 있다. 자본의 변덕스러움으로 개인과 사회의 미적 태도는 수시로 변화하게 된다. 미적 태도가 개인의 자족한 삶과 번영에 국한되어 사회와 단절되는 것도 문제이다. 미적 경험과 비평 경험, 몰입 경험과 거리 두기 경험, 황홀 경험과 성찰 경험을 상호 관련지어 문화예술 실천을 생각할 필요가 있다.

미술, 음악, 연극, 무용, 문학, 건축, 사진, 디자인, 영화 등 예술 장르를 활용한 문화 실천은 삶을 조형하고 변형할 수 있는 잠재력을 지닌다. 예술은 사람들에게 일상생활의 창조적 행동의 근거를 제공하며, 예술을 가르치는 목적은 예술의 형식적인 특성과 예술 기능을 가르치는 것에 머물지 않는다. 또한 예술은 예술의 특성과 예술품의 의미를 파악하며 인간 존재와 삶에 지니는 수행적(遂行的)인 가치를 알 수 있도록 하는 데 있다.

예술의 문화예술 실천은 '창작'과 '응답' 과정의 연속이다. 창작은 지식, 기술, 기법, 공정, 재료 등을 기반으로 예술 실천을 탐구하여 창작자의 아이디어와 의도를 전달하는 문화예술 산물이나 콘텐츠를 만드는 활동이다. 응답은 정치, 경제, 사회, 문화, 역사, 지리 등 다양한 맥락에서 문화예술 산물 및 콘텐츠를 향유, 감상, 해석, 비평하는 활동이다. 문화예술 실천에서 창작과 응답은 무한히 되풀이되며, 말 걸기·듣기·답하기를 하면서 가능한 표현들과 해석들을 만나면서 세상을 이해하는 지평을 넓혀갈 수 있다.

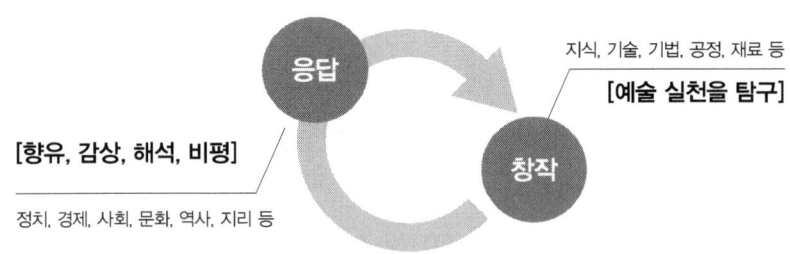

[그림 8] 창작과 응답의 연속인 문화예술의 실천

독자는 텍스트를 통해 작가와 대화적 관계를 형성하면서 작품을 해석하고, 이를 내면화한다. 이러한 과정은 문학 작품을 감상하는 행위가 다른 이와의 소통 행위라는 사실을 보여준다. 그리고 독자는 텍스트를 일방적으로 수용하는 수동적 존재가 아니라 타인이나 공동체와의 내적 대화[5]를 통해 관계를 형성하면서 다양한 시민 가치와 태도를 함양해 나간다.

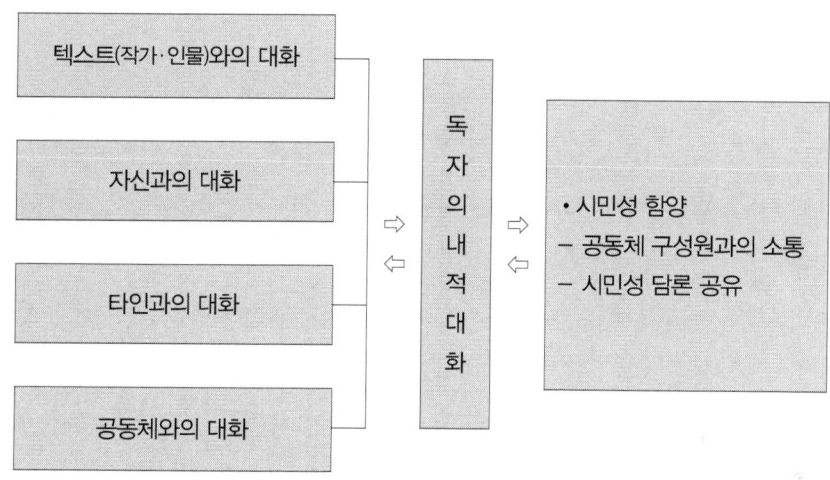

[그림 9] 문학 소통 과정에서 대화를 통한 시민성 함양 과정

[그림 9][6]는 문학 작품 감상에서 나타나는 소통 과정과 이러한 상호작용이 시민성 함양으로 어떻게 이루어질 수 있는지를 보여주는 그림이다. 앞

---

5   내적 대화는 자신이 아닌 상대방과 본격적인 대화를 하기 전에 독자의 내면에서 이루어지는 사유라 할 수 있으며, 문학 작품을 읽기 전과 후의 모든 독서 과정에서 독자는 다양한 층위에서 내적 대화가 이루어진다고 할 수 있다(김혜원·정래필, 2019: 32).
6   [그림 9]은 앞의 논문(김혜원·정래필, 2019: 36)에서 제시한 "문학 소통 과정에서 대화를 통한 시민 역량 강화"라는 도식을 일부 변형하여 문학 작품을 통해 개인과 공동체가 어떻게 상호작용할 수 있는지를 제시하고자 하였다.

에서 언급한 바와 같이 문학 작품을 감상하는 것은 끊임없이 나를 포함한 타자와 소통하는 것임을 그림을 통해 이해할 수 있다. 이러한 과정에서 독자는 텍스트를 통해 다양한 시민적 가치를 만나게 되고 이와 관련된 내적 대화를 통해 시민으로서의 가치와 태도, 그리고 시민으로서의 성향을 획득해 나가면서 자신의 시민성을 함양하게 된다.

(2) 다양한 문화예술의 가치 존중과 배려

문화예술을 통한 미적 태도와 실천은 개인을 넘어 사회와 공공성을 지향해야 하며, 개인이 사회 속에서 맺고 있는 다양한 존재들을 존중하며 공생하는 삶을 추구해야 한다. 문화예술 실천이 추구하는 삶으로서 '지속가능한 발전'은 중요한 지향점이 될 수 있으며, 지속가능한 발전은 일반적으로 경제적, 사회적 발전을 희생하지 않으면서 건전한 환경을 만드는 것이 가능함을 의미한다. 인간의 번영(well-being)뿐만 아니라 자연의 번영에도 관심을 기울인다. 생태계를 지탱하는 수용력이 허용하는 범위 내에서 생활을 영위하며 인간 생활의 질을 개선하려는 것이다. 사회적인 미적 인식과 태도를 통해서 개인의 취향과 심미적인 경험은 공유되고 소통 가능하게 되며, 공통성을 가지고 누구나 동의를 요구할 수 있는 판단을 한다. 개인 증언과 경험을 말할 수 있고 이를 바탕으로 행동할 수 있는 권리를 보장할 수 있게 된다. 어떤 문화예술 실천도 동등하게 중요한 것으로 여겨지며, 나아가 자신의 문화예술 실천에 강한 유대감을 갖고 새로운 표현 형식을 탐구하고 문화를 가로지르는 교류에 참여할 수 있게 된다. 또한, 개인과 집단 행동을 통해 지배적인 억압적 표현과 관행에 저항하며 사회를 변화시키는 태도를 갖게 된다.

문학은 한 사람이 사회와 문화 속에서 느끼는 갈등과 경험을 기록한 것

(권경미, 2014: 194)이라 할 수 있는데, 이러한 정의는 문학이 가지는 가장 본연적 의미를 말하는 것으로 이해될 수 있다. 그러나 모든 예술은 수단의 차이만 있을 뿐, 인간의 삶이나 사회 문화 속 경험들을 담아낸다는 점은 보편적이다. 또한 문학이 문화예술 속에서 독자적으로 존재하는 것이 아니라, 음악이나 미술 등과 같은 다양한 예술 갈래들과 상호협력하며 발전해왔음은 주지의 사실이다. 따라서 문학을 포함한 다양한 문화예술이 가지는 본질을 이해하고, 예술의 가치를 존중하는 태도를 가지는 것은 시민으로서 살아가기 위한 기본적인 역량이라 할 수 있다.

문화예술의 본질적 가치는 인간에 대한 이해와 이를 통한 타자와의 공감과 소통이다. 또한 문화예술은 인간이 가진 풍부한 문화예술적 감성을 표현하고 향유하는 것이라 할 수 있다(김재근, 2019:506). 이처럼 문화예술을 수용·생산하는 다양한 활동을 통해 타인에 대한 존중을 배우고, 배려를 통한 공동체의 조화를 만들어갈 수 있는 시민으로 성장할 수 있다. 특히 문학은 개인과 공동체의 생활 경험 및 미의식을 담은 언어예술이라 할 수 있으며, 인간은 문학을 통해 얻게 되는 섬세한 언어 감각을 통해 자신의 삶을 성찰하고 다른 이의 처지를 헤아리며 그 감정에 공감함으로써 좀 더 나은 세계를 만들어나가고자 한다. 그리고 그 속에는 다양한 개인과 공동체 구성원에 대한 존중과 배려가 담겨 있을 수밖에 없다. 그리고 문학을 창작하는 과정에서 이러한 존중과 배려를 표현해 봄으로써, 시민으로서의 태도와 자세를 갖출 수 있게 된다.

(3) 문화예술적 감수성 및 정체성

문화예술 감수성은 문화예술 실천과 문화예술 산물을 감상, 인식, 판단하여 관련 행동을 할 수 있는 민감성 혹은 성향을 말한다. 문화예술 감수성을 갖추면 문화예술 매체를 활용하여 표현하고 창조하는 일에 관한 자극을 받아들이고 느낄 수 있으며, 또한, 문화예술에 대한 민감성을 가지고 다른 사람과 감정을 나누며 문화예술에 대한 개방적인 태도를 지니게 된다. 문화예술 감수성은 대상의 특성에 주목하는 질성적(質成的) 사고를 바탕으로 정서적으로 반응한 결과물로서, 아름다운 대상 경험이나 몰입 경험을 통해 길러진 미적 인식과 미적 태도가 바탕이 된다.

문화예술 감수성이 충만하면 틀에 박힌 상투적인 일이나 익숙하고 평범한 일상을 낯설고 색다르며 비범하게 볼 수 있다. 이러한 감수성은 우리를 일상의 소소한 순간부터 크고 작은 예술 작품까지 새롭게 볼 수 있도록 하지만, 예술은 똑같은 것과 다른 것, 알려진 것과 새로운 것, 나의 것과 나를 넘어선 것을 묶어주며 호기심과 개방성을 자극하는 특성이 있다. 문화예술 수용자들은 새롭고 다른 것을 기대하면서도 잘 알려진 것이 나오면 안심하게 된다. 예술은 우리에게 새로운 시각과 경험을 제공하면서도 동시에 익숙한 감정과 연결이 되며 안정감을 주는 것이다. 문화예술의 산물이 충격적이고 격정적인 것을 다루더라도 자신에게 직접 피해를 주지 않기에 안전한 거리 두기를 하며 미적 경험을 할 수 있으며, 이를 통해 우리는 새로운 시각과 경험을 얻으면서도 안전하게 자신의 감정과 관점을 탐색할 수 있다.

『2022 개정 초·중등학교 교육과정 총론』(교육부 고시 제2022-33호 별책1)에서 제시하고 있는 인간상 중 문화예술과 직간접적으로 관련 있는 것은 "문화적 소양과 다원적 가치에 대한 이해를 바탕으로 인류 문화를 향유하고 발전시키는 교양있는 사람"과 "공동체 의식을 바탕으로 다양성을 이해하고 서로 존중하며 세계와 소통하는 민주시민으로서 배려와 나눔, 협력을 실천하는 더불어 사는 사람"이다. 그리고 이것이 가지는 의미는 문화예술에 대한 감수성과 공동체의 일원으로서의 정체성 형성과 밀착되어 있다. 또한 문화예술이 가지는 다원적 가치에 대한 이해와 이를 토대로 한 문화적 소양은 교양인이 되기 위한 핵심적 요소라 할 수 있으며, 자신의 정체성을 공동체 속에서 확인하는 과정은 시민으로서 성장하는데 필수적임을 보여준다.

『2022 개정 초·중등학교 교육과정 총론』(교육부 고시 제2022-33호 별책1)에서 제시하고 있는 핵심역량에 있어서는 "인간에 대한 공감적 이해와 문화적 감수성을 바탕으로 삶의 의미와 가치를 성찰하고 향유하는 심미적 감성 역량"과 "다른 사람의 관점을 존중하고 경청하는 가운데 자신의 생각과 감정을 효과적으로 표현하며 상호협력적인 관계에서 공동의 목적을 구현하는 협력적 소통 역량", 그리고 "지역·국가·세계 공동체의 구성원에게 요구되는 개방적·포용적 가치와 태도로 지속 가능한 인류 공동체 발전에 적극적이고 책임감 있게 참여하는 공동체 역량"이 문화예술적 감수성과 밀접한 관련이 있다. 문화예술이 추구하는 심미적 감성과 이를 다양한 예술로 표현할 수 있는 능력은 지역·국가·세계 공동체의 구성원인 시민으로서의 성장에 있어 필수적인 태도이기 때문이다.

(4) 문화예술의 성찰과 지속가능한 발전

문화예술의 가치는 개인의 개방적이고 창조적인 표현과 해석에만 있지 않다. 문화예술 실천은 사회, 정치, 인간과 관련한 중요 문제를 제기하고 다룬다. 예술의 지식과 기술을 활용하여 사회가 직면한 문제를 인식하고 해결하는 방법을 제시하고 있다. 개인 삶뿐만 아니라 사회 집단 삶의 질 개선에 영향을 주고 있으며, 예술적 전략을 통해서 사회에 관여하고 참여하는 여러 문화예술 실천들은 권력과 자본에 길들여진 개인적인 미적 태도에서 벗어나 공공성을 확보한 사회적인 미적 태도를 갖게 한다. 진정으로 지속가능한 방식의 삶을 실현하기 위해서는 경제발전, 자연 자원 및 환경의 보호, 사회발전 등 세 가지 중요 영역에서의 활동을 통합하는 노력이 반드시 필요하다. 근본적으로 환경적, 사회적 제약 조건들을 충족시키지 않고서는 경제적 기준이 극대화될 수 없고, 경제적, 사회적 제약 조건들을 충족시키지 않고서는 환경적 혜택이 극대화될 수 없으며, 경제적, 환경적 제약 조건들을 충족시키지 않고서는 사회적 혜택이 극대화될 수 없다.

특정 공동체에 속한 개인은 공동체의 프로토콜에 의해 공식적으로 만들어진 문화예술 감수성을 공유하고 있다고 할 수 있으며, 시공간에서 물질, 신체, 서사, 이미지, 소리, 움직임, 미디어 등으로 특정 의미를 생산·유통·소비하는 문화예술 실천이 일어나게 된다. 어떻게 말하고 표현하고 해석하는지가 문화예술 감수성이 발휘되는 대상·영역·형식을 규정하게 된다. 공동체의 구성원에게 요청되는 특정 상징체계가 공통 문화에 기반한 지배적인 정서 공동체를 구축하게 된다. 불가피하게 공동체에서 누가 말할 수 있고 행동할 수 있는지, 포용·배제·대표성·상징적 재현·특정 정체성 인정에 대한 문제가 대두된다.

한 개인은 시민권·성별·정치관·나이·고용 형태·식습관·직업·언어·민족·계층·스포츠·취미·종교 등 다양한 범주에 동시에 속해 있다. 이러한 다양한 정체성은 개인의 삶을 구성하고 그들의 경험과 관점을 형성하게 된다. 그러나 이 중 어느 것도 한 개인의 유일한 정체성을 규정하거나 단일 성원권 범주라고 간주할 수 없다. 불가피하게 우리는 다원적 정체성이 주어진 상황에서 우리가 맺고 있는 다양한 교제 관계와 소속 관계 중 어떤 특정 맥락에서는 어느 것이 상대적으로 더 중요한지 결정해야 한다. 예를 들어 어떤 문화예술 활동은 개인의 종교나 민족과 관련이 깊을 수 있고,

또 다른 활동은 성별이나 직업과 관련이 있을 수 있다. 한 개인은 다중정체성을 지니고 있으며, 이러한 다중정체성은 그들이 문화예술을 실천하는 방식에 영향을 미친다. 각 정체성은 개인의 관심사, 가치관, 경험 등을 반영하여 다양한 문화예술 활동을 통해 표현될 수 있다.

종족·성적 지향성·외부자·이주민·사회경제적 지위와 같은 정체성 표지로 일부 사람들은 문화적 권리를 인정받지 못하고 사회적으로 주변화된다. 개인의 존엄을 보호하기 위해 개체성(individuality)이 다양한 사회적·문화적 맥락에서 형성된다. 한 정체성이 다른 정체성을 능가하는 것이 아닌 공동체에 누가 소속될 수 있는가와 관련된 시민권도 다양한 정체성들을 포용하며 형성되어야 한다. 개인과 집단이 지니는 다양한 문화 정체성과 독특한 문화예술 감수성은 공동체의 다른 구성원들로부터 인정받아야 실질적으로 공동체 소속의 구성원으로 인정받았다고 할 수 있다.

문화예술로서 문학은 개인 및 사회에 대한 성찰적 태도를 이끌어낼 수 있고, 이러한 태도는 공동체의 지속적 발전에 기여할 수 있는 시민으로서 성장하는데 중요한 역할을 담당할 수 있다. 문학은 전통적으로 공동체의 일원에게 공동체의 규범적 질서를 내면화하게 하고, 공동체의 문화적 정체성을 가지게 만드는 효과적 수단으로 활용되어 왔다. 그리고 현재에도 세계의 문학은 그 나라와 민족의 정체성을 공고히 유지해 나가는 데 있어 중요한 역할을 담당하고 있는 것 또한 사실이다. 따라서 문학은 여러 다양한 문화예술 중에서도 공동체가 추구하는 이념을 공동체의 구성원들이 내면화하는데 특장을 가진다. 그리고 이러한 성격은 문학을 통한 개인과 사회에 대한 성찰을 유도할 수 있다는 점에서 우리가 속해 있는 공동체의 지속적 발전에 도움이 될 수 있다. 특히 미래 사회로 나가는 데 있어 우리는 기후·생태·환경·불평등 등 다양한 문제에 봉착해 있고 이러한 문제들이 지속적인 발전을 가로막고 있는 것 또한 사실이다. 이러한 상황에서 세계 시민으로서 인간과 사회에 대한 성찰적 태도를 지니고, 공동체의 지속적 발전을 위해 노력하는 자세를 가질 수 있게 해주는 유효한 수단이 문화예술로서의 문학이다.

4) 시민 참여·행동·실천

시민이 무엇을 하는지 배우는 것만으로 충분하지 않으며, 시민으로 구현된(embodied) 성향과 기술을 이해하고 개발하기 위해 실제로 실천하는 것이 중요하다. 능동적 시민은 시민권(성)에 대한 암묵적 이해를 가지고 있으며, 다양한 수준에서 단순히 정치에 참여하는 방법을 이해하는 것에서 벗어나 참여 자체를 해야 한다. 능동적 시민성 교육은 일반적으로 '누가 말하고 행동할 수 있는가'라는 질문을 던지고, 포함·배제·재현·특정 정체성 인정이 인지적·감정적 및 실제 교육과정의 일부가 된다(Thomson & Christine, 2019: 3).

(1) 삶에서 문화예술의 향유

문화 공동체(cultural community)는 시민들의 자발적인 참여로부터 만들어진다. 문화시민은 스스로 소속된 공동체의 문화를 만들어내지만, 그와 동시에 그 공동체의 문화에 의해 형성되며, 그 문화에 소속된 채(embedded) 살아간다. 이러한 생성과 귀속의 모순적이면서도 순환적인 관계는 건전한 문화 공동체를 지속시킴에 있어서 중요한 매커니즘을 구성한다. 따라서 문화시민 덕목 가운데 가장 먼저 확립되어야 하는 것은 문화 공동체의 형성에 대한 주체적이고 자발적인 참여이다. 동시에 문화시민은 자신이 주체적으로 형성해 나가고 있는 문화에 대해 끊임없는 의문과 비판을 제기해야만 한다. 이렇게 함으로써만 공동체의 문화에 무비판적 함몰의 위험성을 피할 수 있기 때문이다. 문화 공동체와 문화적 의미 형성에 대한 적극적인 참여와 함께, 과거와 현재 그리고 미래의 문화 형성에 대한 끊임없는 비판만이 우리 삶의 터전으로서의 문화와 예술을 지키는 길이다(김재근, 2019: 513-514).

(2) 자기주도적 문화예술 활동

개인과 사회는 예술이 제공하는 미적 경험, 몰입 경험, 황홀 경험으로 안정적이고 조화로운 삶을 추구한다. 개인과 사회가 열망하고 욕망하는 것이 어떻게 그 개인과 사회의 열망과 욕망이 되었는지 물어야 한다. 개인이 존엄한 주체로 살아가려면, 우리를 객체화하고 대상화하여 비주체적으로 만드는 열망과 욕망이 어떻게 만들어져 우리를 지배하게 되었는지 그 경로를 알아야 한다. 문화예술의 기제와 실천은 가능과 변혁의 영역을 열어주지만, 그에 못지않게 동일화하고 자족하게 하는 통치 체계로 작동하는 역설을 보여준다.

실천(praxis)은 다른 사람들의 안녕을 보호하고 개선하는 데 지속적인 관심을 가지고, 올바르게 행동하기 위한 정보화된 윤리적 성향에 기반한 적극적인 성찰과 비평적 성찰 행위를 포함한 다차원적인 개념이다. 이는 개인과 집단의 번영을 위한 헌신적 행동으로, 사람들의 일상 삶을 변화시키고 더욱 풍부하게 만드는 약속에 기반한다. 실천적(praxial) 예술 창작은 신중하고 주의 깊은 관심이 풍부한(care-full) 예술 실천으로 이루어져 있으며, 사회적·문화적·정치적 환경에 내재하고 반응하는 예술적 행동을 포함한다. 이와 같은 맥락에서 예술교육은 윤리적으로 책임 있고 반응성 있는 행동을 통해 학생들의 삶과 사회 전체의 복지를 향상시키기 위한 헌신으로 이해되고, 이 헌신으로 안내되는 교육 실천이다(Elliott, Silverman, & Bowman, 2016: 6-7).

문화예술은 기본적으로 인간의 삶과 밀착되어 있을 수밖에 없다. 문학, 음악, 미술 등 다양한 예술들은 인간의 삶을 표현 대상으로 삼기 때문이다. 문화예술을 통해 표현되는 인간의 삶은 결국 문화예술을 향유하는 개인의 삶이라 할 수 있기에, 문화예술은 개인의 일상과도 밀착되어 있다. 특히 문학 활동은 기본적으로 일상 생활과 깊은 관련을 맺고 있다. 구체적으로 말하면 문학 작품을 창작한다는 것은 주체가 일상을 살아가면서 가지게 되는 표현의 욕구가 언어를 통해 구체화됨을 말하고, 문학 작품을 감상하는 행위는 타자와 조응하는 것이라 할 수 있으며, 이를 통해 타자의 욕구를 이해하는 길이 되기 때문이다. 따라서 문학을 감상하고 창작하는 활동은 자신의 정체성을 발견하고, 구축해 나가는 것이며, 타자에 대한 이해를 바탕으로 조화로운 삶을 살아갈 수 있는 역량을 함양하는 일이다. 이러한 점에서 문화예술이 지닌 일상성과 효용성을 이해하고, 학교 및 지역의 문화예술 활동에 자기주도적으로 참여하여 문화예술을 향유하고자 노력하는 것은 시민으로 성장해 나가는 데 중요한 교육적 방법이 된다.

(3) 지역과 공동체 문화예술 참여

예술 과목은 민주적 실천을 잘 적용할 수 있다. 민주적인 헌신이 있으면 연극실에서 협업적 즉흥 연기와 앙상블 중심의 교육이 가능하다. 미술실에서는 교사와 학생이 학습 활동, 확장된 프로젝트, 단일 작업 모듈 또는 일 년의 프로그램을 공동으로 구성할 수 있는 협의가 이뤄진 교육과정(negotiated curriculum)을 만들 수 있다. 교육과정을 협의하는 것은 예술 및 디자인 교실에서 흔한 일로서, 학생들에게 주도성(agency)을 준다는 것이 학생에게 학습 책임을 전가하는 것을 의미하는 것과는 다르다. 협의된 교육과정은 언제나, 요구되는 지식, 교사의 전문 지식, 학생들과 자신들 공동체의 토착 지식, 관심사, 일상적인 실천들이 유효하게 작동한다(Thomson & Christine, 2019: 4-5).

문화예술은 보편적이지만 문화예술이 딛고 서 있는 곳은 지역과 지역의 공동체라고 할 수 있다. 최근 문화예술과 관련된 다양한 활동들이 지역을 기반으로 이루어지고 있다. 지역 내에서도 문화예술재단 및 문화예술진흥원, 문학관 등 다양한 기관들에 의한 지역 문화예술 정책 및 시민 대상 교육프로그램이 시행되고 있다. 또한 교육문화예술축제, 각급 학교, 각 지역을 중심으로 한 문화예술 활동들도 활발하게 이루어지고 있다. 따라서 지역이 가진 문화예술 관련 기반 속에서 지역의 문화예술에 적극적으로 참여하고 경험하는 것은 지역 공동체의 일원임을 확인하는 과정이며, 또한 나의 정체성을 확인하고 타인과 연대하여 문화 공동체를 실현하는 과정이라 할 수 있다. 그리고 이러한 과정은 궁극적으로 지역의 경계를 넘어 다문화적 사회의 세계시민으로서 성장할 수 있는 역량을 갖추는 데 도움이 될 수 있다.

고도화되고 있는 현대 자본주의 사회는 전체주의적 동질화의 경향으로 빠져들고 있으며, 현대사회의 개인은 자신의 욕망을 충족시키기 위해 방황하는 과정에서 타인의 고통에는 점차 둔감해져 가고 있다(김재근, 2019:517). 이러한 상황에서 문화예술이 가진 본질적 가치와 가능성이 더욱 주목된다. 문화예술은 개인이 타자와 세계에 대한 이해를 확장할 수 있게 하고, 자신의 삶에 대한 적극적 주체로 서게 한다. 그리고 문화예술을 수용하고 창작하는 활동은 또한 자신을 성찰하게 함으로써 더 나은 인간으로서 성장할 수 있게 하며, 타인에 대한 공감을 토대로 좀 더 나은 사회를 꿈꿀 수 있게 한다. 이러한 문화예술이 가진 힘은 결국 개인과 공동체의 변화를 이끌어낸다는 점에서 중요하다.

특히 언어예술인 문학을 향유하는 일은 개인적 차원일 뿐아니라, 사회문화적 차원에서 이루어지는 소통 행위라 할 수 있다. 즉 문학을 통해 우리는 개인의 자아실현, 인격 형성, 바람직한 소통문화, 사회 정의 실현 등을 도모할 수 있는데(임경순, 2013:275), 이러한 측면은 결국 문학이 개인과 공동체를 변화시키는 힘을 지니고 있음을 말하고 있다. 문학 작품을 감상함으로써 인간으로서의 자아 정체성을 확립하고, 이를 토대로 자신을 둘러싼 세계에 대한 비판적 이해를 확장하며, 이러한 이해의 결과가 문학 작품으로 표현됨으로써, 이를 읽는 타인을 변화시킬 가능성을 확보하기 때문이다. 따라서 이러한 문학 즉 문화예술이 가진 개인과 공동체에 대한 영향력을 명확히 인식하고, 적극적으로 문화예술 활동에 나설 수 있는 실천적 자세는 시민으로서 성장하는데 반드시 필요한 태도라 할 수 있다.

(4) 문화예술의 공감과 상호소통

예술적 시민권의 예를 살펴볼 때, 사회에서의 포용과 권리를 다루는 실천 사례들도 중요하다. 많은 예술적 실천 사례가 부적절하고 불공평한 사회 구조를 재조정하는 데 기여하고 있다. 이런 의미에서, 예술적 시민권은 개인의 예술적 실천에만 국한되지 않고 다양한 방식으로 나타난다. 예술적 실천을 통해 우리는 사회에 무언가 하고자 하는 욕구를 기반으로 한 공동체에 대한 관심과 정치적 토론에 대한 증가하는 참여를 보고 있다. 권력 구조를 변형함으로써 사회 변화를 추진하고 자본주의를 비판하는 데 중점을 두고 있다. 이러한 움직임은 주로 개인 시민의 안전, 자유 및 정치적 행동 범위와 같은 사회경제적 조건과 관련이 있다. 사회학적 관점에서 보면, 이는 특히 권리를 갖고 있고 그들의 영향력을 사용하여 사회에 참여할 수 있는 시민과 관련이 있다(Holgersen & Skov, 2020: 4).

크고 작은 갈등들이 존재하는 실제 세계에 있는 사람들에 의해, 그리고 사람들을 위해서 예술은 만들어진다. 이에 따라 예술은 불변적으로 사람들의 정치적 신념, 이해, 그리고 개인적 및 집단적 가치의 구현이기도 하다. 따라서 예술적 노력은 특별한 종류의 시민성을 수반하게 된다. 사람들이 구현하거나 육성하는 특정 사회 '선'을 목적으로 예술을 고안하고 예술에 관여하는 시민적 책임이다. 따라서, 예술은 인간적인 의미가 충만한 인간의 풍성한 행동들이고, 확대하여 생각하면 윤리적 책임으로 가득한 행동들이다(Elliott, Silverman, & Bowman, 2016: 5).

문화예술은 기본적으로 타인과의 공감과 상호소통이 내재한다. 문학이 기본적으로 화자와 청자의 구도 속에 이루어지는 것은 결국 주체와 타자의 공감과 소통이 문학이 가진 예술적 속성임을 보여준다. 따라서 문화예술 활동은 결국 타인과의 공감과 상호소통을 실천하는 길이다. 세계시민교육이 '우리'와 '그들'의 이분법을 극복하고, 세계를 하나의 단위로 인식하여 세계에 대한 공동체적 관심을 기울이는 교육(유리, 2018:190)이라는 정의는 문화예술이 가진 시민교육적 가치와 의의를 명확하게 드러내는 말이라 할 수 있다. 따라서 기본적으로 공동체를 기반으로 한 문화예술 활동에 적극적으로 참여함으로써 문화예술에 대한 감성적 소양을 함양하고, 다시 이러한 소양을 문화예술로써 지역 사회에 공헌하는 선순환이 이루어질 필요가 있다.

『2022 개정 국어과 교육과정』의 문학 교과목에서도 "문학을 통해 자아를 성찰하고 타자를 이해하며 공동체의 문제에 공감하고 참여하는 태도를 기른다"라는 목표를 설정하고 있음을 볼 수 있다. 이는 문학을 통해 자신이 속한 공동체의 문제를 인식하고, 문제를 해결하기 위한 소통의 과정에 적극적으로 참여할 수 있는 시민으로서의 태도 함양이 중요함을 말한다. 따라서 문화예술을 통한 타인과의 공감과 공동체 내 상호소통의 중요성을 깨닫고 이를 적극적으로 실천하려는 노력이 문화예술 시민성의 핵심적 가치라 할 수 있다.

(5) 문화예술의 책임과 윤리 실천

타자에 대한 열린 태도와 윤리적 책임에서 나와 타자와의 관계 맺기는 자아와 타자의 경계를 무너뜨리고, 두 개체 사이의 연속성을 형성하는 과정이라 할 수 있다. 여기에 문화예술이 가지는 타자에 대한 윤리성, 그리고 책임이 놓여있다. 자와 타의 구분, 자의식의 강화, 나아가 아집과 같은 개체성의 원리들은 타자와의 관계를 맺는 순간 허물어지고, 우리는 타자에 대해 무한히 열린 관계로 나아가게 되기 때문이다. Levinas(1985)는 타자에 대한 무한한 책임을 주장하였으며, 타자에 대한 무한한 책임과 조건 없는 환대는 타자가 우리에게 무엇을 해주었거나, 우리가 타자에게 돌려주어야 하는 무엇이 있기 때문이 아니다. 오히려 우리 모두가 동일한 존재로부터 나왔다는 인식, 다시 말해 너는 곧 나와 같다는 존재론적 책임의 인식 때문에 가능하다. 문화예술이 지향하는 문화적 시민성에는 이처럼 타자에 대한 열린 태도, 타자에 대한 무한한 책임이라는 윤리적 명령이 담겨있다(김재근, 2019: 515-516).

예술이 본질적으로 사회적 실천이라고 한다면, 예술은 윤리적 시민성의 형태로 검토·연구·실천되어야 한다. 예술은 사람들 삶의 개인·문화·정치·치료·이데올로기·영성·경제 차원에 강력한 기여를 하고, 미국의 민권 운동에서 남아프리카의 반인종주의 운동—아랍의 봄(Arab Spring)과 성소수자(LGBT) 권리운동까지, 예술 실천들은 강력한 변형적인 사회적 힘으로서 예술과 예술교육은 실재(praxis)개념과 강력한 연관이 있다.

문학은 인간의 사상과 감정을 표현하는 예술이라 할 수 있으며, 사상에는 인간 윤리의 문제나 도덕적 실천과 관련된 내용이 포함된다. 또한 문학 작품에 내재해 있는 윤리적 또는 도덕적 가치를 문학 향유를 통해 내면화하여 이를 통해 민주적 시민으로 성장하게 하는 것은 문학이라는 예술이 추구하는 궁극적인 방향이라고도 할 수 있다. 그러나 문학은 인간 삶과 사회의 복잡한 문제들을 구체적으로 형상화한다는 점에서 일반적인 도덕책과는 다르다. 따라서 문학은 다층적이며 다면적인 윤리 문제를 비판적으로 바라보게 함으로써 고차원적인 윤리의식을 함양할 수 있게 하고, 이를 통해 시민으로서의 태도를 갖출 수 있게 한다. 문학 작품의 감상을 통해서만 우리가 윤리의식을 기를 수 있는 것은 아니지만, 문학 창작의 과정에서 다양한 윤리적 책임의식과 태도를 가질 수 있다는 점은 주목할 필요가 있다. 특히 문학 창작은 표절이나 저작권과 같은 다양한 윤리적 문제 속에 놓여져 있다는 점에서 문학 작품 창작을 통해 경험하게 되는 윤리의식 및 자기 저작에 대한 책임의식은 문화예술 시민성과 밀접한 관련을 가질 수밖에 없다.

4. 문화·예술 시민성 함양을 위한 제언

다양한 사회 현상을 수용하고 개인과 공동체가 직면한 문제를 해결하기 위해, 세계는 지속가능교육, 민주시민교육, 세계시민교육, 다문화교육,

상호문화교육 등 다양한 사회 실천적 교육운동을 통해 문화예술을 다양하게 적용하고 학교와 사회 문제에 도입해왔다. 수많은 정보와 새로운 변화가 넘쳐나는 지금과 앞으로의 미래 사회에서 각각의 개인과 공동체가 더불어 상생과 지속적인 발전을 추구하기 위해서 성숙한 시민의식을 바탕으로 새로운 사회개선 방안이 계속적으로 모색되어야 할 필요성이 있다. 지구 공동체 안에서 개인의 권리가 존중되고 공동체의 다양성이 보호되며 각 개인과 구성원들의 권리가 존중되는 성숙한 시민의식 추구와 실천이 점차 더욱 요구된다.

문화예술 시민성은 '시민성에 대한 이해를 바탕으로 예술적 수용과 표현능력을 발휘하여 다양한 문화와 예술을 창의적으로 사고하고, 계획하고, 실천하고, 완성하고, 적용하며, 변화에 영향을 미치는 예술적 상호작용을 통해 개인과 공동체의 다양성을 존중하고 구성원으로서 역할을 하는 예술적 감수성의 확장된 실천적 총체'라 할 수 있다. 이러한 문화예술 시민성의 실천은 미래의 다양한 사회적 변화에 대응할 수 있는 지역 공동체의 문화예술 시민성에 대한 공동체 협력 방안을 모색하고, 다양한 사회적 가치와 문화예술 발전에 적응하고 주도할 수 있는 개인의 자기 주도적 문화예술 역량 분석이 필요하다. 미래 사회를 이끌어갈 세대 구성원들이 실천적 행위의 주체로서 자신들의 삶 속에서 문화예술 향유를 실천할 수 있는 인재 양성의 실천적 교육 방향 제시가 함께 이루어져야 한다.

문화예술 시민성은 지식, 기능, 가치·태도, 실천적 행동이 통합되어 구현되어야 한다. 문화예술 시민성 4가지 차원의 내용 요소들을 연계하여 문화예술 시민성 교육에 실재적인 문화예술 실현 현장에 적합한 내용으로 구성의 확장이 필요하다. 역량을 저장했다가 사용할 수 있는 자산(asset)이라기보다는 하나의 사건(event)이라고 보고, 역량은 자동차처럼 어떤 실물로 존재하는 것이 아니라 지식과 기능이 해결해야 하는 특정 과제와 마주할 때만 존재하는 것으로 보는(Von Krogh & Roos, 1996) 관점에서 역량의 본질이 나타나듯이, 문화예술 시민성의 요소들이 특정 상황과 과제에 직면하여 어떻게 발현할 수 있는지 고려가 요구된다.

문화예술 시민성은 문화예술만의 감수성, 숭고함, 장엄함, 경이(驚異)로운 세상에 대한 동경(憧憬)을 충분하고 명확하게 반영하기 위해 문화예술 시민성의 예술적 개념들을 다양한 예술장르에서 어떻게 적용하고 정의할 수 있을지에 대한 깊은 고려가 필요하다. 또한, 문화예술 시민성의 지식, 기능, 가치·태도, 행동 요소가 순수한 문화예술의 예술적 감성 및 요소들과 어떻게 연결될 수 있는지에 대한 구체적인 내용 개발이 필요하다. 이러한 문화예술의 실재적 실천이 미술, 음악, 연극, 무용, 문학, 건축, 사진, 디자인, 영화 등 예술 장르에서 문화예술 시민성의 지식, 기능, 가치·태도, 행동 분야와 연계된 더욱 다양한 실천 방법의 숙고가 요구된다.

참고문헌

권경미(2014), 세계시민 양성을 위한 문학교육 방법 연구, 한국문화연구, 26, 187-213.
구연정·임석원(2021), 「디지털 시대의 문학교육과 매체융합적 수업모델-디지털 미디어를 통한 문학텍스트의 재매개와 '다시 쓰기'」, 『독일언어문학』 91, 한국독일언어문학회.
김대행·우한용·정병헌·윤여탁·김종철·김중신·김동환·정재찬(2000), 문학교육원론, 서울: 서울대학교출판문화원.
김재근(2019), 문화시민성 개념의 탐색: 문화예술교육의 시민교육적 의의, 교육문화연구, 25(5), 503-521.
김혜원·정래필(2019), 문학을 활용한 시민교육의 가능성 연구-이야기그림책을 중심으로, 한중인문학연구, 65, 23-49.
백재현·백정아·양경희·최영안(2019), 협력적 의사소통 능력 평가 틀 구안, 리터러시연구, 10(6), 75-111.
서울시홈페이지, https://culture.seoul.go.kr/culture/bbs/B0000001/view.do?ntId=11703&menuNo=200051
우한용·박인기·오윤주·홍지연·한태구·김향연(2013), 국어과 창의·인성 교육 이론과 실천 탐구, 서울: (주)사회평론.
유리(2018), 세계 시민 교육 관점의 문학교육 방향 탐색-동아시아 문화의 가치를 중심으로, 인문사회과학연구, 19(3), 187-212.
유성애(2015), 기억의 예술과 시민 참여 ─ 세월호 이후, 망각에 맞서는 예술이 필요하다, 시민과 세계, 26, 204-220.
임경순(2013), 서사, 연대성, 그리고 문학교육, 서울: 푸른사상.
제주대(2023), 교원양성대학 시민교육 역량강화사업 사업계획서(2023.5.1.).
Beaman, J. M.(2016), Citizenship as Cultural: Towards a Theory of Cultural Citizenship, *Sociology Compass*, 10(10), 849-857.
Elliott, David J., Silverman, Marissa, & Bowman, Wayne D.(2016), Artistic Citizenship: Introduction, Aims, and Overview, In Elliott, David J., Silverman, Marissa, & Bowman, Wayne D.(eds.), *Artistic Citizenship: Artisty, Social Responsibility, and Ethical Praxis*, New York: Oxford University Press, 3-21.
Enslin, P. & Ramírez-Hurtado, C.(2013), Artistic Education and the Possibilities for Citizenship Education, Citizenship, *Social and Economics Education*, 12(2), 62-70.
Freedman, K. (2003), Social Perspectives of Art Education in the US: Teaching Visible Culture in a Democracy, *Studies in Education*, 42(4), 40-67.
Holgersen K. & Skov, P.(2020), Artistic Citizenship, *Entre Debat Live*, 3 November.

https://caki.dk/wp-content/uploads/2021/09/Artistic-Citizenship-1.pdf

Independent Schools of Victoria(2020), *Reimagining Civics Education: What Role Can the Arts Play?*. https://is.vic.edu.au/wp-content/uploads/2020/08/isv-reimagining-civics-education-august-2020.pdf.pdf

Kuttner, P. J.(2016), Educating for cultural citizenship: Reframing the goals of arts education, *Curriculum Inquiry*, 45(1), 69-92.

Levinas, E.(1985), *Ethics and infinity*, Pittsburgh, PA: Duquesne University Press.

Pakulski, J.(1997), Cultural citizenship, *Citizenship Studies*, 1(1), 73-86.

Parker, W. C.(2009), *Social Studies in Elementary Education*(13th), 주웅영 외 역(2012), 초등 사회과 교육론, 파주: 교육과학사.

Stevenson, N.(2003), Cultural citizenship in the 'cultural society': a cosmopolitan approach, *Citizenship Studies*, 7(3), 331-348.

Thomson, P. & Christine H.(2019), Art and Design education and the making of active/activist citizens, In Burgess, L. & Addison, N.(eds.), *Key Ideas in Art & Design Education*, Routledge (In Press). https://researchtale.files.wordpress.com/2019/03/cultural-citizenship-in-art-and-design-education.pdf.

Von Krogh, G., & Roos, J. (1996), Arguments on knowledge and competence, Sage Publications, London.

Wayned, B.(2016), *Artistry, Ethics, and Citizenship*, Oxford, UK: Oxford University Press.

Young, I. M.(1997), Asymmetrical Reciprocity: on moral respect, wonder and enlarged thought, in *Intersecting Voices: dilemmas of gender, political philosophy*, and policy, pp. 38-59. Princeton, NJ: Princeton University Press.

Zimmerman, E.(2010). Creativity and Art Education: A Personal Journey in Four Acts, *Art Education*, 63(5), 84-92.

제5장

정치·경제 시민성 1 [정치와 경제]

김민수

1. 정치·경제 시민성의 의미

　정치·경제 시민성은 '민주적 의사결정 과정을 통해 일상생활의 문제 해결하고, 자유, 평등, 인권, 지속가능성, 평화, 공존, 화해 등의 가치를 동료 시민과 함께 실천'하는 것을 의미한다. 시민성은 사회적 삶을 규제하는 다양한 층위의 집단적 결정에 참여함으로써 형성되고, 이를 통해 다양한 범주의 정치공동체가 형성, 유지, 변화할 수 있게 된다(Bellamy & Palumbo, 2010: xi). 이런 의미에서 시민성은 우리가 맺고 있는 사회적 관계의 상당 부분을 차지하고 있는 정치·경제적 영역에서 출발한다.

　시민성은 시민이 참여할 수 있는 집단적 결정의 영역을 정치적 영역에 한정하여 보는지, 경제적 영역으로 확장하여 보는지에 따라 다르게 정의될 수 있으며, 공동체가 요구하는 시민적 덕성의 함양에 중점을 둘 것인지, 개인의 권리를 보장하고 보호하는 것에 중점을 둘 것인지에 따라서도 상이하게 이해될 수 있다. 정치·경제 시민성은 시민성에 대한 상이한 이해와 정의를 아울러 사회적 삶을 정치와 경제 전반에 걸쳐 폭넓은 영역에서 발생하고 작용하는 것으로 이해하며, 시민에게 요구되는 공적 이성과 시민적 덕성을 개인의 자유롭고 적극적인 참여에 의해 형성되는 집단적 재화(collective goods)의 성격으로 간주한다. 따라서 정치·경제 시민성은 정치·경제적 영역에서 발생하는 다양한 일상의 문제를 민주적 의사결정을 통해 해결하는 한편, 공동체가 필요로 하는 자유, 평등, 인권, 지속가능성, 평화, 공존, 화해와 같은 중요한 가치와 덕목을 동료 시민들과 함께 형성하고 실천하는 "조화된 시민성(concerted citizenship)"으로 정의된다.

정치·경제 시민성을 갖추기 위해서는 정치·경제적 영역에서 일어나는 다양한 현상과 민주적 의사결정에 필요한 원칙과 제도에 대한 시민지식, 공적 사안에 대한 참여와 토론 등을 포함하는 시민 숙의 역량, 자유, 평등, 인권, 지속가능성, 평화 등의 보편적 가치를 지향하고, 보편적 가치를 동료 시민과 함께 발견하고 추구하려는 시민태도 및 성향, 다양한 층위의 의사결정과정에 적극적으로 참여하고 의견을 형성하려는 시민 참여 및 실천이 요구된다고 할 수 있다. 이를 차례대로 살펴보면 다음과 같다.

2. 정치·경제 시민 지식

1) 민주주의와 시민

민주적 의사결정을 통해 일상생활에서 발생하는 문제를 해결하기 위해서는 민주적 원칙과 제도에 대한 이해가 필요하다. 민주적 원칙과 제도는 각 사회가 경험해 온 역사적 맥락에 따라 다를 수 있고, 이러한 역사적 특수성을 고려하지 않더라도 "민주적(democratic)"이라는 말 속에 포함된 민주주의의 의미는 이미 상당히 복잡하고 입체적이다. 따라서 민주적 의사결정을 통해 문제를 해결하고자 할 때, 문제해결 주체로서의 시민은 "민주적"이라는 단어를 어떻게 이해하고 해석할 것인지를 결정하는 "해석 주체"가 되기도 해야 한다. 이를 위해 우선 민주주의의 기원과 역사에 기반하여 근대 이후 등장한 다양한 형태의 민주주의 형태와 제도, 작동 원리를 이해할 필요가 있다. 특히 민주주의를 단순히 "엘리트 충원을 위한 경쟁적 과정"(Schumpeter, 1976: 269)으로 한정하지 않고 시민이 집단적 결정에 참여하여 공적 권위를 획득할 수 있는 자기 통치(self-government)의 원리로 이해한다면(Ober, 2018: 2) 시민 스스로 다양한 "민주적" 원리와 제도를 이해하고, 그 중에서 특정한 원리와 제도를 선택하고, 더 나아가 새로운 원리와 제도를 고안할 수 있어야 한다.

2) 시장과 정의, 그리고 공정

다른 한편으로 정치·경제를 포함하는 광범위한 영역에서 이루어진 민주적 의사결정이 공동체 성원들에 의해 정당한 결정으로 수용되기 위해서는 다양한 이해관계자들의 입장이 충분히 고려되고 숙고되었다는 인식이 형성되어야 한다. 이를 위해서는 해당 이슈를 둘러싼 다양한 견해와 입장이 어떤 사회적, 문화적, 역사적 맥락에서 형성되었는지, 그리고 각각 어떤 의미와 효과를 수반하게 되는지에 대한 사전적 지식이 필요하다. 특히 시장경제 속에서 경제활동의 자유에 대한 요구와 분배적 정의나 공정에 대한 사회적 요구가 상충할 때, 각각의 입장과 견해가 어떤 사회적, 역사적 맥락 속에서 등장하였는지, 그리고 각각이 어떤 제도적 효과를 통해 사회구성원들에게 영향을 미치는지에 대한 사전적 지식이 공동체 전체가 수용할 수 있는 타당한 결론을 도출하는 데 도움을 줄 것이다.

3) 보편적 가치와 시민교육

자유, 평등, 인권, 지속가능성, 평화, 공존, 화해와 같은 보편적 가치를 동료 시민과 함께 실천하는 조화된 시민성을 위해서는 이 가치들이 왜 보편성을 지니는지에 대한 시민지식 역시 필요하다. 특히 보편성이 해체되고 "보편성들(universalities)이 충돌하는 세계"(Balibar, 2016: 44)를 살아가고 있는 오늘날의 시민들에게는 보편성이 주어진 가치가 아닌 스스로 표명하고 구성하는 가치로 자리매김해야 한다. 특히 자유, 평등, 인권, 지속가능성과 같이 서구적인 맥락에서 등장한 "보편적" 가치는 우리가 추구할 만한 가치이지만 동시에 그 가치들에 함축된 중심성(centrality)과 정상성(normalité)의 폭력성을 항상 경계할 필요가 있다. 이는 보편적 가치를 추구하면서도 다양한 시민들의 가치지향과 삶의 목표, 선호 등이 공존하도록 하고, 그 안에서 차이와 다원성을 이해하도록 하기 위함이다. 이러한 비판적 인식을 포함하는 보편성의 추구를 위해서는 각각의 가치가 "보편성"을 획득해온 역사적 과정과 함께 현재의 정치·경제적 영역에서 각각의 가치가 어떤 제도나 현상과 관련을 맺고 있는지에 대한 입체적 조망이 포함된 시민지식이 요구된다.

따라서 정치·경제 시민지식 교육은 민주주의와 시민, 인권과 난민, 자본주의와 시장, 평화와 공존, 정의와 공정과 같이 다양하고 폭넓은 주제를 아우르는 간학문적(interdisciplinary) 교육이어야 한다. 또한 시민지식 교육이 민주적 원리와 제도를 선택하거나 새로운 제도를 고안할 수 있도록 하고, 보편적 가치를 동료 시민들과 함께 구성해나갈 수 있도록 하기 위해서는 교육과정 역시 정보를 일방적으로 전달하는 방식이 아니라 각각의 제도나 가치가 지닌 사회적, 역사적 맥락을 학습자 스스로 발견할 수 있는 역량을 강화하는 방향으로 이루어져야 한다. 이는 2015, 2022 교육과정을 통해 지속적으로 강조되고 있는 교과 간 연계와 통합, 학습자 자기주도성, 폭넓은 기초 지식을 바탕으로 새로운 것을 창출하는 창의적 사고 역량에 부합하는 시민지식 교육의 방식이기도 하다.

3. 정치·경제 시민의 숙의·기능

정치·경제 시민지식 교육은 시민 상호간의 토론과 숙의과정과 결합했을 때 조화된 시민성으로 이어질 수 있다. 따라서 정치·경제 시민성의 핵심에는 시민 숙의가 자리하고 있다.

숙의(deliberation)는 단순히 의견을 교환하고 서로의 상이한 의견을 확인하거나 혹은 서로 간의 좁혀지지 않는 견해 차이 위에서 다수의 의견이 최종적 의견으로 선택되는 일련의 과정을 의미하지 않는다. 다수결의 원리에 기반한 근대 민주주의는 이러한 일련의 과정을 통해 사회 전분야에 걸친 다양한 문제들을 해결하고자 했지만 그 결과가 항상 성공적이지는 못했다. 오히려 근대 민주주의는 때로는 우리의 공동 세계를 파괴하는 정치적 결과를 만들어내기도 하고, 항상 다수나 주류의 선호만 채택되고 사회적 약자나 소수의 이익과 권리가 쉽게 무시됨으로써 사회적 갈등과 긴장이 해결되기보다 억압과 그에 따른 정치적 불만, 분노, 혐오가 증폭되는 일을 반복적으로 경험하고 있다.

'숙의'는 근대 민주주의에 내재된 이러한 문제를 해결하고자 제시된 개념이다. '숙의'를 근대 민주주의의 한계와 문제를 해결할 수 있는 중요한 원리로 제시한 이들은 "이미 형성된 개인의 고정된 선호와 의견"을 어쩔 수 없는 것으로 받아들이는 것이 아니라 시민 상호 간의 충분한 숙의 과정을 통해 변화될 수 있는 것으로 이해해야 한다고 주장한다(Held, 2006: 233). 이 과정은 사람들이 지닌 개인적 의견의 한계를 극복하고 좀 더 확장된 세계 인식과 정당화 가능한 의견에 도달할 수 있게 해주며, 이를 통해 의사결정의 질을 제고할 수 있도록 해줄 것으로 기대된다.

1) 공적 사안에 대한 일상적 토론과 의사결정

정치·경제 시민성은 정치·경제적 영역의 다양한 문제해결은 물론이고 자유, 평등, 인권, 지속가능성, 평화, 공존, 화해와 같은 보편적 가치를 동료 시민과 함께 실천하는 과정에서 숙의를 적극적으로 활용하고자 한다. 우선 다양한 이해관계가 충돌하는 정치·경제 영역에서 개인의 선호나 견해가 타인들과의 숙의 과정을 통해 변화되고 조정됨으로써 보다 합리적이고 타당한 공적 의사결정이 이루어질 수 있다. 이는 특히 지역 공동체의 주민들이 첨예한 의견 대립을 보이는 사회적 현안(예컨대 제주 지역의 제2공항 건설 문제나 행정구역 개편 문제 등)에 대한 해결책을 마련하는 과정에서 지역이기주의나 지나친 개인주의를 피하고 개별 주민의 이익과 지역 전체의 이익이 공존할 수 있는 균형 잡힌 해결책을 모색하는데 도움을 줄 것이다. 이러한 숙의를 통한 문제해결 과정에서 반드시 필요한 것이 숙의 자체에 대한 시민교육이다. 타인의 의견을 경청하는 법, 자신의 견해가 최종적 견해가 아니라 항상 수정되고 보완될 수 있는 견해라는 성찰적 인식, 타인과의 견해 차이를 어쩔 수 없는 것이라고 포기하기보다 간극을 좁혀 나가려는 실천적 태도는 자연적으로 획득되는 것이 아니라 교육을 통해 길러지는 것이다. 따라서 정치·경제 시민 숙의는 숙의 자체를 시민교육의 중요한 요소로 포함시키고 일상적 문제해결 과정에서 숙의과정을 적극적으로 활용할 수 있는 시민역량 확대를 목표로 한다.

2) 숙의를 통한 보편적 가치 추구

동료 시민들과 보편적 가치를 함께 실천하는 과정 역시 숙의를 필요로 한다. 민주주의에서 숙의 과정의 중요성을 주장하는 이들이 강조하는 숙의의 또 다른 의미는 미리 답이 정해져 있는 추상적인 합리성의 기준이 아닌 지속적이고 열린 학습과정을 통해 합리성의 기준을 획득한다는 점이다(Offe and Preuss 1991: 168). 이는 일련의 가치나 시각이 그 자체로 타당성과 정당성을 지니는 것이 아니라 타인의 가치나 도덕적 관점을 고려하는 사회적 만남을 통해서 검증되는 과정을 통해서만 타당성을 지닌다는 것을 의미한다.

정치·경제 시민성이 자유, 평등, 인권, 지속가능성, 평화, 공존, 화해와 같은 보편적 가치를 추구하는 과정 역시 이러한 열린 학습과정으로서의 숙의의 과정이어야 한다. 즉, 이러한 가치들을 그 자체로 이미 타당성과 정당성을 지니고 있어서 추구하기보다 다른 관점을 지닌 타자와의 만남과 숙의의 과정을 통해 그것이 함께 추구할 만한 보편적 가치라는 상호 인식에 도달함으로써 추구할 수 있어야 한다. 이러한 과정을 통해 추구되는 보편적 가치는 서로에 대해 정당화 가능한 근거나 원칙에 기반해 동의를 추구하는 상호성(reciprocity)의 원리를 통과함으로써 보다 사려깊고 견고한 공동체 가치로 자리매김할 수 있을 것이다.

　숙의를 통한 보편적 가치의 추구는 앞서 살펴본 정치·경제 시민지식의 교육방식과도 밀접한 연관성을 지닌다. 보편적 가치들과 연관된 폭넓고 다양한 주제에 대한 일방적인 지식 전달이 아니라 이들 가치가 지니는 역사적, 사회적 맥락을 학습자 스스로 발견하도록 하는 시민지식 교육은 보편적 가치에 대한 시민 숙의를 활성화시킬 수 있다. 이러한 교육과정에서 시민들은 개인이자 지역 공동체의 구성원으로, 더 나아가서는 국민국가의 시민이자 세계시민으로서 추구해야 하는 다양한 가치들에 대한 판단능력을 획득할 수 있고, 이를 바탕으로 동료시민들과의 숙의 과정에 참여함으로써 가치들에 보편성을 부여할 수 있을 것이다.

　이러한 교육과정과 숙의과정에서 어떤 보편적 가치가 채택되어야 하는 것인지에 대한 정해진 답은 존재하지 않는다. 다만 이러한 과정이 기존에 보편적으로 인정되어온 가치들과 양립하거나 적어도 개인이나 개별 공동체의 특권에 매몰되지 않고 인류 전체의 공존을 위해 필요한 가치에 대한 합의로 이어지기 위해서는 이에 부합하는 시민의 가치·태도·성향이 내면화될 수 있는 시민교육이 필요할 것이다.

4. 정치·경제 시민의 가치·태도·성향

1) 보편적 가치의 중요성 인식하기

  정치·경제 시민성이 인류 전체의 공존을 위해 필요한 가치의 공동 추구로 이어지기 위해 가장 필요한 것은 시민 스스로가 보편적 가치 자체의 의미와 필요성을 공감하는 것이다. 특히 시민 스스로가 보편적 가치를 확인하고 재발견하는 과정을 중요하게 여길 때 개인적 권리나 지역적 사고에 한정되지 않는 확장된 공동의 가치를 추구할 수 있다.
  보편적 가치 자체의 의미와 필요성에 대한 시민 교육은 지역사회와 공동체에 대한 관심으로부터 시작될 필요가 있다. 국가, 국제사회와 같은 추상적 공동체로부터 출발하는 보편적 가치에 대한 논의는 개인적, 지역적 삶과 유리되는 경우가 많고 자칫하면 시민들이 특정한 가치를 맹목적으로 수용하거나 맹신하도록 함으로써 다원적 삶의 가능성을 심각하게 저해할 수 있기 때문이다.

2) 지역공동체 현안에서 공적 가치 발견하기

  개인과 지역공동체에서 출발하는 보편적 가치에 대한 관심은 지역사회에서 일상적으로 마주하는 문제에 대한 관심에서 시작될 수 있다. 이런 면에서 지역사회에서 높은 관심이 되고 있는 현안에 대한 대안찾기 토론은 좋은 출발점이다. 개인들과 여러 마을들의 이해관계가 첨예하게 얽혀 있는 지역 개발 사업이나 공공시설 설치 문제는 이해 당사자들에 의해 쉽사리 해결책이 제시되지 못하는 경향이 있다. 이러한 상황에서 이해관계로부터 한 걸음 떨어져 있지만 동시에 지역사회의 일원인 학생들은 지역사회 현안을 해결할 수 있는 대안을 "공적"으로 모색하기에 적합한 위치에 있다고 할 수 있다. 물론 학생들은 직접적 이해관계 당사자인 학부모의 견해나 선호에 상당한 영향을 받을 수 있지만, 공적 숙의의 과정을 통해 이러한 영향력을 최소화하고 사적 이해보다 공동체 전체가 추구할 만한 가치를 지닌 공적 해결책에 도달할 수 있는 가능성이 좀 더 높다.

이러한 숙의 과정을 통해 도출된 해결책은 그것이 실제로 실현될 수 있느냐의 여부보다 훨씬 중요한 성과를 수반한다. 그것은 사적 이해관계의 대립 속에서 공적 가치를 추구하는 것의 중요성에 대한 개인적 경험의 축적이다. 이 경험은 학생들이 성장하면서 점점 직접적인 이해당사자가 되어 감에 따라 사적 이익과 공적 이익 사이에서 균형잡힌 사고를 할 수 있게 해주고, 때에 따라서는 사적 이익보다 중요한 공적 이익이 존재할 수 있다는 신념을 가질 수 있도록 해줄 것이다. 제주지역의 경우 앞서 언급했던 대로 제2공항 문제나 행정구역 재편과 같은 지역현안에 대한 첨예한 갈등이 존재하는 가운데 학교 안에서 이 현안들에 대한 다양한 시각과 대안을 모색해보는 경험이 이에 해당될 수 있다. 첨예한 사안을 학교에서 다루는 것은 교사에게 상당한 부담이 될 수 있지만, 예비교사들은 학부모와의 관계로부터 발생하는 부담에서 좀 더 자유롭다는 점에서 좀 더 실현 가능한 숙의학습방법이라고 할 수 있다.

3) 지역 역사와 기억에서 보편적 가치를 발견하기

지역사회 현안에 대한 대안 찾기가 공적 가치의 의미와 중요성을 이해하는 출발점이라면, 지역공동체의 역사와 기억 속에서 타자의 아픔에 공감하는 것은 인류 전체가 추구할 만한 보편적 가치를 발견하는 시작점이다. 타인의 아픔에 대한 연민과 공감 자체가 도덕적 행위의 중요한 밑거름이지만, 지역 공동체가 역사적으로 경험했던 폭력과 억압에 대한 인식이 수반될 때 지역적 문제는 비로소 보편적 가치와 결합될 수 있다.

이데올로기와 국가 폭력이 결합된 냉전의 상흔을 고스란히 간직하고 있는 제주는 지역사에 대한 관심과 기억이 자유, 평등, 인권, 평화, 화해, 공존이라는 보편적 가치와 직접적으로 맞닿을 수 있는 좋은 예다. 제주 4·3에 대한 지역적 관심과 배·보상, 명예회복 과정은 자유, 평등, 인권과 같은 가치가 단지 관념 속에서만 존재하는 것이 아니라 우리의 현실과 불가분의 관계에 있다는 인식으로 이어질 수 있다. 이는 더 나아가 이러한 가치들이 폭력의 위협 아래 놓인 모든 이들이 필요로 하는 필수불가결한 가치이자 모든 인간이 인간으로서의 존엄성을 보장받기 위해 필요한 보편적 가치라는 것을 생생하게 배울 수 있는 계기가 될 것이다.

다른 한편으로 제주 4·3의 희생자들이 경험한 가슴 아픈 기억을 기록하고 재해석하는 것은 타인의 상처와 아픔에 대한 공감을 평화와 화해, 공존의 가치 추구로 이어지게 만들 것이다. 타인에 대한 연민과 공감은 다시는 극단적 폭력이 발생하지 않도록 해야 한다는 확고한 신념으로 이어질 필요가 있다. 제주 4·3 희생자들을 추모하고 기념하는 것은 비극적 폭력이 재발하지 않기를 바라는 마음의 소극적 표현을 넘어서 평화와 화해, 공존의 사회를 만들고 보존하며, 확산시키겠다는 실천적 의지로 이어져야 한다.

최근 제주 각급 학교에서 본격적으로 이루어지기 시작한 4·3 관련 교육은 역사적 상처에 대한 공감과 희생자 기억의 보존 작업에 집중되고 있다. 4·3 교육은 과거의 역사적 기억을 현재화하는 가운데 평화, 화해, 공존의 가치의 중요성을 이해하고 이를 실현하기 위해 무엇을 해야할 지를 고민하는 시민교육으로 이어져야 한다. 이를 위해 정치·경제 시민성은 교육과정과 교과서에서 비중있게 다루어지지 않는 지역 역사를 보편적 가치 실현과 연결시킬 수 있는 비교과 프로그램을 현장 교사들과 함께 마련하고 예비교사들의 적극적 참여를 유도하도록 한다.

5. 정치·경제 시민의 참여·행동·실천

1) 국가 및 지역 공동체 현안에 관한 의견 형성과 공론장 참여

정치·경제 시민성 실천은 우선 학교 안에서 이루어져야 한다. 국가 및 지역 공동체의 현안에 대한 다양한 견해와 관점을 검토하고 이를 통해 자신의 의견을 형성하는 것은 민주시민이 되는 첫걸음이다. 이 과정에서 중요한 것은 타인의 의견에 귀를 기울이는 자세와 자신의 의견을 상호 수용 가능한 논거와 함께 제시함으로써 상대를 설득시키려는 노력의 습득이다. 나아가 현안에 대한 대안의 제시가 이루어질 수 있다면 지역사회 공론장에 참여하여 대안을 공유하는 것도 필요하다. 지역사회 공론장에서 타당성과 정당성을 주장하는 과정은 학교 안에서 형성된 의견이 예상치 못한 이견과 반론을 통해 좀 더 견고해질 수 있을 것이다.

학교 안의 정치·경제시민성 실천을 위해서는 교사와 예비교사들이 국가 및 지역 현안을 쟁점으로 하는 쟁점중심수업을 설계하고 실행할 수 있는 역량을 갖추어야 한다. 교사들은 학생들에게 현안에 대한 기본 정보를 충실히 제공하고 이를 통해 의견을 형성하는 과정에 적극적인 역할을 해주는 한편, 토론 과정에서는 바람직한 토론 자세와 규칙을 강조하면서도 다양한 의견이 충분히 논의될 수 있도록 학생들에게 동기를 부여해주는 토론의 촉진자 역할을 해야 한다. 이를 위해서는 예비교사 시기부터 정치·경제·사회·문화 영역의 다양한 현안에 관심을 갖고 토론과 숙의를 일상화하려는 노력이 필요하다. 정치·경제 시민성은 예비교사들이 이러한 쟁점수업역량을 갖출 수 있도록 교과·비교과 프로그램을 개발하고 운영한다.

2) 보편적 가치 실천을 위한 연대

보편적 가치를 추구하려는 자세와 태도는 학교 안 교육의 문제로 한정되지 않는다. 학생들은 학교 밖에서 동료 시민들과의 연대를 통해 보편적 가치 추구의 의미와 중요성을 이해할 수 있고, 동시에 보편적 가치를 추구하는 과정에서 부딪히게 되는 어려움을 통해 보다 성숙한 민주시민으로 성장해나갈 수 있다.

학교 밖 시민들과의 연대는 다양한 영역에서 이루어질 수 있다. 제주 4·3 희생자 유족회나 시민단체와 함께 하는 지역의 역사와 기억 보존 노력을 통해 인권, 평화, 화해의 가치를 추구해나갈 수도 있고, 지역 환경단체와 함께 하는 생태위기 대응 활동을 통해 지속가능성과 공존의 가치를 실천할 수도 있다. 뿐만 아니라 지역 내 교육불평등을 완화하기 위한 교육봉사활동 등을 통해 자유, 평등, 정의, 공정과 같은 가치의 의미를 되짚어보고 이런 가치를 실현하는 교사상을 그려볼 수도 있을 것이다. 예비교사 교육은 이러한 학교 밖 활동에 대한 적극적인 지원을 포함해야 하며, 학교 밖 시민들과의 연대가 교사 정체성을 형성하는 데 긍정적인 영향을 미칠 수 있는 환류(feedback)의 체계를 만들어야 할 것이다.

3) 공동체와 자아의 정체성에 대한 비판적 인식

정치·경제 시민성은 지역 공동체의 역사와 기억의 보존을 강조하지만, 개인의 정체성이 지역 공동체에 맹목적으로 매몰되는 것을 경계한다. 소멸되어 가는 지역의 고유성을 보존하고, 그 중에서도 역사적 상흔이 잊혀지지 않도록 하는 것은 분명 지역 공동체에 대한 책임을 다하고자 하는 민주시민으로서의 바람직한 자세이다. 그러나 이러한 자세를 지닌다는 것이 지역의 전통과 역사에 대한 무비판적 수용이나 공동체 성원으로서의 책임과 의무에 대한 수동적 복종을 의미하지는 않는다.

정치·경제 시민성은 지역의 시민들과 "함께" 형성되는 것이지만 지역의 전통과 역사, 공동체의 정체성에 대한 비판적 거리두기 역시 필요로 한다. 학생들이 공동체의 전통과 정체성을 비판적으로 수용하고 주체적으로 재현(representation)할 때 지역 공동체 문제에 대한 적극적 참여 역시 활발해진다. 공동체 문화와 전통의 단순한 수용자가 아니라 생산자가 되기 위해서는 지역 현안에 대한 학교 안 숙의와 토론 과정이 다양한 의견에 열려 있어야 하고, 학교 밖 시민들과의 연대 역시 비판적 성찰의 과정을 수반해야 한다. 공동체와 자아 정체성이 이러한 과정을 통해 재구성될 수 있을 때 공동체의 전통과 역사가 보편적 가치와 연결될 수 있고, 보다 굳건한 토대를 통해 보존될 수 있을 것이다.

〈표 1〉 정치·경제 시민성 구성 요소

범주	내용
시민 지식	- 민주주의와 시민 - 시장과 정의, 그리고 공정 - 자유, 평등, 인권, 평화, 공존 - 공동체의 역사와 기억
시민 숙의·기능	- 자유, 평등, 평화, 공존, 정의, 지속 가능성 등의 보편적 가치 판단 능력 - 공적 사안에 대한 일상적 토론과 의사결정 - 숙의를 통한 보편적 가치 추구 - 지역 역사와 기억의 보존과 재구성을 위한 역사문화 판단 능력
시민 가치·태도·성향	- 보편적 가치를 발견하고 추구하려는 자세 - 지역현안에서 공적 가치를 발견하려는 태도 - 지역 역사와 기억에서 보편적 가치를 발견려는 자세
시민 참여·행동·실천	- 국가 및 지역 공동체 현안에 관한 의견 형성과 공론장 참여 - 보편적 가치 실천을 위한 연대 - 공동체와 자아의 정체성에 대한 비판적 인식

참고문헌

교육부(2015). 2015 개정 초·중등학교 교육과정. 세종: 교육부.
교육부(2022). 2022 개정 초·중등학교 교육과정. 세종: 교육부.
심성보(2017). 한국 민주시민교육의 현황과 과제. 한국학논집, 67, 93-122.
온정덕(2022). 역량과 주도성을 기르는 2022 개정 교과 교육과정, 서울교육, 249호
장은주(2019). 한국의 민주시민교육: 사회적 합의의 방향과 제도화의 과제. 시민과세계, 34호, 99-134.
홍윤기(2017). 한국에서 민주시민교육 기반구축의 가능성과 그 제약. 한국학논집, 67, 157-194.
Balibar, É.(2016). *On Universals: Constructing and Deconstructing Community*. New York: Fordham University Press.
Becllamy, Richard & Palumbo, Antonino ed.(2010). *Citizenship*, New York: Routledge.
Held, David.(2006). *Models of Democracy*, Cambridge: Polity.
Kymlicka, W., & Norman, W.(1994). Return of the citizen: A survey of recent work on citizenship theory. *Ethics*, 104(2), 352-381.
Mann, M.(1987). Ruling Class Strategies and Citizenship. *Sociology*, 21(3), 339-354.
Ober, Josiah.(2018). *DEMOPOLIS: Democracy before Liberalism in Theory and Practice*, Cambridge: Cambridge University Press.
Offe, C. and Preuss, U.(1991). Democratic institutions and moral resources. in D. Held (ed.), *Political Theory Today*, Cambridge: Polity.
Pocock, J. G.(1995). The ideal of citizenship since classical times. *Theorizing citizenship*, 29, 35-36.
Schumpeter, Joseph.(1976). *Capitalism, Socialism and Democracy*, New York: Routledge.
Van Gunsteren, H. R. (1998). *A Theory of Citizenship: Organizing plurality in contemporary democracies*. New York: Routledge.

제6장

정치·경제 시민성 2 [역사]*

곽병현

1. 역사 시민성의 의미

역사 시민성을 함양한 시민은 다음과 같은 사람을 의미한다. '과거 사람들의 생활 모습에 관한 이해를 통해 삶의 안목을 키워, 다양한 시각에서 인간 삶과 관련된 문제를 해석한다. 또한 과거와 현재, 그리고 나와 타인의 삶에 대한 성찰을 통해 개인의 성장을 도모하고 지역사회-국가-세계의 발전에 기여한다.' 이를 달리 표현하면, 모드락 역사 시민성을 함양한 시민은 '과거에 대한 이해를 바탕으로 현재를 성찰하여 미래를 전망할 수 있는 사람'이라 할 수 있다. 관련하여, 송상헌은 다음과 같이 시간성 개념

---

* "〈모드락 시민성〉 함양을 위한 교육과정 내용 요소" 중, '정치·경제 시민성'은 '정치·경제 시민성 차원'과 '역사를 통한 시민성 함양' 두 가지의 하위 영역으로 제시되어 있다. 관련하여, 본절에서는 '정치·경제 시민성의 하위 영역인 역사를 통한 시민성 함양'을 〈역사 시민성〉으로 간략히 표현한다(이하 동일).

속에서 역사 인식의 메커니즘을 설명하였다.

> 역사 인식과 관련하여 시간성 개념이란 시간의 지평 속에서 과거와 미래의 역사상이 서로 영향을 주고받으면서 역사 인식이 형성된다는 것이다. 이런 역사 인식의 과정 역시 궁극적으로 적연한 역사로 서술 될 수 있는 메커니즘이다(송상헌, 2010: 28-29).

우리는 과거라는 거울을 통해 현재를 바라본다. 과거를 거울삼아 잘못했던 일들을 되풀이하지 않기 위해 노력하고, 잘했던 일들 속에서 교훈을 얻으려 한다(김한종, 2017b: 70). 이러한 과거 회고를 통한 현재의 성찰은 결국 미래에 대한 예측(전망)으로 나아간다. 관련하여, 김한종(2017a: 4)은 역사교육이 사회적 실천성을 지닌 인간을 육성할 수 있는 이유를 과거 회고와 미래 예측(전망)의 상호작용 속에서 찾았다. 이처럼 과거에 대한 회고는 우리에게 현재를 성찰할 수 있는 실천력을 제공해준다. 현재에 대한 성찰과 반성은 보다 나은 미래를 위한 전망 제시로 나아간다. 이 과정에서 학생들은 보다 나은 미래를 위해 자신의 현재 삶을 반성한다. 그리고 학생들은 그에 대한 대안으로서의 삶, 즉 아직 오지는 않았지만 예측하고 대비해야 할 미래를 위해 사회적으로 행동하고 실천한다.

결국, 역사교육은 과거-현재-미래라는 메커니즘 속에서 사회적 실천성을 지닌다. 관련하여 이번 장에서는 모드락 역사 시민성의 핵심 역량을 시간성과 사회적 실천성이라는 메커니즘 속에서 제시하고자 한다. 이를 구체적으로 표현하면 '과거 회고 역량', '과거를 통한 현재 성찰 역량', '과거와 현재의 대화를 통한 미래에의 전망 제시 역량'이다([그림 1] 참조).

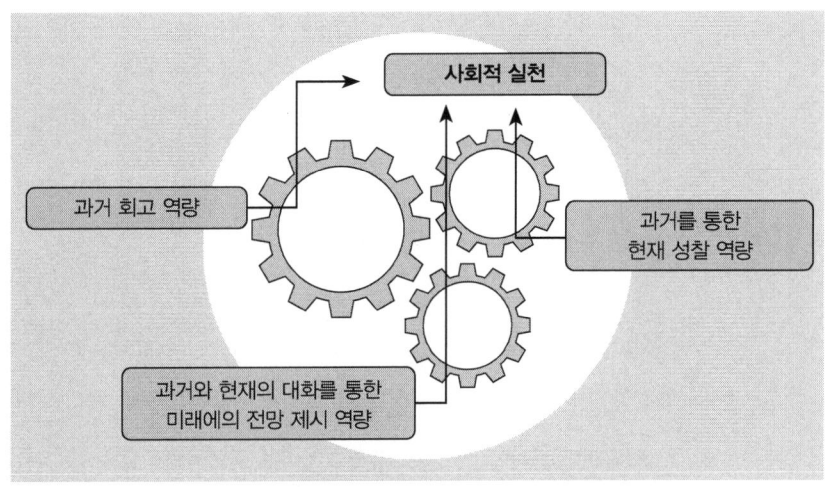

[그림 1] [역사 시민성]에서 설정한 핵심 역량과 사회적 실천의 관계

1) 과거 회고 역량

역사 인식의 가장 대표적인 방법은 회고(回顧)이다. 회고의 사전적 의미는 '뒤를 돌아다봄', '지나간 일을 돌이켜 생각함'이다(국립국어원 표준국어대사전). 사전적 의미로 볼 때, 회고는 과거 사실들(지나간 일)을 돌이켜 보며 그 속에서 통찰력(생각함)을 얻어내는 것이라 할 수 있다. 이러한 회고는 역사적 사실의 선택 및 해석을 가능케 하고, 과거 사실들을 계서화할 수 있는 수단을 제공해준다(Rogers, 1984, 송상헌, 2010: 8 재인용). 역사가들은 이러한 회고 과정을 통해 당대인에 비해 월등한 통찰력을 얻을 수 있다. 이는 역사가가 과거 사건에 관한 참여자가 아닌 관찰자로서, 과거 사건 발생 이전은 물론 이후에 일어난 일들에 대해 알고 있기 때문이다(Burston, 1972, 송상헌, 2010: 7 재인용). 과거 회고를 통해 얻은 '과거에 관한 통찰력'은 현재의 성찰 및 미래를 위한 실천으로 나아갈 수 있는 토대가 된다.

본고에서는 〈과거 회고 역량〉을 '과거의 역사적 사건들에 관한 회고를 통해 통찰력을 얻는 것'으로 정의한다. 〈과거 회고 역량〉은 시간성 차원에서 '과거'를, 사회적 실천성 차원에서 '과거 회고를 통한 통찰'을 의미한다.

2) 현재 성찰 역량: 과거를 통한 현재 성찰

> 역사가는 그의 사실들의 비천한 노예도 아니고, 난폭한 지배자도 아니다. 역사가와 그의 사실의 관계는 평등한 관계, 주고받는 관계이다. …… 역사가와 역사의 사실은 서로에게 필수적이다. 자신의 사실을 가지지 못한 역사가는 뿌리가 없는 쓸모없는 존재다. 자신의 역사가를 가지지 못한 사실은 죽은 것이며 무의미한 것이다. 따라서 <u>'역사란 무엇인가'라는 물음에 대한 나의 첫 번째 대답은 역사란 역사가와 그의 사실들의 지속적인 상호작용의 과정, 현재와 과거의 끊임없는 대화라는 것이다</u>[1](Carr, 1961, 김택현 역, 2000: 50).

Carr가 역사를 '현재와 과거의 끊임없는 대화'라고 한 것은 위 인용문의 밑줄 그은 부분에서 알 수 있듯이 '과거라는 사실'과 '현재 역사가의 해석' 사이의 상호 존중, 즉 상호보완적 관계를 강조하려 한 것이다. 하지만, 이 둘의 관계는 '과거를 통한 현재 성찰하기'라는 맥락으로도 살펴볼 수 있다.

앞서 밝혔듯이, 역사 인식의 가장 대표적 방법인 '회고'는 우리에게 '과거에 관한 통찰력'을 제공해준다. 하지만 여기서 말하는 '통찰력'은 과거에

---

[1] 밑줄은 저자 강조.

만 해당하는 것이 아닌, 현재에까지도 영향을 끼치는 힘이다. 역사책 중에는 『동국통감』, 『자치통감강목』처럼, '통감(通鑑)'이라는 제목의 책들이 많다. 여기서 '통감'은 '꿰뚫다(通)'와 '거울(鑑)'이라는 뜻으로, 이는 '거울삼아 꿰뚫어 보다'라는 의미를 지닌다. 이는 "과거를 거울삼아 현재에서 잘한 일을 본받고 잘못한 일을 되풀이하지 않겠다는 의미"(김한종, 2017b: 70)이다.

이처럼 과거에 관한 통찰력은 시간적 차원에서 현재와 연결된다. 이는 과거에 관한 회고를 통해 현재를 성찰한다는 의미이다. 예컨대 '이민족에게 관대했던 나라들은 흥하였고, 그렇지 않았던 나라들은 일찍 멸망했다'라는 과거 사실들 또는 역사적 해석을 통해, 우리는 현재의 다문화사회를 성찰해볼 수 있다.

본고에서는 〈과거를 통한 현재 성찰 역량〉을 '과거 역사적 사건들에 관한 회고를 통해 현재를 성찰하는 능력'으로 정의하려 한다. 이는 시간성 차원에서 '과거-현재'를, 사회적 실천성 차원에서 '과거 회고를 통한 현재 성찰'을 의미한다.

3) 미래 전망 제시 역량: 과거와 현재의 대화를 통한 미래 전망 제시

현재는 과거와 미래를 갈라놓는 가공의 선이라는 개념적 존재에 지나지 않는다. 현재를 말하면서 나는 이미 현재와는 다른 시간적 차원을 나의 논의에 끌어들이는 것이다. 과거와 미래는 동일한 시간선상의 일부분이므로 과거에 대한 관심과 미래에 대한 관심이 서로 결합되어 있다는 것은 쉽게 알 수 있으리라 믿는다. …… 역사는 전통의 계승과 함께 시작되며, 전통은 과거의 습관과 교훈을 미래에 전달하는 것을 의미한다. 과거의 기록은 미래의 세대를 위해 보존되는 것이다. ……
훌륭한 역사가들은 의식적이든 아니든 미래를 깊이 느끼는 법이다. 또한 역사가는 '왜?'라는 물음 이외에도 '어디로?'라는 물음을 가지는 것이다(Carr, 1961, 다문독서연구회 역, 1991: 134-135).

Carr는 『역사란 무엇인가』의 제4장(역사에서의 인과 관계)에서 '현재와 과거의 끊임없는 대화'가 실은 미래를 위한 것임을 밝혔다. Carr에게 있어 역사해석의 목적은 교훈 제공이며, 이는 일련의 사건들로부터 이끌어 낸 교훈(일반화)을 토대로 미래에의 방향성과 지침을 제공하는 것이다.

송상헌(2010: 29)은 역사교육에서 '미래에 관한 목적 상정(미래 전망 설정)'을 강조하며, 미래에서 과거로 다시 과거에서 미래로 이행하며 역사적 의미를 찾는 방식으로 역사교육이 이루어져야 함을 주장하였다.

이처럼 과거와 현재의 대화를 통해 형성된 통찰력은 결국 시간적 차원에서 미래와 연결된다. 이는 과거 회고를 통해 얻어낸 현재에 관한 성찰을 토대로 우리 미래가 나아 갈 방향성을 살펴보자는 의미이다. 예컨대, 삼국분단의 어리석음(예: 수와 당에게 어부지리만 안겨주는 어리석은 행위라는 서거정의 역사 인식)을 〈과거 회고〉라는 측면에서 살펴본다. 이후 과거로부터 현재까지 이어지고 있는 남북분단의 아픈 역사와 동서독 통일의 역사를 〈과거를 통한 현재 성찰〉 측면에서 살펴본다. 그런 후 남북통일이 이루어진 미래의 상태(인권 보장, 자유-평화-번영을 누리는 나라)를 가정하며, 우리가 나아가야 할 방향성에 대해 살펴본다〈과거와 현재의 대화를 통한 미래 전망 제시〉.[2]

---

2   여기서 제시한 예는 송상헌(2010: 25-27)이 제시한 '미래 전망을 통한 미래 인식 사례'를 저자의 논리를 반영해 수정·보완한 것임을 밝힌다.

본고에서는 〈과거와 현재의 대화를 통한 미래에의 전망 제시 역량〉을 '과거 역사적 사건들에 관한 회고를 통해 현재를 성찰한 후, 다가올 미래를 위해 우리가 나아가야 할 방향성을 살펴보는 능력'으로 정의하고자 한다. 이는 시간성 차원에서 '과거-현재-미래'를, 사회적 실천성 차원에서 '미래 전망 제시를 위한 과거와 현재 성찰'을 의미한다.

2. 역사 시민성의 내용 요소

1) 『2022 개정 사회과 교육과정』과 [역사 시민성]

역사 시민성의 세 가지 역량(과거 회고 역량, 현재 성찰 역량, 미래 전망 제시 역량)은 모드락 시민성 목표 차원에서 네 가지 범주로 나눌 수 있다. 네 가지 범주는 시민 지식, 시민 숙의 기능, 시민 가치·태도·성향, 시민 참여·행동·실천이다. 네 가지 범주는 모드락 시민이라는 전인(全人)의 머리(지식)-손(기능)-가슴(가치·태도)-발(실천)을 의미한다. 『2022 개정 사회과 교육과정』의 '내용 체계'(〈표 1 ~ 표 3〉)를 토대로 각각의 범주에 따라 가르칠 내용 요소를 살펴보면 다음과 같다.

⟨표 1⟩ 『2022. 개정 사회과 교육과정』 「역사 일반」 내용 체계

범주		내용 요소	
		초등학교	
		3~4학년	5~6학년
핵심 아이디어		• 시대에 따라 지역, 교통·통신, 풍습 등 생활 모습이 달라진다. • 과거의 모습을 보여주는 자료는 역사의 증거로 활용된다. • 일상생활 속 과거에 관심을 가짐으로써 자신을 역사적 존재로 인식한다.	
지식·이해	역사 학습의 기초	• 역사의 시간 개념 • 역사 증거 • 변화와 지속(지역, 교통·통신, 풍습)	• 역사 탐구 방법
과정·기능		• 역사적 질문 생성하기 • 신뢰성 있는 역사 정보를 선택, 분석, 추론하기 • 역사적 서사를 구성하여 다양한 방식으로 표현하기 • 사회문제의 역사적 연원을 파악하는 질문 생성하기	
가치·태도		• 역사에 대한 관심과 흥미 • 역사적 시간 속에서 자기 위치 확인 • 타인의 역사적 해석을 존중하는 태도 • 역사에 성찰적으로 접근하는 태도	

출처: 교육부, 2022: 16.

⟨표 2⟩ 『2022. 개정 사회과 교육과정』 「지역사」 내용 체계

범주		내용 요소	
		초등학교	
		3~4학년	5~6학년
핵심 아이디어		• 문화유산은 과거와 현재를 이어주는 자료이다. • 지역의 박물관, 기념관, 유적지는 지역의 정체성을 보여준다. • 지역의 역사적 문제는 역사 자료를 분석·해석·평가하여 해결한다.	
지식·이해	지역사	• 지역의 문화유산 알아보기 • 지역의 역사 이해하기 • 지역의 역사적 문제 파악하기	—
과정·기능		• 지역의 박물관, 기념관, 유적지 답사하기 • 신뢰성 있는 역사 정보를 선택, 분석, 추론하기 • 역사적 서사를 구성하여 다양한 방식으로 표현하기 • 사회문제의 역사적 연원을 파악하는 질문 생성하기 • 역사 지식 활용하기	

가치·태도	• 지역의 역사에 대한 관심과 흥미 • 지역의 문화유산을 보존하는 태도 • 역사적 존재로서 자기인식 • 타인의 역사적 해석을 존중하는 태도 • 역사에 성찰적으로 접근하는 태도

출처: 교육부, 2022: 17.

〈표 3〉『2022. 개정 사회과 교육과정』「한국사」 내용 체계

핵심 아이디어		• 각 시대의 모습에는 당시 사람들의 생활상과 사고방식이 반영된다. • 역사 정보나 자료의 분석·해석·판단을 통해 역사 지식을 형성한다. • 역사 문제를 해결하면서 역사적 주체로서 실천하는 태도를 갖는다.	
범주		내용 요소	
		초등학교	
		3~4학년	5~6학년
지식·이해	문명의 발생과 고대 세계의 형성	–	• 선사 시대 사람들의 생활
	국가의 형성과 발전	–	• 고조선 사람들의 생활 • 고대 사람들의 생각과 생활
	통일신라와 발해		
	고려의 성립과 변천	–	• 고려 시대 사회 모습과 사람들의 생활
	조선의 성립과 발전	–	• 유교 문화가 조선 시대 사람들의 생각과 생활에 미친 영향
	조선 사회의 변동	–	• 조선 후기 사회·문화적 변화와 근대 문물 수용으로 달라진 생활
	근·현대 사회로의 전환	–	• 일제 식민 통치에 대한 저항이 사회와 생활에 미친 영향 • 8·15 광복과 6·25 전쟁으로 달라진 생활 • 평화 통일을 위한 노력 • 민주화와 산업화로 달라진 생활 문화 • 독도 역사
과정·기능		• 시대별 생활 모습에 대한 역사적 질문 생성하기 • 역사 증거를 토대로 분석, 해석 및 판단하기 • 역사적 서사를 구성하여 다양한 방식으로 표현하기 • 사회문제들의 역사적 연원을 파악하는 질문 생성 및 해결 방안 탐색하기	

가치·태도	• 역사에 대한 관심과 흥미 • 역사적 존재로서 자기인식 • 타인의 역사적 해석을 존중하는 태도 • 역사에 성찰적으로 접근하는 태도 • 역사적 주체로서 실천하는 삶의 자세

출처: 교육부, 2022: 18.

2) 시민 지식

『2022 개정 사회과 교육과정』의 역사 영역 「내용 체계」에서 [역사 시민성]의 〈시민 지식〉 범주에 해당하는 것은 '핵심 아이디어'와 '지식·이해' 범주이다. 이를 정리하면 다음의 〈표 4〉와 같다.

〈표 4〉「내용 체계」중, 〈시민 지식〉 범주 관련 내용 요소

관련 핵심 아이디어	[역사 일반]	• 시대에 따라 지역, 교통·통신, 풍습 등 생활 모습[3]이 달라진다.
	[지역사]	• 문화유산은 과거와 현재를 이어주는 자료이다. • <u>지역의 역사적 문제는 역사 자료를 분석·해석·평가하여 해결한다.</u>
	[한국사]	• 각 시대의 모습에는 당시 사람들의 생활상과 사고방식이 반영된다.

범주		내용 요소	
		초등학교	
		3~4학년	5~6학년
지식· 이해	역사 일반	• <u>역사의 시간 개념</u> • <u>역사 증거</u> • 변화와 지속(지역, 교통·통신, 풍습)	• <u>역사 탐구 방법</u>
	지역사	• 지역의 문화유산 알아보기 • 지역의 역사 이해하기 • <u>지역의 역사적 문제 파악하기</u>	—

---

3 〈표 4〉, 〈표 5〉, 〈표 6〉의 밑줄은 [역사 시민성]과 특히 관련이 있는 내용 요소로서 저자가 강조함.

지식·이해	한국사	–	• 선사 시대 사람들의 생활 • 고조선 사람들의 생활 • 고대 사람들의 생각과 생활 • 고려 시대 사회 모습과 사람들의 생활 • 유교 문화가 조선시대 사람들의 생각과 생활에 미친 영향 • 조선 후기 사회·문화적 변화와 근대 문물 수용으로 달라진 생활 • 일제 식민 통치에 대한 저항이 사회와 생활에 미친 영향 • 8·15 광복과 6·25 전쟁으로 달라진 생활 • 평화 통일을 위한 노력 • 민주화와 산업화로 달라진 생활 문화 • 독도 역사

출처: 교육부, 2022: 16-18.

『2022 개정 사회과 교육과정』의 역사 영역 「내용 체계」 중, [역사 시민성]의 〈시민 지식〉과 관련된 내용 요소는 〈표 4〉의 밑줄 친 부분과 같다. 구체적으로 '시대에 따라 지역, 교통·통신, 풍습 등의 생활 모습이 달라진다는 점', '지역의 문화유산과 역사적 문제', '각 시대별 생활상과 사고 방식' 등이다. 이 과정에서 학생들은 역사 증거(사료)를 토대로 역사의 시간 개념 및 변화와 지속성(지역, 교통·통신, 풍습)에 관해 배운다.

이러한 것들을 반영하여 [역사 시민성]의 내용 요소 중, 〈시민 지식〉 범주의 내용 요소를 '시대에 따라 달라지는 지역, 교통·통신, 풍습 등의 생활 모습', '지역의 문화유산 및 역사와 지역의 역사적 문제', '각 시대에 반영된 당시 사람들의 생활상과 사고방식'으로 설정하였다.

3) 시민 숙의·기능

『2022 개정 사회과 교육과정』의 역사 영역 「내용 체계」에서 [역사 시민성]의 〈시민 숙의·기능〉 범주에 해당하는 것은 '핵심 아이디어'와 '과정·기능' 범주이다. 이를 정리하면 다음의 〈표 5〉와 같다.

〈표 5〉 「내용 체계」 중, 〈시민 숙의 · 기능〉 범주 관련 내용 요소

관련 핵심 아이디어		[역사 일반]	• 과거의 모습을 보여주는 자료는 역사의 증거로 활용된다.
		[지역사]	• 지역의 박물관, 기념관, 유적지는 지역의 정체성을 보여준다. • 지역의 역사적 문제는 <u>역사 자료를 분석·해석·평가</u>하여 해결한다.
		[한국사]	• 각 시대의 모습에는 당시 사람들의 생활상과 사고방식이 반영된다.
범주		내용 요소	
		초등학교	
		3~4학년	5~6학년
가치·태도	역사 일반	• <u>역사적 질문 생성하기</u> • <u>신뢰성 있는 역사 정보를 선택, 분석, 추론하기</u> • <u>역사적 서사를 구성하여 다양한 방식으로 표현하기</u> • 사회문제의 역사적 연원을 파악하는 <u>질문 생성하기</u>	
	지역사	• 지역의 박물관, 기념관, 유적지 답사하기 • <u>신뢰성 있는 역사 정보를 선택, 분석, 추론하기</u> • <u>역사적 서사를 구성하여 다양한 방식으로 표현하기</u> • 사회문제의 역사적 연원을 파악하는 <u>질문 생성하기</u> • 역사 지식 활용하기	
	한국사	• 시대별 생활 모습에 대한 역사적 질문 생성하기 • <u>역사 증거를 토대로 분석, 해석 및 판단하기</u> • <u>역사적 서사를 구성하여 다양한 방식으로 표현하기</u> • 사회문제들의 역사적 연원을 파악하는 <u>질문 생성 및 해결 방안 탐색하기</u>	

출처: 교육부, 2022: 16-18.

『2022 개정 사회과 교육과정』의 역사 영역 「내용 체계」 중, [역사 시민성]의 〈시민 숙의·기능〉과 관련된 내용 요소는 〈표 5〉의 밑줄 친 부분과 같다. 구체적으로 '역사적 질문 생성하여 해결 방안 탐색하기', '역사 증거

로서 사료(지역의 박물관·기념관·유적지 등 포함) 활용하기', '신뢰성 있는 역사 정보를 선택하고 분석하여 추론하기', '역사적 서사 구성하여 다양한 방식으로 표현하기' 등이다. 이러한 것들을 반영하여 [역사 시민성]의 내용 요소 중, 〈시민 숙의·기능〉 범주의 내용 요소를 '역사적 질문을 생성하여 해결 방안을 탐색하는 능력', '신뢰성 있는 역사 정보를 선택, 분석, 추론하는 능력', '역사 증거를 토대로 분석, 해석 및 판단하는 능력', '역사적 서사를 구성하여 다양한 방식으로 표현하는 능력', '질문 생성, 증거 활용 및 해석, 서사 구성 및 표현 과정에서 역사적 지식을 활용하는 능력'으로 설정하였다.

4) 시민 가치·태도·성향 / 시민 참여·행동·실천

『2022 개정 사회과 교육과정』의 역사 영역 「내용 체계」에서 [역사 시민성]의 〈시민 가치·태도·성향〉과 〈시민 참여·행동·실천〉 범주에 해당하는 것은 '핵심 아이디어'와 '가치·태도'이다. 이를 정리하면 다음의 〈표 6〉과 같다.

<표 6> 「내용 체계」중, 〈시민 가치·태도·성향〉 및 〈시민 참여·행동·실천〉 범주 관련 내용 요소

관련 핵심 아이디어		
	[역사 일반]	• 일상생활 속 과거에 관심을 가짐으로써 <u>자신을 역사적 존재로 인식한다.</u>
	[지역사]	• 지역의 박물관, 기념관, 유적지는 지역의 정체성을 보여준다. • 지역의 역사적 문제는 역사 자료를 분석·해석·평가하여 해결한다.
	[한국사]	• 역사 문제를 해결하면서 <u>역사적 주체로서 실천하는 태도</u>를 갖는다.

범주		내용 요소	
		초등학교	
		3~4학년	5~6학년
과정· 기능	역사 일반	• 역사에 대한 관심과 흥미 • 역사적 시간 속에서 자기 위치 확인 • <u>타인의 역사적 해석을 존중하는 태도</u> • <u>역사에 성찰적으로 접근하는 태도</u>	
	지역사	• 지역의 역사에 대한 관심과 흥미 • <u>지역의 문화유산을 보존하는 태도</u> • 역사적 존재로서 자기인식 • <u>타인의 역사적 해석을 존중하는 태도</u> • <u>역사에 성찰적으로 접근하는 태도</u>	
	한국사	• 역사에 대한 관심과 흥미 • 역사적 존재로서 자기인식 • <u>타인의 역사적 해석을 존중하는 태도</u> • <u>역사에 성찰적으로 접근하는 태도</u> • <u>역사적 주체로서 실천하는 삶의 자세</u>	

출처: 교육부, 2022: 16-18.

『2022 개정 사회과 교육과정』의 역사 영역 「내용 체계」 중, [역사 시민성]의 〈시민 가치·태도·성향〉 및 〈시민 참여·행동·실천〉과 관련된 내용 요소는 〈표 6〉의 밑줄 친 부분과 같다. 여기에서 〈시민 가치·태도·성향〉과 〈시민 참여·행동·실천〉의 관계는 앞서 살폈던 모드락 시민의 전인(全人)적 성격 중, 가슴(가치·태도)과 발(실천)의 관계이다. 『2022 개정 사회과 교육과정』에서는 이 둘을 〈가치·태도〉라는 하나의 범주로 묶은 데 반

해, [역사 시민성]에서는 '참여-행동-실천'의 강조를 위해 둘을 분리해 놓았다.

구체적으로 〈시민 가치·태도·성향〉과 관련 있는 것들은 '역사(지역사 및 한국사 포함)에 대한 관심과 흥미', '타인의 역사적 해석을 존중하는 태도'이다. 〈시민 참여·행동·실천〉과 관련 있는 것들은 '역사적 시간 속에서 자기 위치 확인하기(자기 인식)', '역사(지역사 및 한국사 포함)에 성찰적으로 접근하려는 태도', '역사적 주체로서 실천하는 삶(문화유산 보존 포함)' 등이다. 이러한 것들을 반영하여 [시민 가치·태도·성향] 및 [시민 참여·행동·실천] 범주의 내용 요소를 설정하면 다음과 같다. 우선, [시민 가치·태도·성향]으로 '역사에 대해 관심과 흥미를 가지려는 자세', '타인의 역사적 해석을 존중하려는 태도'로 설정하였다. 다음은 [시민 참여·행동·실천] 으로, '공동체 기억과 역사를 시사 문제와 관련지어 성찰하며 삶을 개선하기', '역사적 시간 속에서 자기의 위치를 확인하고, 역사적 행위 주체로서 행동하기', '역사에 성찰적으로 접근하며 역사적 주체로서 실천하는 삶'을 설정하였다. [역사 시민성]의 범주별 내용 요소를 정리하면 다음의 〈표 7〉과 같다.

〈표 7〉 [역사 시민성]의 내용 요소

범주	내용 요소
시민 지식	① 시대에 따라 달라지는 지역, 교통·통신, 풍습 등의 생활 모습 ② 지역의 문화유산 및 역사와 지역의 역사적 문제 ③ 각 시대에 반영된 당시 사람들의 생활상과 사고방식
시민 숙의·기능	① 역사적 질문을 생성하여 해결 방안을 탐색하는 능력 ② 신뢰성 있는 역사 정보를 선택, 분석, 추론하는 능력 ③ 역사 증거를 토대로 분석, 해석 및 판단하는 능력 ④ 역사적 서사를 구성하여 다양한 방식으로 표현하는 능력 ⑤ 질문 생성, 증거 활용 및 해석, 서사 구성 및 표현 과정에서 역사적 지식을 활용하는 능력

시민 가치·태도·성향	① 역사에 대해 관심과 흥미를 가지려는 자세 ② 타인의 역사적 해석을 존중하려는 태도
시민 참여·행동·실천	① 공동체 기억과 역사를 시사 문제와 관련 지어 성찰하며 삶을 개선하기 ② 역사적 시간 속에서 자기의 위치를 확인하고, 역사적 행위 주체로서 행동하기 ③ 역사에 성찰적으로 접근하며 역사적 주체로서 실천하는 삶

3. 역사 시민성의 내용 요소별 교수·학습 고려 사항[4]

1) 시민 지식

(1) 시대에 따라 달라지는 지역, 교통·통신, 풍습 등의 생활 모습

옛날 사람들의 생활 모습을 이해하고 오늘날과 비교하여 그 변화상을 파악하기 위해 설정한 내용 요소이다. 지역의 변화된 모습, 교통-통신-풍습 등의 변화상을 알아보고 그 속에 담긴 사람들의 생활과 생각의 변화에 대해 살펴본다. 예컨대, 교통과 통신수단의 변화가 사람과 물자의 이동 및 생활 모습 전반에 어떤 변화를 일으켰을지 살펴본다. 이 과정에서 학생들은 해당 시기 사람들의 생활 모습을 전반적으로 이해한다. 다만, 변화라는 개념에는 발전이라는 긍정적 측면만 있지 않다는 점을 이해하고, 그 발전의 성과와 한계를 함께 살펴볼 수 있도록 한다.

(2) 지역의 문화유산 및 역사와 지역의 역사적 문제

이 내용 요소는 첫째, 지역의 문화유산을 통해 문화유산의 의미와 유형

---

[4] '역사 시민성 내용 요소별 교수·학습 고려 사항'은 『2022. 개정 사회과 교육과정』의 '성취기준 해설' 및 '성취기준 적용 시 고려 사항'을 참조하여, [역사 시민성] 내용 요소에 적합하게 수정·보완하였다(교육부, 2022, 19-39).

에 관해 알아보고, 이를 토대로 지역 사람들의 삶을 역사·문화적으로 살펴보기 위해 설정하였다. 둘째, 지역에서 발생하는 문제 중, 특히 역사적 문제에 대해 그 문제의 원인을 찾아 합리적으로 해결해 보기 위해 설정하였다. 학생들의 능동적 역사학습을 위해, 지역 문화유산은 지역에 있는 박물관, 기념관, 유적지 등의 관람 및 답사 등을 통해 이루어지는 것이 좋다. 또한, 문화유산(전통)은 시대나 상황의 변화에 따라 끊임없이 변경-조정-재창조 될 수 있는 구성적 성격을 지니기에(류현종, 1999, 10), 학생들은 문화가 '더 나은 무언가로 변화할 수 있다는 점'을 인식하여 항상 보다 나은 문화로 발전시키기 위해 노력하고 실천해야 한다. 한편, 지역이 지닌 문제 중에서 역사와 관련 있는 문제들을 오늘날의 시각만이 아닌, 당시의 관점으로도 살펴볼 수 있어야 한다.

(3) 각 시대에 반영된 당시 사람들의 생활상과 사고 방식

각 시대(선사시대-고대-고려시대-조선시대-일제 식민 통치기-광복 이후 민주화와 산업화 시기)에 반영된 당시 사람들의 생활상과 사고 방식을 이해하기 위해 설정한 내용 요소이다. 당시 사람들의 생활 모습을 파악하기 위해, 유적과 유물 및 사료 등을 적극적으로 활용한다. 이 과정에서 학생들이 역사 탐구 및 상상을 직접 경험해보면서 당시 사람들의 생활 모습을 스스로 구성해볼 수 있도록 한다. 이는 학생들의 능동적 역사 지식 구성을 위해 꼭 필요한 과정이다.

2) 시민 숙의·기능

이 범주의 내용 요소는 역사학습에서 학생들이 '결과적 지식'뿐만 아니라 '과정적·절차적 지식'까지도 배울 수 있도록 유도하기 위해 설정한 것이다. 이를 위해 학생들은 역사적 질문을 생성하여 그 질문에 대한 답을 찾아가는 능동적 '탐구(역사 탐구)' 과정을 거쳐야 한다. 이 과정에서 학생들은 신뢰성 있는 역사 정보를 선택하고 분석하여 해당 정보들이 지닌 역사적 의미를 추론한다. 또한, 역사 증거를 토대로 역사를 해석해 보고 판단해 보는 능력을 길러야 한다. 이후 학생들은 자신의 역사해석을 시, 노래, 그림, 만화, 글 등, 다양한 방식으로 표현한다(역사적 서사 구성). 이러한 전 과정(질문 생성, 증거 활용 및 해석, 서사 구성 및 표현 과정)에서 교사는 학생들이 역사적 지식을 활용할 수 있도록 자료를 제공하고 격려해야 한다.

3) 시민 가치·태도·성향

역사에 대한 관심과 흥미를 갖게 하고 타인의 역사해석을 존중하려는 태도를 지니게 하기 위해 설정한 내용 요소이다. 우선 역사에 대한 관심과 흥미는 '결과적 지식'의 '무조건적 습득'이 아닌, 역사 탐구와 상상이라는 '과정적·절차적 지식'의 '능동적 학습'을 통해 형성된다. 이는 역사 그 자체에서 배우고 느낄 수 있는 내재적 동기이다. 다음으로, 타인의 역사 해석을 존중하는 태도는 역사해석의 절대성을 부정하고 상대성을 인정함으로써 배울 수 있다. 그렇기에 각각의 역사해석에 대해 존중하고, 각각이 지닌 의의와 한계점에 대해 살피며 고민해 보는 지속적 경험이 필요하다. 이러한 과정을 통해 학생들은 보다 나은 역사해석을 위해 노력하는 역사 인식의 주체로 거듭날 수 있다.

4) 시민 참여·행동·실천

공동체의 기억과 역사(과거)를 시사 문제(현재)와 연관 지어 성찰해 봄으로써, 학생들은 현재와 미래 삶을 개선하는 역사 행위의 주체로서 행동하고 실천할 수 있다. 구체적으로 학생들은 '과거 회고-현재 성찰-미래 전망'이라는 시간적 메커니즘 속에서 사회적으로 참여하고 행동하며 실천하는 삶을 살아간다. 이 과정에서 학생들은 스스로 역사적 시간 속에서 자신의 위치를 확인하고, 역사의 주체가 바로 자신임을 알게 된다.

4. 역사 시민성 함양을 위한 수업 구성 사례

1) 해당 학년 및 교과: 5학년 또는 6학년, 사회과 역사 영역

2) 수업 제재: 탐라 개국 신화 읽기

3) 학습 목표: 탐라 개국 신화 읽기를 통해 당시 생활상을 이해하고, 이를 토대로 현재 우리 삶을 성찰할 수 있다.

4) 단계별 교수·학습 활동 및 관련 [역사 시민성] 내용 요소

(1) 도입: 동기 유발 및 역사적 질문 생성 – '신화'를 어떻게 볼 것인가?
- 세부 활동 1: 알고 있는 신화 이야기해 보기
- 세부 활동 2: 신화를 읽으면 어떤 느낌이 드는지 이야기해 보기

(신화는 사실일까? 허무맹랑한 과장된 이야기일까?)

[도입] 단계는 동기를 유발하고 역사적 질문을 생성하는 단계이다. 우선, 학생들은 자신들이 알고 있는 신화에 관해 이야기해 본다. 그런 후, 그 신화들이 사실인지 아니면 허무맹랑한 과장된 이야기인지 생각해 본다. 낚시꾼이 낚은 물고기는 사람들의 입을 통해 전달되면서 점점 커지는 과장의 과정을 겪지만, 그 속에는 '물고기를 낚았다'라는 분명한 사실도 있다. 그렇기에 학생들은 과장된 표현으로 전해져 내려온 신화 속에도 역사적 '사실'이 숨겨져 있음을 알아야 한다.

〈표 8〉 [도입] 단계와 관련 있는 [역사 시민성] 내용 요소

시민 지식	• 각 시대의 모습에 반영된 당시 사람들의 생활상과 사고 방식
시민 숙의·기능	• 역사적 질문을 생성하여 해결 방안을 탐색하는 능력
시민 가치·태도·성향	• 역사에 대해 관심과 흥미를 가지려는 자세

(2) 활동 1: 고조선 건국 신화 읽기
- 세부 활동: 고조선 건국 신화에 나온 정보를 토대로 당시 생활 모습 살펴보기

[활동 1] 단계는 고조선 건국 신화에 나온 정보를 토대로 당시 생활 모습을 살펴보는 단계이다. 이를 달리 표현하면, '고조선 건국 신화 읽기'라고 할 수 있다. 이 활동에서 학생들은 〈고조선 건국 신화〉에 담긴 역사적

'사실 측면'을 찾아, 이것들이 당시 생활 모습과 관련하여 어떤 의미를 갖고 있는지 살펴본다([학생 활동지] 1번 문항 참조).

〈표 9〉 [활동 1] 단계와 관련 있는 [역사 시민성] 내용 요소

시민 지식	• 각 시대의 모습에 반영된 당시 사람들의 생활상과 사고 방식
시민 숙의·기능	• 신뢰성 있는 역사 정보를 선택, 분석, 추론하는 능력 • 역사 증거를 토대로 분석, 해석 및 판단하는 능력 • 질문 생성, 증거 활용 및 해석, 서사 구성 및 표현 과정에서 역사적 지식을 활용하는 능력
시민 가치·태도·성향	• 타인의 역사적 해석을 존중하려는 태도

(3) 활동 2: 탐라 개국 신화 읽기

• 세부 활동: 탐라 개국 신화에 나온 정보를 토대로 당시 생활 모습 살펴보기

[활동 2] 단계는 [활동 1]에서의 연습 경험을 토대로 탐라 개국 신화를 읽어보는 단계이다. 구체적으로 탐라 개국 신화에 나온 정보를 통해 당시 생활 모습을 살펴본다. 이 활동에서 학생들은 〈탐라 개국 신화〉에 담긴 '사실 측면'을 찾아, 이것들이 당시의 생활 모습과 관련하여 어떤 의미를 갖는지 살펴본다([학생 활동지] 2번 문항 참조). 특히, 이 단계에서 학생들은 〈탐라 개국 신화〉를 회고하며, '다문화 사회적 요소', '선주민과 이주민의 평화적 결합' 측면에 대해 살펴본다([학생 활동지] 2번 문항 참조).

〈표 10〉 [활동 2] 단계와 관련 있는 [역사 시민성] 내용 요소

시민 지식	• 각 시대에 반영된 당시 사람들의 생활상과 사고 방식
시민 숙의·기능	• 역사적 질문을 생성하여 해결 방안을 탐색하는 능력 • 신뢰성 있는 역사 정보를 선택, 분석, 추론하는 능력 • 역사 증거를 토대로 분석, 해석 및 판단하는 능력 • 질문 생성, 증거 활용 및 해석, 서사 구성 및 표현 과정에서 역사적 지식을 활용하는 능력
시민 가치·태도·성향	• 타인의 역사적 해석을 존중하려는 태도

(4) 활동 3: 탐라 개국 신화, 역사적 순서대로 배열하기

• 세부 활동: 탐라 개국 신화를 역사 발전 순서대로 배열하기

[활동 3] 단계는 탐라 개국 신화를 역사 발전 순서에 맞게 배열해 보는 단계이다. 신화는 당시 일어났던 역사적 사건들이 사람들의 입을 통해 전달되면서 과장되고, 시간적 배열 또한 뒤섞이게 된다. 이 때문에 사람들은 신화를 허구로 인식하는 경향이 크다. 그렇기에 신화 속에 담긴 역사적 사건들을 인과관계 또는 역사 발전 단계에 적합하게 배열해 봄으로써, 신화가 지닌 허구성을 제거할 필요가 있는 것이다. 이 과정에서 학생들은 '허구로서의 신화'가 아닌 '역사로서의 신화'를 구성해 본다([학생 활동지] 3번 문항 참조).

〈표 11〉 [활동 3] 단계와 관련 있는 [역사 시민성] 내용 요소

시민 지식	• 각 시대에 반영된 당시 사람들의 생활상과 사고 방식
시민 숙의·기능	• 신뢰성 있는 역사 정보를 선택, 분석, 추론하는 능력 • 역사 증거를 토대로 분석, 해석 및 판단하는 능력 • 역사적 서사를 구성하여 다양한 방식으로 표현하는 능력 • 질문 생성, 증거 활용 및 해석, 서사 구성 및 표현 과정에서 역사적 지식을 활용하는 능력
시민 가치·태도·성향	• 역사에 대해 관심과 흥미를 가지려는 자세 • 타인의 역사적 해석을 존중하려는 태도

(5) 활동 4: 탐라 개국 신화를 통해 현재 우리의 삶 성찰하기

• 세부 활동 1: 탐라 개국 신화에서 다문화 사회의 요소 찾아보기
• 세부 활동 2: '다문화 사회'와 관련하여 탐라 개국 신화로부터 배워야 할 점 살펴보기

[활동 4] 단계는 탐라 개국 신화를 통해 현재 우리의 삶을 성찰해 보는 단계이다. 이 부분은 앞서 논의한 '과거 회고 역량', '현재 성찰 역량', '미래 전망 제시 역량'이 모두 포함된 단계이다. 우선, 학생들은 〈탐라 개국 신화〉에서 다문화 사회의 요소들을 찾아본다. 그 속에서 선주민과 여러 이주민들이 평화적 연합 과정을 거쳐 탐라라는 나라를 건설하였음을 확인한다. 다음으로, '다문화 사회'와 관련하여 현재를 사는 우리가 〈탐라 개국 신화〉로부터 무엇을 배워야 할지 생각해 본다([학생 활동지] 4번 문항 참조).

이 과정에서 학생들은 다음의 세 가지 내용을 정리한다. 첫째, 탐라가 다른 문화를 배척하지 않고 적극적으로 수용하여 발전한 나라라는 점을 밝혀낸다(과거 회고). 둘째, 다문화적 성격이 심화되고 있는 현대 사회에서 우리는 탐라처럼 다른 문화를 존중하고 있는지 성찰해본다(현재 성찰). 셋째, 보다 나은 미래를 위해 평화를 지향하고 다른 문화를 존중해야 함을 깨달으며, 이를 실천하기 위해 노력한다(미래 전망 제시).

〈표 12〉 [활동 4] 단계와 관련 있는 [역사 시민성] 내용 요소

시민 지식	• 각 시대에 반영된 당시 사람들의 생활상과 사고 방식
시민 숙의·기능	• 역사적 질문을 생성하여 해결 방안을 탐색하는 능력 • 신뢰성 있는 역사 정보를 선택, 분석, 추론하는 능력 • 역사 증거를 토대로 분석, 해석 및 판단하는 능력 • 역사적 서사를 구성하여 다양한 방식으로 표현하는 능력 • 질문 생성, 증거 활용 및 해석, 서사 구성 및 표현 과정에서 역사적 지식을 활용하는 능력

시민 가치·태도·성향	• 타인의 역사적 해석을 존중하려는 태도
시민 참여·행동·실천	• 공동체 기억과 역사를 시사 문제와 관련지어 성찰하며 삶을 개선하기 • 역사적 시간 속에서 자기의 위치를 확인하고, 역사적 행위 주체로서 행동하기 • 역사에 성찰적으로 접근하여 역사적 주체로서 실천하는 삶

(6) 마무리: 신화의 의미, 신화 읽는 방법 확인하기

[마무리] 단계에서는 우선, 앞서 배웠던 '신화의 의미'를 자신만의 언어로 정리한다. 예컨대, 학생들은 다음과 같은 표현으로 신화를 정리할 수 있다. '신화에는 과장된 표현이 있고 순서도 뒤섞여 있지만, 그 안에는 여러 역사적 사건들이 들어 있고 이를 통해 당시 사람들의 생활 모습을 살펴볼 수 있다.' 마지막으로 학생들은 신화를 통해 현재 우리 삶을 반성하고 미래에 대한 전망을 제시할 수 있음을 확인한다.

참고문헌

교육부(2022), 교육부 고시 제2022-33호. [별책 7] 개정 사회과 교육과정. 세종: 교육부.
김한종(2017a), 민주사회와 시민을 위한 역사교육, 서울: 서울대학교출판문화원.
김한종(2017b), 10대에게 권하는 역사, 서울: 글담출판.
류현종(1999), 초등학교 사회과에서의 전통문화 학습: 역동적 전통관에 따른 교재 구성을 중심으로, 한국교원대학교 대학원 석사학위논문.
송상헌(2010), 역사 인식에서 미래 전망의 역사교육적 의미, 역사교육, 115, pp.1-31.
Burston, W. H.(1972), *Principles of History Teaching*, Londod: Methuen and Co. Ltd.
Carr, E. H. (1961), *What is history?*, 김택현 역(2000), 역사란 무엇인가, 서울: 까치.
Carr, E. H. (1961), *What is history?*, 다문독서연구회 역(1991), 역사란 무엇인가, 서울: 다문.
Rogers, P. J.(1984), Why teach History, Dickson, A. K. & Lee, P. J. eds., *Learning History*, London; Exeter, NH: Heinemann Educational Books.
국가기록원, "다문화사회", https://www.archives.go.kr/theme/next/koreaOfRecord/MultiSociety.do(2024.04.01.).
국립국어원 표준국어대사전, "회고(回顧)", https://stdict.korean.go.kr/search/searchView.do(2024.03.29.).

[부록 1] 수업 관련 사전 조사지

역사 수업 관련 사전 조사지					
학년 반		번호		이름	

학생 여러분 안녕하세요. 0월 0일 역사수업을 준비하기 위해 여러분이 알고 있는 것을 미리 알아보기 위해, 다음 내용을 조사하려 합니다.
꼼꼼하게 답해주면 수업을 준비하는 데 많은 도움이 될 것입니다.

1. 다음 용어 중, 들어본 적이 있는 것에 'O' 표시해 주세요.

분야	용어	'O' 표시	용어	'O' 표시
신화 관련	고조선 건국 신화		단군 신화	
	탐라 개국 신화		삼성 신화	
고조선 건국 신화 관련	환인		환웅	
	고조선		단군	
	바람, 비, 구름을 다스리는 신하		하늘에서 인간 세상으로 내려옴	
	곰		호랑이	
	단군		단군왕검	
탐라개국 신화관련	고·양·부 (고양부로 들어보았으면 고양부에 'O'표시)		양·고·부 (양고부로 들어보았으면 양고부에 'O'표시)	
	모흥혈		삼성혈	
	벽랑국		소, 말, 다섯 가지 씨앗	
	세 신인(고·양·부)과 벽랑국 세 처녀의 결혼		혼인지	
	삼사석		일도동, 이도동, 삼도동	
	농사			
역사 선행지식	구석기시대		신석기시대	
	청동기시대		철기시대	

2. 내가 알고 있는 내용을 간단하게 써 봅시다.

※ 아무것도 모르면 '잘 모름'이라고 쓰세요.
※ 조금이라도 알고 있으면 아는 만큼 쓰세요.
※ 많이 알고 있으면, 아는 것을 최대한 많이 쓰세요.

1) 고조선 건국 신화

_____
_____
_____
_____

2) '탐라 개국 신화' 또는 '삼성 신화'

_____
_____
_____
_____

3) 구석기 시대

_____
_____
_____
_____

4) 신석기 시대

5) 청동기 시대

[부록 2] 교수·학습 과정안

<table>
<tr><td colspan="4" align="center">사회과 교수·학습 과정안</td></tr>
<tr><td>단원</td><td>1. 옛 사람들의 삶과 문화 ❶ 나라의 등장과 발전</td><td>담당교사</td><td>○ ○ ○</td></tr>
<tr><td>제재</td><td>탐라 개국 신화 읽기</td><td>학반</td><td>5학년 ○반</td></tr>
<tr><td rowspan="2">학습목표</td><td rowspan="2">탐라 개국 신화 읽기를 통해 당시 생활상을 이해하고, 이를 토대로 현재 우리 삶을 성찰할 수 있다.</td><td>일시</td><td>.</td></tr>
<tr><td>장소</td><td>5학년 ○반 교실</td></tr>
<tr><td>수업 자료</td><td colspan="3">· 교사: 프리젠테이션 자료, 활동지
· 학생: 교과서, 필기구</td></tr>
<tr><td>단계</td><td colspan="2">교수·학습활동
(세부 활동: · / 교사 답변 및 활동: [교] /
학생 답변 및 활동: [학])</td><td>역량(♣), 자료(★)
유의점 (※)</td></tr>
<tr><td>[도입]
동기유발
및
역사적
질문 생성</td><td colspan="2">◈ 동기 유발 및 역사적 질문 생성: '신화'를 어떻게 볼 것인가?
· 알고 있는 신화 이야기해 보기
[학] 고조선 건국 신화, 그리스 로마 신화, 탐라 개국 신화(삼성 신화) 등

· 신화를 읽으면 어떤 느낌이 드는지 이야기해 보기. 신화는 사실일까? 허무맹랑한 과장된 이야기일까?
[학] 허무맹랑한 과장된 이야기, 역사적 사실이 조금은 있는 이야기 등
[교] 신화에는 과장된 표현이 있을 수 있음. 수 천 년 동안 입에서 입으로 전해져 내려왔기 때문. 낚시하는 사람들이 낚은 물고기의 크기를 생각해 보면, 낚은 물고기가 점점 커지는 것을 알 수 있음.
[교] 그러나, 신화에는 분명 역사적 차원의 '사실'이 숨겨져 있음. 낚시꾼이 낚은 물고기 크기는 비록 과장되었을지라도, '물고기를 낚았다는 것'은 사실이듯, 신화에도 분명한 역사적 '사실'이 숨겨져 있음.
[교] 그렇다면 우리는 신화를 어떻게 읽어야 할까?
[학] 신화 속에 숨겨진 '역사적 측면'을 찾아내야 함.</td><td>★ PPT

※ 건국 및 개국 신화 또한 사료 중 하나임을 알게 하고, 이 과정에서 역사적 질문을 생성해야 함을 강조한다.</td></tr>
<tr><td>[전개]
활동 1</td><td colspan="2">◈ 활동 1. 고조선 건국 신화 읽기
· 고조선 건국 신화에 나온 정보를 토대로 당시 생활 모습 살펴보기
[교] 〈고조선 건국 신화〉에서 '역사적인 측면' 찾아보기
  다음 내용이 어떤 의미를 가지고 있을지 이야기해보기
  ① '하늘을 다스리는 환인의 아들 ~ 인간 세상에 내려와'
[학] '하늘에서 내려왔다' = 고귀한 신분 = 선민의식(선택 받은 부족과 민족의 의미)
  ② '환웅은 바람, 비, 구름을 다스리는 신하들을 거느리고'</td><td>♣ 과거 회고 역량
★ PPT / 활동지1번

※ 학생들이 사료(고조선 건국 신화)에 나온 정보를 토대로 당시 생활 모습을 분석하고 추론해 볼 수 있도록 지도한다.</td></tr>
</table>

[전개] 활동 1	[학] 바람, 비, 구름은 농사와 관련 있음 = 고조선 사회가 농경사회였음을 알 수 있음. ③ '사람이 되고 싶은 곰과 호랑이가 환웅을 찾아왔습니다.', '곰은 잘 참고 견뎌 여자의 몸이 되었지만, 호랑이는 참지 못하고 도망갔습니다.' [학] 곰을 받드는 부족과 호랑이를 받드는 부족이 고조선과 연합하고 싶어했음. = 곰 토템: 농경 민족 & 호랑이 토템: 유목 민족 = 고조선은 유목 민족이 아닌 농경을 주로 하는 민족과 힘을 모았음. ④ '환웅은 곰이었다가 사람이 된 여인과 혼인해 아들을 낳았습니다' [학] 고조선과 곰을 받드는 부족이 결혼을 토대로 연합(혼인 동맹) ⑤ '그 아들이 단군왕검입니다. 단군왕검은 나라를 세우고 이름을 조선이라 했습니다.' [학] 단군왕검이라는 사람이 나라를 세우고 나라 이름을 조선이라고 했음. [교] 단군=제사장, 왕검=정치 지도자 → 제사를 지내는 사람이 곧 나라를 다스렸던 지배층이었음(제정일치사회)	
[전개] 활동 2	◆ 활동 2. 탐라 개국 신화 읽기 • 탐라 개국 신화에 나온 정보를 토대로 당시 생활 모습 살펴보기 [교] 3학년 때 배운 우리 고장의 신화, 탐라라는 나라가 열리게 된 신화, 〈탐라 개국 신화〉에서 '역사적 측면' 찾아보기. 다음 내용이 어떤 의미를 가지고 있을지 이야기해 보기. 옛 제주에는 ① 고·양·부, 세 신인이 ② 모흥혈(지금의 삼성혈)에서 솟아나 ③ 거친 들녘에서 사냥하고 살았습니다. 어느 날 바닷가에 커다란 나무 상자가 떠 내려와 상자를 열어보니 ④ 소와 말, 다섯 가지의 씨앗과 함께 푸른 옷을 입은 ⑤ 벽랑국의 세 공주가 있었습니다. ⑥ 세 신인은 벽랑국 공주와 혼인을 하고, ⑦ 각자 살 곳을 정하기 위해 활을 쏘았다고 합니다. ⑧ 화살이 날아가 떨어진 곳을 일도, 이도, 삼도라고 했습니다. 세 신인은 그곳에서 정착하여 ⑨ 농사도 짓고 소와 말을 기르며 살기 시작했다고 합니다. 지금의 일도동, 이도동, 삼도동의 이름은 탐라국 개국 신화와 관련이 있습니다. 세 신인이 활을 쏘아 맞힌 돌인 삼사석은 오랜 시간이 흐른 뒤에 한 곳에 모아 삼사석을 기념하는 비석과 함께 지금처럼 보관하게 되었습니다. ① '고·양·부(양·고·부) 세 신인'의 출현 [학] '고·양·부, 세 신인의 출현 = 제주로 이주해 온 집단 (B.C.3세기~A.D.1세기 경, 소 빙하기 → 훈족 침입 → 한나라에 영향 → 고조선 멸망 → 고조선 인근 부족·민족들의 이동 → 탐라(고올라=고구려의 족장, 양올라=양맥족의 족장, 부올라=부여족의 족장)	♣ 과거 회고 역량 ★ PPT / 활동지2번 ※ 학생들이 교사가 제시한 여러 사료(탐라 개국 신화와 관련된 사료들)에 나온 정보를 토대로 당시 생활 모습을 분석하고 추론해 볼 수 있도록 지도한다.

[전개] 활동 2	② '모흥혈(지금의 삼성혈)에서 솟아나' [학] '모흥'='모으다'. 세 부족이 모여 평화적으로 연합하여 탐라국 건설 ③ '거친 들녘에서 사냥하고 살았습니다.' [학] 수렵 및 채집 사회 = 구석기 시대 ④ '소와 말, 다섯 가지의 씨앗과 함께' [학] 농사와 목축 시작, 이주민인 '벽랑국' 집단이 농경문화 전달 = 신석기시대 시작 ⑤ '벽랑국' [학] '벽랑국'(일본국?) = 지금의 전라도 지역으로 추정 가능 (옛 마한지역, '벽랑국'=파랑바다국=청해국=벽파진 등의 지명으로부터 추정 가능) ⑥ '세 신인은 벽랑국 공주와 혼인을 하고' [학] 결혼 연합(혼인 동맹 = 평화적 연합) ⑦ '각자 살 곳을 정하기 위해 활을 쏘았다' [학] 평화적 연합 ⑧ '화살이 날아가 떨어진 곳을 일도, 이도, 삼도라고 했습니다' [학] 세 부족 연맹국가로 탐라국 시작 ⑨ '농사도 짓고 소와 말을 기르며 살기 시작' [학] 신석기시대 시작	♣ 과거 회고 역량 ★ PPT / 활동지2번 ※ 학생들이 교사가 제시한 여러 사료(탐라 개국 신화와 관련된 사료들)에 나온 정보를 토대로 당시 생활 모습을 분석하고 추론해 볼 수 있도록 지도한다.
[전개] 활동 3	◆ 활동 3. 탐라 개국 신화, 역사적 순서대로 배열하기 • 탐라 개국 신화를 역사 발전 순서대로 배열하기 [교] 탐라 개국 신화를 역사 발전 순서에 맞게 배열해 보기. 구석기시대는 수렵채집사회, 신석기시대는 농경사회, 고조선시대는 청동기~철기사회라는 특징을 지니고 있음. 이에 따라 다음의 4가지 신화 속 사건을 순서대로 배열해 보기 ① 고양부 삼신인의 출현 ② 신화에 나오는 수렵 채집 ③ 벽랑국 처녀의 이주 ④ 모흥혈에서 솟아나 활을 쏘아 살 곳을 정함 [학] ①은 고조선 멸망 이후 이주한 집단이기에 청동기 또는 철기시대에 해당함. ②는 '수렵 채집을 하는 시기'이므로 구석기시대에 해당함. ③은 '농경사회 시작'과 관련된 시기이므로 신석기시대에 해당함. ④는 탐라가 개국한 시기이므로 가장 늦은 시기인 듯 함. 역사 발전 순서에 맞게 배열하면 ②→③→①→④임.	♣ 과거 회고 역량 ★ PPT / 활동지3번 ※ 학생들이 구석기대부터 청동기~철기시대까지의 특징을 토대로 사료(탐라 개국 신화)에 나온 내용을 순서에 맞게 배열해 볼 수 있도록 지도한다.

[전개] 활동 4	◈ 활동 4. 탐라 개국 신화를 통해 현재 우리의 삶 성찰하기 • 탐라 개국 신화에서 다문화 사회의 요소 찾아보기 [교] '다문화 사회'란 민족이나 인종 또는 문화적으로 다원화 되어 있는 사회로, 한 국가나 사회 속에 여러 다른 생활양식이 존재함을 의미함(출처: 국가기록원, https://www.archives.go.kr/theme/next/koreaOfRecord/MultiSociety.do). [교] 탐라 개국 신화에서 다문화 사회의 요소 찾아보기 [학] 양·고·부 세 신인이 땅에서 솟아남. 양맥족, 고구려족, 부여족이라는 이주민이 탐라에 들어온 것으로 생각할 수 있음. / 벽랑국 세 처녀와 삼신인의 결혼. 탐라국과 벽랑국의 혼인동맹으로 볼 수 있음. [교] 탐라 개국 시기에 다른 민족(또는 부족, 또는 국가)과 어떤 관계를 맺었는지 생각해 보기. [학] 양·고·부 세 신인이 살 곳을 정하기 위해 활을 쏨 = 평화적 연합을 통해 탐라국 건설 / 벽랑국 세 처녀와 삼신인의 결혼 = 혼인을 통한 평화로운 연합 / 벽랑국으로부터 소와 말, 다섯 가지 씨앗 수용 = 다른 문화를 배척하지 않고 적극적으로 수용하여 탐라 사회를 발전시킴 • '다문화 사회'와 관련하여 탐라 개국 신화로부터 배워야 할 점 살펴보기 [교] '다문화 사회'와 관련하여, 탐라 개국 신화로부터 현재 우리가 배워야 할 점 이야기해 보기 [학] 다른 나라와의 평화적 연합 / 다른 문화를 배척하지 않고 적극적으로 수용하여 탐라 사회를 발전 시킨 점 [학] 우리 사회도 '다문화 사회'인데 보다 수용적인 자세 갖도록 노력하기. 우리나라에 온 다른 나라 사람들을 차별하거나 혐오하는 경우가 많은데, 이런 점을 나부터 먼저 반성하고 고치기	♠ 과거 회고 역량 / 현재 성찰 역량 / 미래 전망 제시 역량 전망 제시 역량 ★ PPT / 활동지4번 ※ 학생들이 탐라 개국 신화에서 다문화 사회의 요소를 찾은 후, 그 속에서 현재의 우리가 배워야 할 점이 무엇인지 생각해 볼 수 있도록 지도한다.
[마무리]	◈ 정리. 신화의 의미, 신화 읽는 방법 확인하기 • 신화의 의미와 신화 읽는 방법 이야기해 보기 [교] 신화의 의미 이야기해 보기 [학] 신화에는 과장된 표현이 있지만 그 속에는 역사적 사건, 당시의 모습이 담겨 있음. [교] 신화 읽는 방법 이야기해 보기 [학] 신화 속에 담긴 사실을 당시 시대상황과 연관지어 파악하기 / 신화 속에 담긴 사실을 시대순으로 배열하며 읽어보기 / 신화를 통해 현재 우리의 삶 반성하기 등	

[부록 3] 수업 활동지

탐라 개국 신화 활동지					
학년 반		번호		이름	

1. 고조선 건국 신화를 역사적으로 읽어봅시다.

밑줄 친 ① ~ ⑤번에는 어떤 역사적 의미가 숨겨져 있을지 생각해 봅시다.

① 하늘을 다스리는 환인의 아들 ② 환웅은 바람, 비, 구름을 다스리는 신하들을 거느리고 ① 인간 세상에 내려와 사람을 다스렸습니다.
　어느 날 ③ 사람이 되고 싶은 곰과 호랑이가 환웅을 찾아왔습니다. 환웅은 쑥과 마늘을 먹으면서 백 일 동안 햇빛을 보지 않으면 사람이 될 것이라고 말했습니다.
　③ 곰은 잘 참고 견뎌 여자의 몸이 되었지만, 호랑이는 참지 못하고 도망갔습니다. ④ 환웅은 곰이었다가 사람이 된 여인과 혼인해 아들을 낳았는데, ⑤ 그 아들이 단군왕검입니다. 단군왕검은 나라를 세우고 이름을 '조선'이라 했습니다.

『삼국유사』(아이스크림, 사회 5-2, 11쪽)

번호	신화 속 내용	역사적 의미
①	하늘을 다스리는 환인의 아들 인간 세상에 내려와 사람을 다스렸다.	
②	환웅은 바람, 비, 구름을 다스리는 신하들을 거느리고	
③	사람이 되고 싶은 곰과 호랑이가 환웅을 찾아왔습니다. 곰은 잘 참고 견뎌 여자의 몸이 되었지만, 호랑이는 참지 못하고 도망갔습니다.	

④	환웅은 곰이었다가 사람이 된 여인과 혼인해 아들을 낳았습니다.	
⑤	그 아들이 단군왕검입니다. 단군왕검은 나라를 세우고 이름을 '조선'이라 했습니다.	

2. 선생님의 이야기를 들으며, 탐라 개국 신화를 역사적으로 읽어봅시다.

밑줄 친 ① ~ ⑨번에는 어떤 역사적 의미가 숨겨져 있을지 생각해 봅시다.

> 옛 제주에는 ① 고·양·부, 세 신인이 ② 모흥혈(지금의 삼성혈)에서 솟아나 ③ 거친 들녘에서 사냥하고 살았습니다. 어느 날 바닷가에 커다란 나무 상자가 떠 내려와 상자를 열어보니 ④ 소와 말, 다섯 가지의 씨앗과 함께 푸른 옷을 입은 ⑤ 벽랑국의 세 공주가 있었습니다.
> ⑥ 세 신인은 벽랑국 공주와 혼인을 하고, ⑦ 각자 살 곳을 정하기 위해 활을 쏘았다고 합니다. ⑧ 화살이 날아가 떨어진 곳을 일도, 이도, 삼도라고 했습니다. 세 신인은 그곳에서 정착하여 ⑨ 농사도 짓고 소와 말을 기르며 살기 시작했다고 합니다. 지금의 일도동, 이도동, 삼도동의 이름은 탐라국 개국 신화와 관련이 있습니다.
> 세 신인이 활을 쏘아 맞힌 돌인 삼사석은 오랜 시간이 흐른 뒤에 한 곳에 모아 삼사석을 기념하는 비석과 함께 지금처럼 보관하게 되었습니다.

번호	신화 속 내용	역사적 의미
①	양·고·부(고·양·부) 세 신인의 출현	
②	모흥혈에서 솟아나	

③	거친 들녘에서 사냥하고 살았습니다.	
④	소와 말, 다섯 가지의 씨앗과 함께	
⑤	벽랑국	
⑥	세 신인은 벽랑국 공주와 혼인을 하고	
⑦	각자 살 곳을 정하기 위해 활을 쏘았다.	
⑧	화살이 날아간 곳을 일도, 이도, 삼도라 했다.	
⑨	농사도 짓고 소와 말을 기르며 살기 시작	

3. 탐라 개국 신화를 역사적 순서에 맞게 배열해 봅시다.

번호	신화 속 내용	역사적 의미	역사적 순서 (번호쓰기)
①	양·고·부 삼신인이 모흥혈에서 출현했다.	양맥족, 고구려족, 부여족이 탐라로 이주하였다.	
②	양·고·부 삼신인이 사냥을 하며 살았다.	수렵·채집을 주로 하는 사회였다.	

③	벽랑국 처녀가 소와 말, 다섯 가지 종류의 씨앗을 가지고 왔다.	농경과 목축을 시작하였다.	
④	활을 쏘아 살 곳을 정하였다.	여러 부족이 평화적으로 연합하여 탐라국을 건설하였다.	

4. 탐라 개국 신화를 통해 현재 우리의 삶 성찰해 보기

1) 탐라 개국 신화에서 다문화 사회의 요소 찾아보기

다문화 사회란 '민족이나 인종 또는 문화적으로 다원화 되어 있는 사회로, 한 국가나 사회 속에 여러 다른 생활양식이 존재하는 것'을 의미합니다. 관련하여, 탐라 개국 신화에서 '다문화 사회'의 요소들을 찾아본 후, 그것이 어떤 점에서 다문화 사회와 관련이 있는지 자신의 생각을 써 봅시다.

번호	다문화 사회의 요소	다문화 사회와 관련 있는 이유
①		
②		

2) '다문화 사회'와 관련하여 탐라 개국 신화로부터 배워야 할 점이 무엇인지, 현재 우리의 삶과 비교하여 생각해 보기

배워야 할 점	현재 우리의 삶 반성하기

모드락 시민교육의 방법

제7장 시민 행위주체성과 '앎-삶'의 순환 학습 — 류현종
제8장 글로컬 시민성 교육과 제주 지역의 사례 — 박성근

제7장

시민 행위주체성과 '앎-삶'의 순환 학습

류현종

1. 지식을 회복하는 학습

1) 다시, 계몽: 과감히 알려고 하라!

계몽이란 인간이 스스로의 잘못으로 초래한 미성년 상태로부터 벗어나는 것이다. 미성년 상태란 다른 사람이 이끌어주지 않으면 자신의 지성을 사용할 수 없는 무능력 상태를 말한다. 이러한 미성년 상태의 원인이 지성의 결핍 때문이 아니고 다른 사람의 지도를 받지 않고서 지성을 사용할 결단력과 용기의 결핍 때문이라면 미성년 상태는 스스로의 잘못으로 초래한 것이다. 과감히 알려고 하라! 자기 자신의 지성을 사용할 용기를 가져라! 이것이 계몽의 슬로건이다(Kant, 1784, 임홍배 역, 2020: 28).

사페레 아우데(Sapere Aude)! 과감히 알려고 하라! 240년 전 이마뉴엘 칸트(Immanuel Kant)가 외쳤던 구호는 현재를 살고 있는 우리에게 큰 울림을 준다. 우리는 미성숙한 상태를 벗어나 세상에 눈을 떠야 한다. 이성을 활용해야 하는데, 용기가 필요하다. 그래야 남의 지도 없이 스스로 생각하고 행동하는 주체로 살아갈 수 있다. '계몽'이란 말은 칸트의 취지와 다르게, 타자를 지배하고 억압하는 도구로 사용되었다. 계몽된 자/성숙한 자가 계몽되지 않은 미성숙한 자의 눈을 뜨게 하여 세상을 볼 수 있게 한다는 논리가 자연스럽게 생겨났다. 계몽이란 개념을 중심으로 서열과 위계가 매겨졌다. 결국, 계몽을 통해 지배자 언어와 표준에 따라 생각하고 행동하는 수동적인 존재를 만들어냈다. 칸트가 외쳤던 계몽의 구호를 다시 꺼낸 것은 복잡다단한 현재 세상에서 깨어 있는 시민으로 사는데 필요한 기본 조건을 생각하기 위해서다.

　TMI. 'Too Much Information'을 줄인 말이다. 대화 주제에 집중하지 않고 개인사를 늘어 놓을 때, 필요 없는 정보를 너무 많이 방출한다는 뜻으로 쓴다. TMI가 개인의 발화나 대화 성향을 나타내는데 주로 쓰이기는 하나, 현대 사회 특성을 요약하기도 한다. 다양한 미디어가 발달하면서 '너무 많은 정보들'에 노출되어 우리는 감당하기 힘든 지경에 놓이게 되었다. 그래서 다른 사람의 관심과 참여를 이끌어 특정 생각과 행동을 유도하기 위해서 '주의력'에 초점을 두게 되었다. 주의력 경제에 성공한 사람은 제일 큰 도서관이나 좋은 콘텐츠에 접근하는 사람이 아니다. 자기 주의력을 적절히 활용하는 방법을 알고 타인의 주의력을 끌고 유지할 수 있는 사람이다(Shaffer, 2019, 김선 역, 2021). 정보 통제를 넘어서 주의력 통제가 힘이 되는 세상이 된 것이다.

　우리는 너무 바쁜 나날을 보내고 있다. 긴 호흡으로 긴 기사를 읽을 수 없다. 차분하게 앉아서 정치 연설 전문이나 정책 설명을 살피지 않는다. 해외 뉴스를 찬찬히 살필 수도 없다. 딱 한 입 크기로 제공되는 정보를 선호하므로, 장문 형식의 저널리즘은 한 줄 뉴스와 트위터 피드에 자리를 내주게 되었다(Macdonald, 2017, 이지연 역, 2018: 121). 그나마 제공되는 작은 파편의 정보도 소화하지 못하는 경우가 많다. 전체 맥락을 상실한 정보의 파편을 접하다 보니, 실제 무슨 일이 벌어지고 있고, 이 일이 어떤 의미를 지니는지 모르는 채, 여러 사건, 발언, 발표 등에 반응한다. "여론을 형성할 때 객관적 사실보다 개인적인 신념과 감정에 호소하는 것이 더 큰 영향력을 발휘하는" '탈진실(Post-Truth)'시대에 살게 되었다(McIntyre, 2018, 김재경 역, 2019: 7-8).

뇌의 특성 상, 우리는 이용 가능한 정보를 모두 받아들여 일상 현실을 이해하지 않는다. 들어오는 정보를 단순하게 만들고 선별할 수 밖에 없다. 세상의 어떤 면을 골라 현실로 보는지는 사람마다 다르다. 무의식 중에 있는 나의 관심사와 편향, 지금 머릿속에 있는 생각을 기준으로 현실이라는 표본을 수집한다. 나에게 의미 있거나 내 사고방식에 초점을 두어 내 세계관과 충돌하는 생각과 데이터를 무시하고, 의도적으로 내가 추구하는 것과 맞는 측면을 골라서 수집한다(Macdonald, 2017, 이지연 역, 2018: 50-51). 전체 맥락과 다양한 목소리에 주목하지 않으면 협소한 출처에 국한하여 세상을 볼 수 밖에 없다. 나와 같은 사람들과 대화를 하고, 내 신념과 모순되는 생각과 데이터는 외면하게 된다. 선택적인 밑그림만으로 중요 이슈를 바라보기 때문에 전체 그림을 볼 수 없는 '확증 편향'의 굴레에 빠지게 된다(Macdonald, 2017, 이지연 역, 2018: 55-56).

전체 그림을 보기보다는 자신이 보고 싶은 그림을 보는 우리의 특성을 교묘하게 이용하여 선동하는 다양한 체제와 기제 속에서 우리는 지성을 회복해야 한다. 지성은 지식의 맥락을 읽어 내는 능력이다. 반지성은 그 맥락을 의도적으로 왜곡하거나 짜깁기한다. 무지성은 자신의 주장이 가져올 결과를 전혀 고려하지 않는 것이다(현병호, 2021: 7, 12). 우리는 탈진실적 관점이 정당한지 의문을 제기해야 한다. 사람들의 기분과 선호를 부추기며 제시되는 정보와 정책에 부화뇌동할 수 없다. 실제 진상이 무엇인지, 실질적으로 효과 있는 정책인지 점검해야 한다. '그럴 것 같다'는 막연한 느낌과 감으로 반응하지 않아야 한다. 보다 합리적인 검증 기준을 받아들이는 훈련이 필요하다(McIntyre, 2018, 김재경 역, 2019: 11). 우리의 지적 능력을 떨어트리는 사이비 종교인들, 음모론자들, 가짜뉴스 퍼뜨리는 사람들의 권력 놀음에 속지 않으려면 기본 지식과 교양을 갖추는 것에서 한 발 더 나아가야 한다. 사회적 소통 능력을 길러야 한다. 고립되지 않고 사회적 맥락 속에 존재하는 사람은 맥락이 거세된 정보에 휘둘리지 않기 때문이다(현병호, 2021: 11). 탈진실, 반지성, 무지성의 시대에서 슬기로운 시민으로 살아 가려면, 기꺼이 그리고 과감히 알려고 해야 한다. 시민교육을 생각하면서 다시, 계몽을 외치는 이유이다.

2) 지식 그리고 숙의 있는 참여

4차산업혁명의 구호 속에서 역량(competency)이 강조되고 있다. 2015 개정 교육과정에서 자기관리 역량, 지식정보처리 역량, 창의적사고 역량, 심미적감성 역량, 협력적소통 역량, 공동체 역량 등 6가지 핵심 역량을 설정하고, 학교 교육의 전 과정에서 역량을 기르도록 하였다. 각 교과 활동은 교과 역량을 통해서 핵심 역량을 기르도록 구상되었다. 개별 교과의 맥락에서 역량은 학습자가 교과를 배웠을 때 응당 보여주어야 할 교과 고유의 지식, 기능, 가치·태도를 수행으로 표출하도록 하는 능력이다(소경희, 2015: 208). 내면화된 가치·태도를 바탕으로 배운 지식들이 기능과 작동하여 체화되고 문제 상황과 관련한 수행이 자동으로 일어날 수 있어야 한다. 역량을 키우는데 사실 지식과 개념 지식은 여전히 필수 요소라 할 수 있다. 지식을 외면하고 역량을 마치 저장할 수 있는 목록이나 자산으로 생각하는 경우가 많다.

전문가는 전공 분야의 문제와 상황에서 피상적인 특징이 아닌 기능을 파악한다. 그 기능을 이해하면 정보가 많아도 중요한 것에 집중하여 합당하고 일관된 답을 제시하고 지식을 다른 분야에 전이할 수 있다(Willingham, 2009, 문희경 역, 2011: 188). 과연 전문가와 같이 생각하고 행동하도록 학생들을 가르칠 수 있을까? 흔히, 특정 분야의 전문가들이나 학자들 같이 생각하고 행동하게 하려고 학생들에게 전략과 요령을 가르치곤 한다. 예컨대, 비판적사고(혹은 창의적사고) 전략과 요령을 활용하면 근육처럼 사고 능력이 강화된다는 믿음 때문이다. 그러나 사고 능력은 배경 지식이 있어야 기를 수 있다(Christodoulou, 2014, 김승호 역, 2018: 144). 학생들이 '국가 폭력'과 '저항'이라는 개념을 익히고 역사 자료를 해석하는 일반 절차를 배웠다고 1947년 3월 1일에서 1954년 9월 21일에 이르는 제주4·3 사건을 이해할 수 있는 것은 아니다.

장기기억에 보관되어 있는 지식과 기억으로부터 그 지식을 검색하는 연습을 통해 우리는 능력이 있다는 것을 이해할 수 있다. 어떤 지식의 일부를 검색하는 일반적인 능력이 아니라 특별한 지식의 일부를 검색하는 연습이 중요하다. 학생들이 지식을 기억하고 기억에서 지식을 검색하는 것을 연습한다면 역량 있게 수행할 수 있는 것이다(Christodoulou, 2014, 김승호 역, 2018: 148). 전문가는 실용적인 배경지식을 풍부하게 습득하고 정신과정을 자동화해서 작업기억의 공간을 절약하며, 연구 문제에 관해 추상적인 대화를 나눈다(Willingham, 2009, 문희경 역, 2011: 187). 특정 분야에서 10년을 공들여야 전문가가 된다는 '10년 법칙'이 말해주듯, 배경지식을 익히고 작업 절차를 자동화하는 과정을 습득하는 오랜 기간의 연습 없이는 전문가가 될 수 없다(Willingham, 2009, 문희경 역, 2011: 191-192). 고통스런 노력 없이 전문가가 될 수 있다고 상상할 수 없으며, 학습의 기적도 바랄 수 없다(Christodoulou, 2014, 김승호 역, 2018: 146-147).

2022 개정 교육과정에서는 '역량' 강조로 소홀히 했던 '배경지식'을 익히고 '자동 과정'을 습득하는데 초점을 둔다. 교육과정 구성의 중점 중 "마. 교과 교육에서 **깊이 있는 학습**을 통해 **역량을 함양**할 수 있도록 교과 간 연계와 통합, 학생의 삶과 연계된 학습, 학습에 대한 성찰 등을 강화한다."(교육부, 2022: 5, **굵은 글씨** 필자 강조)에 주목해 보면, 역량을 '깊이 있는 학습'을 통해서 기르려고 한다. 그렇다면, 제주4·3을 깊이 있게 이해한다는 것은 무엇일까?

1. 제주4.3과 관련된 연도, 인물, 장소를 안다.
2. 제주4.3 기념관에서 제주4.3 관련 사건을 정리한다.
3. 제주4.3 관련 사건의 인과관계를 생각하며 연표를 만든다.
4. 제주4.3을 어떤 가치(인권, 평화, 국가 폭력에 저항, 인간 존엄, 국가 책임)로 바라볼 수 있는지 궁리한다.
5. 제주4.3 관련 행위자들에 감정이입하여 당시 사람들의 생각과 감정을 이해한다.
6. 제주4.3에 대해 역사적 의미를 구성하고 다양한 방법으로 표현한다.
7. 제주4.3을 기억하기 위한 다양한 역사 행동을 수행한다.

위 내용 중 사실 지식을 다루고 있는 1번과 2번 활동은 깊이 있는 이해에 해당하지 않는 것처럼 보인다. 제주4.3과 관련한 기능(3번), 가치·태도(4번), 정서적 반응(5번), 역사적 평가와 역사하기(6번), 역사 행동 수행(7번)이 깊이 있는 이해와 관련된 것이라 생각할 수 있다. 다른 내용과의 연관, 학생 삶과의 연계, 학습 성찰을 가능하게 하기 때문이다. 필자는 앞서 배경 지식 습득이 중요하다고 밝힌 바 있는데, 그렇다면, 깊이 있는 이해에서 1, 2 활동이 빠질 수 없다. 깊이 있는 이해와 관련해 '개념 기반 교육과정'의 이론적 토대를 제공하고 있는《생각하는 교실을 위한 개념 기반 교육과정 및 수업》저자들의 깊이 있는 이해와 관련한 설명을 살펴보자.

저자들은 교육신경과학의 이론을 바탕으로 "교육과정이 학문 분야에서 중요하며 전이 가능한 이해(understanding)로 이루어져야만 그 이해를 위한 사실과 기능을 쉽게 선택할 수 있다"(Erickson, Lanning & French, 2017, 온정덕·윤지영 역, 2019: 30)고 말한다. 저자들의 생각은 학문(지식)의 구조와 전이를 강조한 학문중심 교육과정 사조의 아이디어를 바탕으로 하고 있다. 지식의 구조와 과정의 구조를 설명할 때, "사회과 지식의 여러 수준과 조직을 명료하게 제시"했으며, "사실적 정보를 피상적으로 가르치는 것보다는 개념 및 주요 아이디어(전이 가능한 개념적 이해)를 깊이 있게 가르칠 것을 주장했다"(Erickson, Lanning & French, 2017, 온정덕·윤지영 역, 2019: 30)고, 힐다 타바(Hilda Taba)를 소개한 대목에서 이를 더 확신할 수 있다. 저자들은 사실 정보와 기능을 목록처럼 제시하지 않고, 사실 정보를 통해 일반화 지식을 얻는 것 즉, 개념적 이해를 학생들에게 가르치기 위한 교육과정 (혹은 단원) 개발 과정을 제안하고 있다.

저자들의 주장을 정리해 볼 때, 2022 개정 교육과정에서 내세우는 '깊이 있는 이해'는 '개념적 이해'를 말한다. 사실 지식을 바탕으로 일반화 지식에 도달하는 사고나 이해 단계로 이르도록 하는 사고 과정이자 결과이다. 사실, 개념, 일반화로 이루어진 지식의 구조(구성 요소)로 볼 때, 사실은 사실적 지식이며, 개념과 일반화는 개념적 지식에 해당한다. 사실적 지식과 개념적 지식이 서로 상호작용을 하면서(저자들은 이를 '시너지를 내는 사고'와 '시너지를 내는 상호작용'이라는 용어로 설명한다.), 현상 및 문제의 의미를 파악하는 것이 깊이 있는 이해이자 개념적 이해인 것이다. 그렇다면, 앞서 살펴본 제주4.3 활동들 모두 깊이 있는 이해를 위해 필요한 요소라고 할 수 있다. 2022 개정 교육과정에서는 역량을 키우는 여정에서 지식(사실 지식, 개념 지식, 일반화 지식)이 필요하다고 보았다는 점에서, 이전 교육과정에서 소홀히 했던 지식을 회복하려 했다고 할 수 있다.

지식의 위계 구조 속에서 사실 지식이 여전히 폄훼될 가능성은 있다. [그림 1]에서 볼 수 있듯이, 사실→개념→일반화로 올라갈수록 고차원적이고 추상적인 지식에 도달한다고 보기 때문이다. 사실, 개념, 일반화가 인식 과정에서 순차적으로 작동되는 것은 아니다. 1947년~1954년에 이르기까지 여러 제주도민들이 희생 되었다(상황1). 당시 정부는 공산 이데올로기에 반대하는 정책을 내세우며 정권을 유지했다(상황2). 이 두 상황을 보면서 필자는 '인간 존엄'을 지키지 않고 국가의 '책임'을 다하지 않은 당시 정부를 비판하고 싶다. 필자는 지위나 재산 여부에 상관없이 가져야 하는 '인간 존엄'에 대한 의미를 알고 있으며 특정 지위에 있으면 권한에 따른 의무가 있다는 '책임' 개념을 알고 있기 때문에, 이 현상을 두 개념으로 바라보았다고 할 수 있다.

또한, 필자는 대한민국 헌법 10조에 나온 조항, "모든 국민은 인간으로서의 존엄과 가치를 가지며, 행복을 추구할 권리를 가진다. 국가는 개인이 가지는 불가침의 기본적 인권을 확인하고 이를 보장할 의무를 진다."

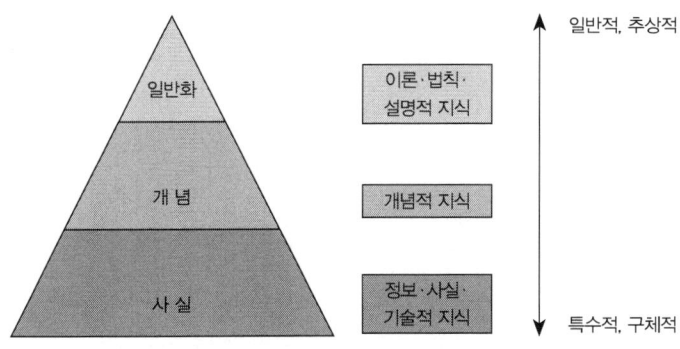

[그림 1] 지식의 위계 구조

출처: 최용규 외(2014: 53)

에서 도출될 수 있는, "국가는 국민의 행복한 삶을 위해서 존엄과 기본적 인권을 보장할 의무가 있다"는 일반화를 바탕으로 사안을 판단했을 수 있다. 우리의 세상 보기 또는 사회 인식은 일반화, 개념, 사실 요소 중 어느 곳에서든지 시작될 수 있다. 개념 기반 교육과정에서는 사실 지식에서 개념 지식으로 옮아가는 귀납적 사고가 중시되고 있다. 또한, 개념적 렌즈를 통해서 다양한 현상과 사실로부터 일반화 지식에 이르도록 하고 있다 (Erickson, Lanning & French, 2017, 온정덕·윤지영 역, 2019: 86).

여기서 놓치지 않아야 할 것이 있다. 사실, 개념, 일반화 순으로 작동하는 알고리즘으로 세상을 바라보기보다는, 어떤 현상과 사태를 어떤 개념으로 바라볼 것인가 달리 말하면, 어떤 프레임으로 세상을 볼 것인가, 그 개념을 어떤 의미로 생각할 것인가, 현상과 사태에 대한 어떤 메시지를 가져야 할 것인가에 집중해야 한다는 것이다. 프레임은 특정 부분을 조명하여 사건이나 사태를 단순하게 만든다. 따라서, 전체 맥락 속에서 사안을 바라보며 진실을 찾아야 한다. 어떤 개념화나 프레임 활용으로 사실, 현상, 사연, 이야기, 현실 등을 놓치지 않도록 치밀하고 겸허하게 세상을 바라보고 궁리해야 한다. 인식의 소재가 되는 사실 지식을 소홀히 할 수 없는 것이다.

지식과 숙의(熟議, deliberation)는 민주주의 실천에도 중요한 의미를 지닌다. 민주주의는 인민이 지배하는 정치체제 혹은 인민이 스스로 통치하는 정치체제이다(Swift, 2006, 김비환 역, 2011: 260). 민주주의의 주요 입장은 인민을 대신할 대표자들에 의문을 제기하며 정치 토론과 의사결정에 직접 참여하는 정치체제가 중요하다는 것이다(Swift, 2006, 김비환 역, 2011: 264). 4년마다 유권자를 대신해서 결정을 내려줄 국회의원을 선출하는 체제를 넘어서야 하는 것이다. 유권자들이 판단할 공적 사안이나 사회 이슈는 너무 복잡하여 전문적인 식견이 필요하다. 또한, 대부분 사람들은 정치에 적극 관여할 시간이 없다. 이런 한계로 정치에 직접 참여할 수 없다. 그러나 분명한 것은 인민의 의사가 직접 표현되는 국민투표로 내린 결정이 국회의원이 내린 결정보다 '민주적'이라는 점이다. 그렇다고, 전자가 후자보다 더 '좋은' 결정인 것은 아니다.

시공간 제약으로 지금은, 광장에 모여 서로 대면하면서 정책을 나누며 토론하고 결정했던 종래 관행을 따를 수는 없다. 과학기술 발달로 가정에서 컴퓨터 단말기를 활용하여, 모든 연령의 유권자가 직접 투표하고 의사 결정할 수는 있다. '전자민주주의(원격민주주의)'의 혜택으로 쉽게 이슈를 논의하며, 법안을 발의할 국회의원을 뽑고, 국회에서 발의한 법안들을 최종 승인을 할 수 있는 것이다(Swift, 2006, 김비환 역, 2011: 265). 국회의원 선거를 통해 4년마다 인민의 의사를 표현하는 것보다 더 직접 민주주의 형태를 띠며, 더 민주적이라 할 수 있을 것이다. 그렇다면, 간접적인 의사결정보다 직접적인 의사결정을 할 수 있기에 참여 민주주의를 실현하고 있다고 볼 수 있을까? 그렇지 않다. 전자민주주의에서 유권자들은 컴퓨터 마우스를 '클릭'하는 것 이상으로 참여하지 않고도 법률을 승인하거나 사안을 결정할 수 있다. 해당 이슈를 잘 알지 않아도 되고, 토론에 참여할 필요도 없다(Swift, 2006, 김비환 역, 2011: 265).

우리는 민주주의를 배우는 것(learning democracy)이 궁극에 민주주의 실천(doing democracy)으로 이어져야 한다고 말하며, 후자를 더 중시한다. 하지만, 직접 참여, 실천, 행동 자체보다 '어떻게' '무엇'에 직접 참여, 실천, 행동하는지가 중요하다. 의사결정 절차의 직접성은 의사결정 절차의 형식성에 관한 것이다. 인민 의사를 직접 표현해 준다는 형식상 특징 말고는 결정에 들어가는 내용에 대해 전혀 말해주지 않는다(Swift, 2006, 김비환 역, 2011: 266). 참여 민주주의는 직접 민주주의와 다른 것을 요구한다. 정치에 관심을 가지고, 공공 사안 및 쟁점에 대한 지식을 바탕으로, 다른 사람들과 소통하면서 토론에 참여하며, 정치에 보다 적극 개입하려는 수고를 마다하지 않아야 한다. 두 가지 상황이 있다고 생각해 보자. (a) 국회위원들을 선택하는데 성실히 참여하지만 매우 짧은 시간에 걸쳐 참여하는 상황과 (b) 거의 또는 전혀 지식이나 관심도 없이 컴퓨터 단말기로 법률에 직접 투표하는 상황. 두 상황에서 어느 쪽이 더 민주적일까? 후자가 더 민주적이다. 그렇지만 전자가 더 나을 수 있다(Swift, 2006, 김비환 역, 2011: 266). 다수가 참여하고 직접 의사 결정하는 것이 민주주의 원리의 기본이기는 하나, 공공선과 공공성을 추구하기 위해서는 이성을 바탕으로 합리적으로 의사소통하고 판단하는 것이 필요하기 때문이다. 지식과 숙의가 민주주의 실천을 위한 공론장에서 주목받아야 하는 이유이다.

2. 책임 있는 학습

1) '학생 주도성'에서 '학생-시민 행위주체성'으로

〈교육과정 기준의 성격〉
학교 교육과정이 학생을 중심에 두고 **주도성**과 자율성, 창의성의 신장 등 학습자 성장을 지원할 수 있도록 교육과정의 기준과 내용을 제시한다(교육부, 2022: 1, **굵은 글씨**, 밑줄은 필자 강조).

〈교육과정의 구성 중점〉
가. 디지털 전환, 기후·생태환경 변화 등에 따른 미래 사회의 불확실성에 능동적으로 대응할 수 있는 능력과 자신의 삶과 학습을 스스로 이끌어가는 **주도성**을 함양한다(교육부, 2022: 4, **굵은 글씨**, 밑줄은 필자 강조).

2022 개정 교육과정에서 '주도성'이라는 말을 통해, 학생을 중심으로 하는 학습과 학생이 주도하는 삶을 강조하고 있다. 그동안 '학생 중심 교육'이나 '자기 주도적 학습'이란 개념을 통해 학생의 자율적인 학습과 삶에 초점을 두어 왔다. 최근 '주도성' 개념이 교육과정에 등장한 배경은 OECD의 〈학습 나침반 2030〉에서 '학생 행위주체성(student agency)'을 강조했기 때문이다(OECD, 2024). 2022 개정 교육과정에서는 'agency'가 '주도성'으로 번역되어 나타나는데, 필자는 '행위주체성'으로 번역하고 싶다. 주도성이 자기가 주동하여 자기 일을 이끌어가는 성질을 뜻한다면, 행위주체성은 보다 자유롭고 자율적으로 실천할 수 있는 성질을 부각할 수 있

기 때문이다. 2022 개정 교육과정의 구성 중점에서 밝힌, '자신의 삶과 학습을 스스로 이끌어가는' 것에 주목해 보면, 행위주체성 개념은 시민교육에 중요한 시사를 준다. 시민 생활과 시민 학습 양자를 생각할 수 있게 하기 때문이다. 우선, 관련 주요 구인(構因, constructs)을 제시하며 학생 행위주체성 개념을 설명한 OECD의 문서 내용을 살펴보자.

> 학생 행위주체성은 **정체성**과 **소속감**을 개발하는 것과 관련이 있다. 학생들이 행위주체성을 개발할 때 **동기, 희망, 자기효능감** 및 **성장 마인드셋**(능력과 지능이 개발될 수 있다는 이해)에 의존하여 복지를 향해 나아간다. 이를 통해 그들은 **목적**감을 가지고 행동하며, 사회에서 번영하고 성장할 수 있다(OECD, 2019: 5, 굵은 글씨 원문 강조).

'정체성'과 '소속감'이라는 구인들에서 학생 행위주체성이 사회 맥락에서 발휘되며, 사회 발전과 연결될 수 있다는 것을 짐작할 수 있다. 하지만, '동기', '희망', '자기효능감', '성장 마인드셋', '목적' 등은 개인의 번영과 성장을 위해 필요한 요소들로 제시되고 있다. 학생 행위주체성이란 말이 종종 '학생 자율성', '학생 목소리', '학생 선택'과 동일어로 잘못 이해되는 경향도 이와 같은 개념 정의에서 비롯된 것이 아닌가 싶다.(agency를 '행위주체성'으로 번역하지 않고 '주도성'으로 번역하게 되면, 이런 혼동을 더 많이 일으킬 수 있다.) 하지만 개인이 목표를 가지고 자율적으로 행동한다고 해도 사회와 동떨어져 행동하는 것이 아니다. 또한, 자기 이익만을 위해 행동할 수도 없다. 이와 같다면, 학생 행위주체성이 학생들이 원하는대로 목소리를 내는 것도 아니고, 배우기를 원하는 과목이나 주제를 무엇이든지 선택할 수 있다는 것도 의미하지 않는다는 지적(OECD, 2019: 4)은 타당하다.

다른 곳에서 제시된 정의(定義)에서 학생 행위주체성이 개인 차원의 개념이 아니라는 점을 확인할 수 있다. 행위주체성은 "자기 삶과 주변 세계에 긍정적으로 영향을 미치는 능력과 의지를 갖고 있다는 것을 의미"(OECD, 2019: 3)하며, 책임 있게 목표를 설정하고 성찰하며, 행동하여 변화를 일으키는 능력이다. 학생 행위주체성은 "학생들이 사회에 참여하고 사람들, 사건 및 환경을 더 나아지도록 영향을 미치려는 책임감"(OECD, 2019: 4)이다. 학생 행위주체성은 개인뿐만 아니라 공동체와 환경을 아우르는 공공선과 공공성을 지향한다고 할 수 있다. 물론, 학생 행위주체성에서 초점이 되는 '자기 규제'가 사회 속 조화를 위해서 필요한지, 개인 목표 달성을 위해 필요한지의 강조점 차이가 문화에 따라 다르게 나타나기는 한다(OECD, 2019: 9). 이 글에서는 문화 맥락에 따른 해석 차이를 설명할 여력이 없으므로, 학생 행위주체성 개념이 개인과 공공성을 지향한다는 점만을 강조하고자 한다.

학생 행위주체성은 학습을 통해 벼릴 수 있으며, 학생 행위주체성 개발 과정은 관계적 과정이다. 아동 초기부터 주변 사람들의 의도를 이해하고 자아감을 형성하는 행위주체성의 중요 단계를 거친다. 학교교육을 통해 점차 학생들은 자기 삶에 대한 목적감을 찾을 수 있어야 하며, 목표를 설정하고 목표 달성을 위해 행동을 취해야 하는데 이 때, 행위주체성을 목표로 삼는다고 할 수 있다. 학습 과정에서 학생 행위주체성은 학습과 순환 관계를 맺는다. 학생들이 학습에서 무엇을 어떻게 배울지 결정하는 데 적극적인 역할을 하는 행위주체가 되면, 높은 학습 동기를 보이며 학습 목표를 설정할 가능성이 높다(OECD, 2019: 4). 자기 삶과 세상에서 행위주체성을 발휘하는 것이 궁극 목표라고 한다면 시민교육의 입장에서 볼 때, 학생 행위주체성은 시민 행위주체성을 지향해야 한다. 학생 행위주체성을 학습 과정에만 국한하여 생각한다면, 시민 행위주체성이 길러지지 않기 때문이다. '학생-시민'이라는 정체성 속에서 구체적인 '시민됨'의 내용과 형식을 갖출 수 있는 것이다. '학생 행위주체성'이 '시민 행위주체성'과 함께 발휘되어야 한다는 뜻으로 필자는 '학생-시민 행위주체성(student-citizen agency)'라는 개념을 제안해 보고자 한다.

'학생-시민 행위주체성'에 대한 단서는 행위주체성이 도덕적 맥락, 사회적 맥락, 경제적 맥락, 창의적 맥락에서 발휘된다는 내용에서 찾을 수 있다(OECD, 2019: 6). 학생들은 다른 사람들의 권리와 필요를 인정하는 결정을 하기 위해서 '도덕적 행위주체성'을, 학생들이 사는 사회와 관련한 권리와 책임을 이해하고 다른 사람과 관계를 구축할 수 있도록 '사회적 행위주체성'을 개발해야 한다. 또한, 지역, 국가, 세계 경제에 기여할 기회를 식별하고 활용할 수 있는 '경제적 행위주체성'과 예술적·실용적·과학적 목적을 위해 상상력과 혁신 능력을 활용하여 새로운 가치를 더하게 할 수 있는 '창의적 행위주체성'을 개발해야 한다. OECD는 네 가지 행위주체성이 미래 형성에 필요한 역량을 개발하는데 기본이 된다고 밝히고 있다. 이 기관의 그간 관행에 비추어 보면, 네 가지 행위주체성이 경제성과 효율성의 측면에서 제시된 것은 아닌가하는 의심을 지울 수 없다. 그렇더라도, 미래 형성까지 갈 필요도 없이 현재를 살아가는 시민으로서 윤리, 사회, 경제, 가치의 절박한 문제를 해결할 수 밖에 없는 상황을 감안하면, 네 가지 맥락의 행위주체성 개발은 무시할 수 없는 사안이다.

학생 행위주체성의 개발이 부모, 동료, 교사, 공동체의 지원 속에서 이루어진다는 점에서도 '학생-시민 행위주체성' 개념의 타당성을 확인할 수 있다. 효과적인 학습 환경은 '협력적 행위주체성(collaborative agency)'이라 불리는 '공동 행위주체성(co-agency)'에 기반을 둔다. 학생들이 잠재력을 실현할 수 있는 도구를 제공하는 것이 교육 목표 중 하나라고 볼 때, 이 목표는 학생, 교사, 부모, 동료, 공동체가 공유하게 된다. 학생들은 가정, 학교, 지역사회에서 자신의 성장과 번영에 필요한 도구를 찾을 수 있다(OECD, 2019: 7). 한 아이를 키우려면 사회 전체가 나서야 한다는 말을 '공동 행위주체성' 개념이 응축하고 있다고 하겠다. 부모, 동료, 교사, 학교, 지역사회로 이루어진 개인 환경이 학생의 행위주체감(sense of agency)에 영향을 미친다. 행위주체감은 자신의 행동이 결과를 야기하고 변화를 일으킨다는 주관적인 경험을 일컫는 말이다. 개인 환경에 영향을 받은 해당 학생은 영향을 주었던 부모, 동료, 교사, 학교, 지역사회의 행위주체감에도 영향을 준다는 점이 중요하다. 개인 환경과 학생은 서로 선순환을 이루며 영향을 주고 받으면서, 학생의 성장과 번영에 긍정적인 영향을 미치고 있는 것이다.

'학생-시민 행위주체성'을 생각할 때, '공동 행위주체성'보다 더 큰 규모에서 행동을 생각하도록 하는 '집합적 행위주체성(collective agency)'도 고려된다. '집합적 행위주체성'은 개별 행위주체들이 공동체, 운동, 세계 사회를 위해 함께 행동하는 개념을 일컫는다. 현대 사회에서 정부 신뢰 부족, 이민 증가, 기후 변화 등 복잡다단한 도전에 집단적으로 공동 대응할 필요가 있다. 개별 주체들은 각자 차이를 우선 내려놓고 공통 목표를 달성하기 위해서 공유된 책임, 소속감, 정체성, 성취감을 지녀야 한다(OECD, 2019: 9). 우리는 지역, 국가, 세계 수준에서 중첩된 다중 시민성을 갖추어야 한다는 점에서 '집합적 행위주체성' 개념은 '학생-시민 행위주체성'을 개발하는데 매우 중요한 개념이다.

지금까지 OECD의 '학생 행위주체성' 논의를 바탕으로, 2022 개정 교육과정에 등장하는 학생 주도성 개념의 의미를 살펴보았다. 번역하여 생긴 오해일 수도 있는데, 학생 주도성을 학습 과정에 국한 시키지 않고, 목표-내용-방법-평가의 모든 영역에서 학생이 모든 것을 주도한다는 의미로 해석하지 않아야 한다. 학생의 성장과 번영을 위해서는 부모, 교사, 동료, 지역사회 등 개인 환경의 지원이 필수이다. 따라서, '학생 행위주체성'은 '공동 행위주체성'과 함께 연결하여 생각해야 한다. 더 나아가서, 공동체, 국가, 세계 사회를 위해서 공동 목표를 달성하기 위해서 함께 행동할 수 있는 '집합적 행위주체성'도 '학생 행위주체성' 개념에서 빠질 수 없다. 그래서, 필자는 '학생-시민 행위주체성' 개념을 제안했던 것이다.

이렇게 본다면, 학생 행위주체성을 개인 선택과 주도의 측면에서 바라볼 수는 없다. 단순히 교사 주도 교육 패러다임에 반대되는 주장(박상준, 2020)으로 일축할 수도 없다. 오히려, 가르치는 자의 적극 개입으로 학습자들이 행위주체성을 발휘하게 해야 한다는 점이 부각되어야 한다. "기꺼이 분명하게 아는 것으로부터"의 모드락 시민교육 원칙을 수업원칙으로 반영하여, 교수(혹은 교사)의 개입으로 수업에서 기초 지식, 기능, 가치·태도·성향, 참여·행동·실천을 체계적으로 구축해서 행위주체성을 발휘하게 하려는 것도 이 이유에서이다. 여기서 더 해명할 것이 있다. 바로 '책임'이다. 학생 행위주체성을 언급할 때, 목표에 대한 책임을 지고, 더 나은 삶과 세상을 변화시킬 수 있는 책임을 다하며, 자신의 의사결정에 책임을 지고, 학습에 책임을 진다와 같이 '책임'이 반복되어 사용되고 있다. 학생 행위주체성 또는 학생-시민 행위주체성 개발을 위해서 책임 있는 학습이 필요한 것이다. 그렇다면, 책임 있는 학습은 어떻게 가능할까? 다음 절에서 이 질문에 답해 보도록 하자.

2) 책임, 세상에 응답하고 반응하기

세상사(世上事)는 책임이 따르는 선택과 의사결정이라는 구조적인 과정에서 펼쳐진다고 볼 수 있다. 개인과 집단이 내리는 선택과 의사결정 자체가 중요한 것 못지않게 '책임'을 중시해야 하는 이유이다. 민주주의 사회에서 권리와 의무를 다하며 자기 직분과 위치에 맞는 책임을 다해야 하는 것이 구성원으로 지녀야 할 중요한 덕목이다. "학생들이 사회에 참여하고 사람들, 사건 및 환경을 더 나아지도록 영향을 미치려는 책임감"(OECD, 2019: 4)을 뜻하는 '학생 행위주체성'이 공허한 수사(修辭)가 되지 않으려면, 책임이 어떤 개념이고 책임을 묻고 따지고 책임을 진다는 의미가 무엇인지 궁리해야 할 것이다.

책임(responsibility)은 "어떤 사람이 특정 방식으로 무언가 행위를 하거나 행동할 의무(obligation) 혹은 직무(duty)"이다. 반대로 생각하면, "어떤 사람이 특정 방식으로 무언가 행위를 하지 않거나 행동하지 않을 의무 혹은 직무"(Quigley, 1995: 114)라 할 수 있다. 예를 들어, 교수로서 정해진 강좌를 성실하게 운영할 책임이 있고, 학생은 강좌에 필요한 준비를 성심껏 해야 하는 책임이 있다. 또한, 국회의원 선거에서 소중한 한 표를 행사하고, 제주4.3 희생자 추념일을 맞이하여 이 땅에 살다가 죽어간 사람들을 추념할 책임도 있다. 책임이라는 단어는 우리가 하고 싶지 않더라도 해야 한다는 생각을 떠올리게 한다. 책임을 수행하거나 수행하지 않아 생기는 결과(이득과 비용)를 감당해야 한다. 책임은 공동체 구성원들이 합의한 도덕적인 조건을 전제로 한다.

현대 사회에서 행동과 책임의 균형이 깨지는 경우가 많다. 어떤 사람에게 제안을 하고 어떤 행동을 취하게 하려면, 그 행동에 따른 결과에 도덕적인 책임을 져야 한다. 오직 권한만 누리고 보상만 챙기면서, 자기 행동이 낳은 결과로 다른 사람에게 손실을 입혀놓고 책임지지 않으려고 하면 안된다.[1] 내가 남에게 기대하는 행동을 그대로 남에게 행해야 한다는 도덕률이 책임 영역에도 적용되어야 한다. 중앙 정치체제에서는 일선 현장에 직접 나서는 일 없이 의사결정을 하는 사람이 나타날 수밖에 없다. 책임이 면제된 의사결정자의 수를 최소화하려면 분권화 혹은 지방화가 반드시 필요하다(Taleb, 2018, 김원호 역, 2019).

행동과 책임, 권한과 실행, 열정과 책임 등의 균형은 권리와 의무를 동전의 양면으로 바라보아야 한다는 점을 다시 새기게 해준다. 사람으로 마땅히 대우받아야 할 바를 체계적으로 정식화한 것이 바로 '권리'이다. 인간은 자신의 자율성에 따라 삶을 계획하고 살아갈 수 있는 '존엄'한 존재이므로 '존중'해야 한다는 정신으로 권리를 생각해야 한다. 이렇게 해야 이익이 가장 많이 걸려 있는 쪽에 권리가 있다거나, 합의한 대로 따르는 쪽에 권리가 있다고 잘못 생각하는 일을 피할 수 있다. 권리는 서로 다른 가치를 추구하려 할 때 이를 조정하는 기준이 된다. 이익과 가치를 '권리를 존중하는 범위 내에서' 추구하는 일, 이 것이 '의무'의 핵심이라 볼 수 있다(이한, 2010: 78). 자기 삶, 학습, 사회에 책임을 질 수 있게 하는 학생-시민 행위주체성은 인간이 자율적인 주체로 삶을 계획하면서 살 수 있는 존엄

---

[1] 최근 대한민국 사회에서 수많은 참사가 일어났지만 뻔뻔스럽게도 자기 잘못을 인정하지 않고, '책임'을 다하지 않는 경향이 팽배해지고 있다. 최종 심급의 권한과 의사 결정권을 지닌 사람들에게 무한 책임이 있지만, 이들보다 의사결정 권한이 약한 실무진에게 책임을 전가하는 현상이 두드러지고 있다. 또한, 책임을 법적 책임으로 해석하면서 불법이나 위법 행위를 한 증거가 없으면 책임이 없다는 주장을 공공연히 하고 있다. 사회의 공공 사안과 부정의(不正義)를 논의하여 공공 정책을 수립하고 사회를 개선하는데 전제가 되는 정치적·도덕적·역사적 책임의 가치가 무시되고 있는 실정이다.

한 존재라는 생각에서 비롯된 것이며, 타인의 권리를 존중하는 범위 내에서 권리를 향유하는 것이 책임의 중요 요소라는 생각에 바탕한다고 할 수 있다.

그렇다면, 책임을 묻고, 책임을 진다는 것은 무엇일까? 책임을 '법적 책임 모델'과 '사회적 연결 모델'로 나누어 제안한 아이리스 매리언 영(Iris Marion Young)의 주장을 통해 답을 찾아보려 한다. 우리는 흔히, 책임을 진다고 할 때, 특정 행위의 결과에 따른 죄와 잘못에 초점을 두기 쉽다. 영(Young)이 말한 '법적 책임 모델'에 입각한 생각이다. 책임 소재를 파악하는 상황과 인과적으로 연결되는 것으로 보이는 행동을 한 특정 책임자에 책임을 지운다. 법적 책임 모델은 불법 행위법에 따라 책임을 부여하고 제재, 처벌, 보상, 배상 등의 목적으로 책임 당사자를 확인하고 도덕적 판단을 내리는 모든 실천을 포함한다(Young, 2011, 허라금 외 역, 2018: 178-180).

우리는 대한민국 사회에서 법적(민형사상) 책임이 없으면 책임이 없다고 말하는 사람들을 흔하게 접하고 있다. 2022년 10월 29일에 발생한 이태원 참사에 대한 정부의 대응이 대표되는 예이다. 법적 책임이 없더라도 응당 도덕적 책임을 져야 한다는 비판의 목소리에도 "책임이라는 건 있는 사람에게 딱딱 물어야 한다"(한겨레, 2023)고 이를 일축한다. 우리는 이와 같이 법적 책임과 도덕적 책임을 구분하여 보고 있다. 하지만 영(Young)은 어떤 행위자가 책임이 있다는 것이 어떤 행위나 행위 결과가 비난 받을만 하다는 것을 뜻한다는 점에서 법적 책임과 도덕적 책임을 유사한 것으로 본다.

법적 책임 모델이 어떤 맥락에서 유효하기는 하나, 구조적 부정의(不正義)에 대한 책임을 지우는 데 적합한 모델은 아니라고 영(Young)은 말한다. 기후 위기와 불평등한 소득 분배 등과 같은 부정의한 구조는 일반적으로 수용되는 규제와 관행에 따라 수 많은 사람들에 의해 생산되고 재생산된다. 잠재적으로 해로울 수 있는 효과들을 그 과정에 기여한 어느 특정 행위자 탓만으로 돌릴 수 없는 것이다. 특정 행위자를 비난하면 책임 소재가 있다고 판단되는 행위자를 방어적으로 만든다. 또한 자신이 받은 비난을 다른 사람이나 상황에 전가하기 쉽다. 결국, 구조적 부정의 문제를 정치적으로 논의하는데 방해가 된다. 영(Young)은 특별히 구조적 부정의와 관련된 책임을 고려하기 위해 책임에 관한 '사회적 연결 모델'을 제안한다(Young, 2011: 181-183). 법적 책임 모델에서는 책임을 부과하려는 해악이 이미 발생했고 배상하려는 노력 일환으로 처벌하거나 피해를 보상하고자 과거를 돌아보게 된다. 이에 비해, 사회적 연결 모델은 구조적 부정의를 생산하는데 공모하는 사회 제도와 관행에 참여한 사람들에게 부당한 효과를 줄이려는 제도 개혁에 동참하게 하므로, 미래지향적이라고 할 수 있다(Young, 2011, 허라금 외 역, 2018: 194-195). 관계를 새롭게 조직하고 행동을 더 정당하게 조율하기 위해 다른 이들과 공적인 소통에 참여하게 하므로, '정치적' 책임을 지우는 것이라 할 수 있다(Young, 2011, 허라금 외 역, 2018: 199).

학생-시민 행위주체성을 개발하는데 영(Young)의 '사회적 연결 모델'은 유용하다. 사회에 참여하여 사람들, 사건, 환경, 삶, 세계를 더 나아지도록 영향을 미치는 의지와 능력은 사회적 연결망 속에서 책임 지는 것이 전제되어야 하기 때문이다. 법적 책임 모델로 학생들에게 책임을 지우는 문제를 생각하게 하면, 가해자와 그렇지 않은 사람들을 구분하여 다른 사람들의 책임을 면제시켜 주어도 되는 것으로 가르칠 수 있다. 사회적 연결 모델을 활용하면 구조적 과정 속에서 서로 연결되어 있는 사람들이 책임을 공유해야 한다고 가르칠 수 있다. 구조적 부정의를 생산하는 과정에 참여하는 데 따른 책임에서 면제되는 방법은 오로지 책임을 공유하는 사람들이 부당한 사회 과정을 바꾸기 위한 집단행동을 조직할 때뿐이다. 구조적 과정에 관여하는 사람들이 공유된 책임과 분배된 책임을 지게 된다. 집단이 생산한 유해 결과나 그 결과의 위험에 대해 개인이 책임을 부담한다 (Young, 2011, 허라금 외 역, 2018: 195-198). 공유 책임은 학생-시민 행위주체성을 공동 행위주체성과 집합적 행위주체성과 함께 살펴보아야 한다는 관점을 제공해 준다.

지금까지 살펴보았듯이, 학생-시민 행위주체성을 개발한다고 할 때, 영(Young)이 제시한 '사회적 연결 모델'과 '정치적 책임'은 공동체를 살아가고 있는 우리의 책임을 다양하게 드러낼 수 있는 계기를 만들어 준다. 우리는 눈에 보이지 않는 사람들의 노력과 희생으로 살아가고 있다. 우리가 누리고 있는 여러 재화와 서비스를 생각하면서 관련된 사람들과 비인간 존재들을 떠올려 보는 것이 책임을 생각하는 첫 출발점이 될 것이다. 내가 먹고 있는 식품, 사용하는 전기, 입고 있는 옷이 어디서 왔는지, 어떤 사람들이 관여되어 있는지, 어떤 비인간 존재들이 관련되는지, 이들 존재의 생활은 어떠한지를 생각하면서 관계망을 그려볼 수 있다. 그런 후, 다음 질문을 이용해서 세상을 살아가면서 수행해야 할 책임과 누군가에 무엇을 빚지고 있는지 확인할 수 있다.

- 사안과 관련된 책임은 무엇인가?
- 누가 책임이 있는가?
- 누구에게 책임을 다해야 하는가?
- 책임의 원천은 무엇인가?
- 책임을 수행하면 어떤 보상과 이익이 있을 수 있는가? (만족감, 상

승하는 자존감, 인정, 칭찬, 댓가, 상 등)
- 책임을 다하지 않으면 어떤 처벌과 불이익이 있는가? (수치, 죄, 비난, 벌금, 투옥, 신체형 등)(Quigley, 1995: 116).

이 물음 속에서 책임의 내용, 소재, 책임 수행/불이행의 이득과 손해 등을 생각해 볼 수 있다. 국지적으로 문제를 해결할 수 없는 체계 속에서 모든 사람들에게 책임이 있다면 책임을 져야 할 사람들이 책임지지 않을 위험이 있지 않을까? 영(Young)은 부정의를 초래하는 구조에서 개인이 차지하는 지위에 따라 그가 무엇을, 그리고 얼마나 해야 하는지가 달라진다고 말한다(Young, 2011, 허라금 외 역, 2018: 304-305). 구조적 과정에서 상대적으로 특권을 점하고 있는 사람들은 그들 때문에 상대적으로 불이익을 받고 있는 사람들보다 훨씬 더 많은 것들을 해야 하고, 할 수 있어야 한다. 그렇다고 비특권층이 그들 삶을 불공평하게 조건 짓는 구조적 과정에 어떠한 책임도 없다는 뜻은 아니다.

영(Young)은 역사 부정의에 대한 책임을 다루면서, 기억의 문제도 다루었다. 집단적 과거는 죽은 세대의 역사지만 우리 자신의 역사로 이어지며, 역사적 부정의는 변하지 않는다는 단순 사실은 기억으로 그 부정의를 개선해야 할 현재적 책임을 발생시킨다고 말한다(Young, 2011, 허라금 외 역, 2018: 306-307). 과거를 언급하지 않고 구조의 생산과 재생산을 논할 수 없다. 책임에 관한 사회적 연결 모델을 역사적 부정의와 연관 짓는 중요한 이유는 현재의 부정의를 구조적으로 이해하기 위해서이다(Young, 2011, 허라금 외 역, 2018: 310). 현재를 과거의 부정의와의 연속선상에서 설명하는 작업은 중요하다. 현재 상태가 어떻게 구조적인지, 그런 구조가 어떻게 변화해 왔는지, 그런 구조를 바꾸기 위해 어느 부분에서 어떻게 개입하는 것이 가장 효과적인지 이해하기 위해서다. 현재 구조적 부정의가 과거의 부정의에 일부 근원을 두고 있다고 인정하면 현재의 부정의를 해결하고자 하는 도덕적 논제에 더 큰 비중이 실리게 될 것이다(Young, 2011, 허라금 외 역, 2018: 306).

학생들이 학생-시민 행위주체성을 발휘하기 위해서는 자신의 의사결정과 행동이 변화를 일으킨다는 것을 확인하고 자기 생각, 의사결정, 행위 결과에 책임을 지는 연습이 필요하다. '학습에 책임을 진다'는 의미는 무엇보다 '책임 있는 학습을 한다'는 의미로 바라보아야 한다. 삶의 복잡다단한 환경 속에서 여러 존재들은 다양한 영향을 주고 받기에, 우리는 세상에 반응해야 한다. 따라서 학생-시민 행위주체성을 키우게 하는 학습은 세상 사람들, 사건들, 상황, 문제에, 특히 타자의 고통에 민감하게 응답하고 반응하는(responsive) 능력(ability)을 키워주고 발휘하게 하는 공부라고 할 수 있다.

3. 시민 에토스를 형성하는 학습

1) '누가' 가르칠 것인가

지금까지 필자는 모드락 시민교육 방법으로 지식에 초점을 두어야 하며, 학생에게 모든 주도권을 맡기지 않고 세상에 응답하여 책임 있는 학습을 하도록 해야 한다고 제안했다. 학생-시민 행위주체성을 개발하여 학생들이 공공 사안에 관심을 가지고 성찰하여 문제를 해결하고 행동하기 위해서는 여러 시간에 걸친 반복과 훈련이 필요하다. 물론, '공동 행위주체성'과 '집합적 행위주체성'은 필수이다. 흔히 학교 개혁을 요청하면서 교육과정, 수업, 평가에 집중하는 경우가 많다. 사회 시스템이나 학교 시스템은 변하지 않는데, 외양만 달리한다고 해서 교육의 질과 결은 변하지 않는다. 이와 관련해서, 엘리어트 아이즈너(Elliot W. Eisner)가 학교를 종합적, 생태학적, 체계적으로 개혁하고자 할 때 강조되어야만 하는 5가지 요소로 의도, 구조, 교육과정, 수업, 평가를 제시한 것에 주목해 볼만 하다(Eisner, 1994, 박승배 역, 2003: 42-43). 2022 개정 교육과정에서는 기후 위기 및 생태 변화에 대응하는 교육을 주문하고 있다. 단순히 새로운 교육목표를 세우고 내용을 만들어 평가하는 것으로 생태 교육을 마무리할 수 없다. 이와 관련하여 우리 제도와 시스템이 함께 움직여야 한다. 사회 전체가 생태적인 생활 스타일로 작동하지 않는 한, '녹색 세탁(green washing)' 교육에 불과하다.

여기서 가르치는 자의 모범(模範)과 사범(師範)의 의미를 되새기고 싶다. "싸우지 않고 이김이 최상의 병법이다. 가르치지 않고 가르침이 최상의 교수법이다"(조용환, 2009: 4). 장황한 수사나 언어로 발설하지 않고, 몸소 보여주어야 한다는 것이다. 학생-시민 행위주체성은 학생이 교사, 성인, 지역사회의 시민 행위주체성이 발휘되는 모습을 보고, 느끼고, 깨달으면서 오랜 시간에 걸쳐 습득되는 것이다. 앞에서 말한 '공동 행위주체성'과 '집합적 행위주체성'의 '공동'과 '집합적'이라는 수식어는 단지, 같은 물리적인 공간에 있거나 동일 시간을 같이 보낸다는 것만을 뜻하지 않는다. 서로 '함께' 몸을 부대끼며 영향을 주고 받으면서, 시민 행위주체성을 개발하기 위한 기풍과 에토스를 만드는 것을 의미한다.

따라서 시민교육 반영 교과목을 개설하고 기존 교과목에서 시민교육 주제를 다루는 것만으로 좋은 시민을 길러낼 수 없다. 시민교육이 잘 이루어지려면 〈무엇을·어떻게·왜〉란 질문 외에도 〈누구〉란 질문에 초점을 두고, 가르치는 사람·사회 시스템·교육제도 개선에도 관심을 두어야 한다. 파커 파머(Paker J. Palmer)는 훌륭한 가르침을 위한 질문에서 '무엇을, 왜, 어떻게'에 관심 두면서, '누구'라는 질문을 거의 하지 않는다고 이야기한다. 가르치는 자아의 내면 풍경을 빠뜨리면 안 된다는 것이다. 가르치는 사람 자신(교수 포함)이 '좋은 시민'이 되고, 시민 생활과 관련하여 교육기관 자체의 에토스를 형성할 수 있도록 〈무엇을·어떻게·왜·누구〉의 질문을 끊임없이 하며 시민교육을 해야 한다(Palmer, 1998, 이종인·이은정 역, 2008: 38). 다음은 파머의 네 가지 질문을 활용하여 시민 행위주체성 개발을 위해 제기할 수 있는 핵심 질문들을 정리한 것이다.

〈무엇을〉 • 시민성과 시민교육과 관련해 어떤 내용을 가르칠 것인가?
〈어떻게〉 • 시민, 시민성, 시민교육에 대해 잘 가르치려면 어떤 방법과 기술을 활용해야 하는가?
〈왜〉 • 어떤 목적과 목표를 위해서 시민교육을 하는가?
〈누가〉 • 시민교육을 하는 사람은 누구인가? 그 혹은 그녀의 자아는 어떤 상태인가?
• 그 혹은 그녀의 자아의식은 그 혹은 그녀가 학생, 교과(주제), 세상에 연결되는 방식에 어떤 영향을 미치는가?
• 교육제도와 학교시스템은 어떻게 하면 훌륭한 가르침의 원천인 자아의식을 유지하고 발전시킬 수 있는가?

파머는 가르치는 자의 내면 풍경의 지도를 잘 작성하려면, 지성, 감성, 영성 중 하나라도 소홀히 하면 안 된다고 말한다(Palmer, 1998, 이종인·이은정 역, 2008: 39). 파머가 말한 바를 시민교육과 관련하여 정리해 보자. 지성은 학생과 시민 관련 교과목의 본질을 개념화하는 내용과 형식, 시민에 대해 알고 배우는 방법에 관한 개념을 뜻한다. 감성은 시민에 대해 가르치고 배우는 과정에서 교사와 학생들이 느끼는 방식을 말한다. 영성은 시민과 관련한 삶의 장엄함에 연결되려는 가슴 속 동경이 다양하게 표현되는 방식을 뜻한다. 시민교육이 지성으로 축소되면 차가운 추상적 개념만이 남게 된다. 시민교육을 감성으로만 다루면 나르시스적인 감상주의가 되어 버린다. 영성으로만 접근하면 현실 세계와의 연결을 잃어버린다. 인간의 자아와 교육에서 지성, 감성, 영성은 긴밀하게 연결되어 있다. 이 세 가지가 일체 되어야 바람직한 전체를 만들 수 있게 된다. 시민 관련 내용을 배우면서, 가르치고 배우는 사람 그리고 배움의 대상이 되는 존재들이 서로 교감하며, 시민 삶을 동경하려는 분위기 속에서 시민 행위주체성을 개발할 수 있고, 좋은 시민을 기를 수 있는 것이다. 파머의 주장은 연결을 갈망하는 정신적 추구와 동경을 촉구하는 것이라 볼 수 있다.

여기서 마음의 습관과 에토스가 필요하다는 점을 짚고 넘어가자. 당연시 되었던 것을 점검하고 비판하는 소크라테스식 사유는 시민 생활에서 필요한 덕목이라 할 수 있다. 소크라테스식 사유는 명시적인 지식보다는 암묵적인 지식의 형태를 띤다고 할 수 있다. 오랜 세월 동안 반복하여 이미, 마음의 습관(habit of mind)으로 체화되어 있기 때문이다. 가르치는 사람으로서 특정 주제나 문제를 학자들과 전문가들이 생각하는 방식대로 가르치고자 할 때, 비로소 이 마음의 습관을 명시적으로 만들어 낸다. 이때 난점은 한 개인의 인격적 지식(personal knowledge)을 레시피처럼 만들어 버린다는 것이다. 전문가 경험이 아닌 체크 리스트나 공식 절차로 만들어 규칙을 성문화하면 판단력과 분별력은 상실된다. 지혜를 규칙으로 대체할 수는 없다(Bagginni, 2013, 이용재 역, 2015: 132-133). 이런 점에서 소크라테스식 사유를 교수법 기율과 학교 에토스와 연결해야 한다는 주장은 주목할만 하다.

소크라테스식 사색은 학교나 대학의 커리큘럼의 일부로 채택될 수 있다. 그러나 그것이 교실 내 교수법의 기율과 학교 전체의 에토스에 영향을 미치지 않는 한 소크라테스식 사색을 가르치기는 어려울 것이다. … 도대체 '어떻게' 교양교육이 소크라테스식 가치들을 가르칠 수 있단 말인가? … 조사·연구법을, 사실·증거들의 평가법을, 논리 정연한 작문법을, 다른 텍스트에서 제시된 다른 논리들에 대한 분석법을 학습해야 하므로, 비판적 사색이라는 요소는 하나의 출발 지점으로서 수많은 유형의 대학 수업의 교수법에 스며있어야 하는 것이다(Nussbaum, 2010, 우석영 역, 2016: 102).

소크라테스식 사유가 학교의 에토스가 되고 이 에토스가 모든 교과 및 과목의 교수법 기율로서 자리 잡을 때 소크라테스식 사유를 할 수 있는 풍토가 마련될 수 있는 것이다. 가르치는 자의 자아, 학교 에토스, 사회 시스템의 전체가 함께 움직여야 시민교육이 가능하다는 점을 알려준다. 여기서, 놓치지 않아야 할 점은 습관이 되기 위해서는 '반복'이 필요하다는 점이다. 반복은 훈련이 연상되어 기계적인 과정으로 폄훼되기 쉽상이다. 우리가 시민 생활에서 필요한 덕목을 형성하기 위해서는 실천이 필요하며, 실천에서 반복은 필수 불가결하다. 사랑하는 법을 배우기 위해서 실천이 필요하며 실천하기 위해서는 반복이 필요하다(Smith, 2016, 박세혁 역, 2018: 129-130). 시민 생활에 필요한 실존 문제와 일상에서 겪는 인간의 딜레마를 고민하고 이와 관련한 지식 및 덕목을 익히려면, 여러 교과와 비교과 활동을 통해서 반복해서 배워야 한다. "다른 교과의 결과와 연관성을 갖고 세부 사항에 이르기까지 옆으로 이동시"키는 수평 운동이 이루어져야 한다(Noddings, 2013, 심성보 역, 2016: 169). 제주4·3의 역사적 사건과 인간 존엄에 관한 동일 내용은 역사, 음악, 윤리, 미술 등의 교과 속에서 반복되어 나타나야 한다. 반복되는 내용을 통해서 제주4.3 역사를 기억하고 인간존엄을 생각하며 시민생활을 할 수 있게 되는 것이다.

2) 모드락 학습 순환 모형: 좋은 시민에 대한 사랑과 열망

앙투안 드 생텍쥐페리(Antoine de Saint-Exupéry)는 "배를 만들고 싶을 때는 사람들에게 목재를 모으라고 다그치며 과제와 일거리를 할당하지 말고, 다만 먼 바다에 대한 그리움과 갈망을 일깨워라."(Saint-Exupéry, 1950, Smith, 2016, 박세혁 역, 2018: 30 재인용)고 말했다. 내가 생각하는 바가 내 자신이 아니라, 내가 사랑하는 바가 바로 '나'이다(Smith, 2016, 박세혁 역, 2018: 31). 우리 정체성의 무게 중심은 우리의 갈망과 욕망과 관련된 영역에 자리 잡고 있다. 인간으로 존재한다는 것은 사랑한다는 뜻이며, 세상에 대한 근본적인 지향으로서 사랑은 우리가 어떤 선택을 하게 하는 기본적인 지향이다(Smith, 2016, 박세혁 역, 2018: 33). 좋은 시민에 대해 무엇을 가르쳐서 정보를 습득하게 하는 것이 아니라, 좋은 시민으로 실천하고 습관을 들이게 하면서 좋은 시민에 대한 사랑과 열망을 갖게 하는 것이 좋은 시민을 기르는 것이다. 그렇다면, 좋은 시민에 대한 열망과 사랑을 어떻게 갖게 할 것인가? 〈영국 유산(Eglish Heritage)〉 단체가 과거를 미래로 만들기 위한 〈2005-2010 전략〉으로 제안한 유산 주기(Heritage Cycle)를 참고할 수 있다. 유산 주기와 관련한 설명을 옮겨 적으면 다음과 같다.

    이 전략은 '과거를 우리 미래의 일부로 만드는 것'이라고 불린다. 이는 또한 영국 유산(English Heritage)의 미션을 설명한다. 우리의 목표는 역사적 환경에 대한 이해가 증가함에 따라 사람들이 그것을 보다 중요하게 여기고 결과적으로 더 잘 보살피게끔 하는 유산 주기를 만드는 것이다. 보살피는 환경은 즐길 수 있으며, 즐거움은 일반적으로 더 많이 배우고 싶어하는 욕구를 가져오므로, 이것으로 주기가 완성된다(Thurley, 2005: 26 밑줄은 필자 강조).

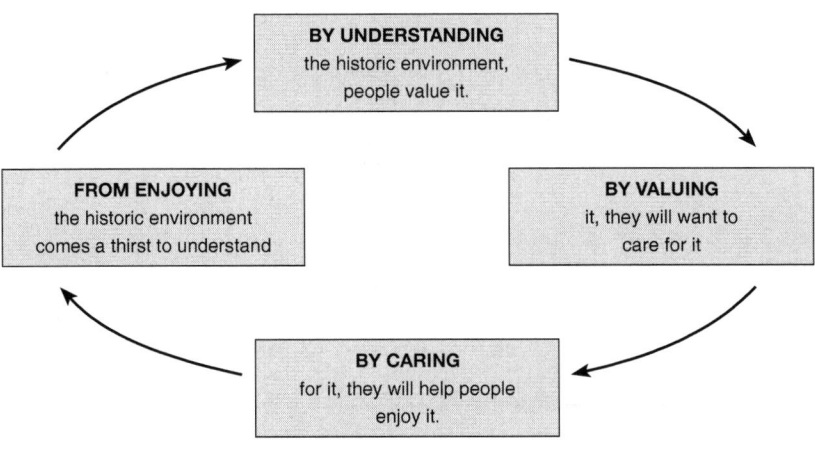

[그림 2] English Heritage의 유산 주기

출처: Thurley(2005: 26)의 내용을 수정 제시함.

〈영국 유산〉은 유산 이해(understanding)-가치부여(valuing)-관심(caring)-즐기기(enjoying)로 이루어지는 순환 주기를 만들어서 과거를 어떻게 미래의 일부로 만들 것인지 설명하고 있다. 사람들이 역사적 환경을 이해하면 역사적 환경을 소중하게 여기게 되고, 역사적 환경을 소중하게 여기게 되면 사람들은 역사적 환경에 관심 갖고 보살피기를 원할 것이다. 역사적 환경에 관심을 갖고 보살피다 보면 사람들이 역사적 환경을 즐기는 것을 도울 것이다. 역사적 환경을 즐기다보면 역사적 환경을 이해하고자 하는 열

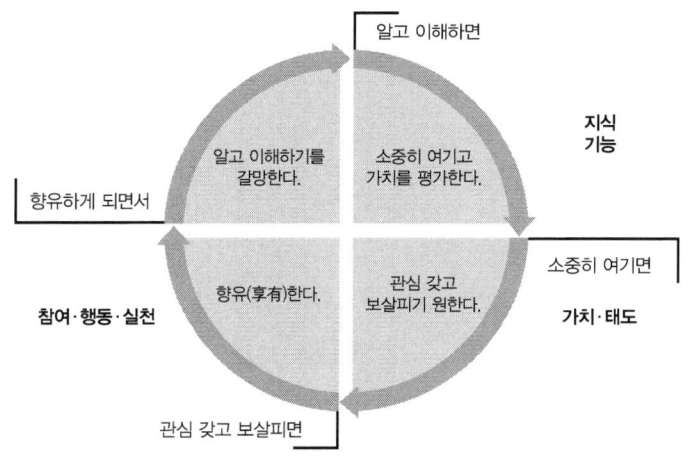

[그림 3] 모드락 학습 순환 모형

망이 생길 것이다. 이렇게 주기의 각 요소들이 서로 연결되며 반복된다([그림 2] 참고).

〈영국 유산〉의 유산 주기를 활용하여 모드락 시민성 학습 모형을 구안할 수 있다([그림 3] 참고). 모드락 시민교육에서는 지식을 중요시하여, 과감히 알려고 하는데 초점을 두었다. 시민성 관련 내용을 알게 되면(제주4·3 관련 역사적 사실), 관련 내용들을 소중히 여기고 가치를 평가(국가의 의무와 인간 존엄 가치 인식)하게 될 것이다. 시민성 관련 내용을 소중히 여기면, 관심 갖고 이에 대해 마음을 쓰려고 할 것(제주4·3 관련 사건들, 사람들, 유적지에 마음 쓰기)이다. 관심 갖고 보살피다 보면 시민성 관련 내용을 향유하게 되고(제주4·3 관련 가짜 뉴스 찾기와 제주4·3 트라우마센터 봉사), 향유하게 되면 의문 난 사항에 답을 찾거나 새로운 내용을 더 알기를 원하게 된다.

이해하는 것을 시작으로 설명했지만, 시작점은 정해지지 않는다. 내가 향유하는 것에 대해 더 이해하고 싶어할 수도 있고, 내가 소중하다고 생각하는 것을 더 보살피려고 할 수 있기 때문이다. 모드락 시민성의 차원 혹은 내용 요소들이 주기의 각 요소 간에 관여할 수 있을 것이다. '이해'와 '소중히 여기기'에는 지식·기능 요소가, '소중히 여기기'와 '관심 갖고 보살피기'에는 가치·태도 요소가, '관심 갖고 보살피기'와 '향유'에는 참여·행동·실천 요소가 관여될 수 있다. 그렇다고 시민성의 각 요소들이 순환 모형의 각 단계에 일대일 대응 되는 것은 아니다. 시민 생활을 하는데 지식, 기능, 가치·태도, 참여·행동·실천 요소를 각기 떨어뜨려 생각할 수 없기 때문이다. 단지 앎이 실천으로 옮겨지고 실천이 다시 앎으로 옮겨지는 순환 특성을 반영하였고, 이를 통해 학생-시민 행위주체성을 길러진다고 생각할 수 있다.

참고문헌

교육부(2022), 초등학교 교육과정(교육부 고시 제2022-33호 [별책 2]).

박상준(2022), 학생 주도성(student agency)에 기초한 교육의 혁신 방안: 교육 패러다임의 전환, 학습자중심교과교육연구, 20(12), 765-787.

소경희(2015), 2015 개정 교육과정 총론 개정안이 남긴 과제: 각론 개발의 쟁점 탐색, 교육과정연구, 33(1), 195-214.

이한(2010), 살아가면서 읽는 사회 교과서-너의 의무를 묻는다, 서울: 뜨인돌.

조용환(2009), 가르치지 않고 가르치기: 강단 20년 회고, 교육인류학소식, 15(1), 1-4.

최용규·정호범·김영석·박남수·박용조(2014), 사회과 교육과정에서 수업까지(2차 수정판), 파주: 교육과학사.

현병호(2021), 반지성주의보, 서울: 씽크스마트.

Bagginni, J.(2013), *The Virtue of the Table*, 이용재 역(2015), 철학이 있는 식탁-먹고 마시는 법에 대한 음식철학-, 고양: 이마.

Christodoulou, D.(2014), *Seven Myths about Education*, 김승호 역(2018), 아무도 의심하지 않는 일곱가지 교육 미신, 서울: 페이퍼로드.

Eisner, E. W.(1994), *Cognition and Curriculum Reconsidered*, 박승배 역(2003), 인지와 교육과정(2판), 서울: 교육과학사.

Erickson, H. L., Lanning, L. A., & French, R.(2017), *Concept-based Curriculum and Instruction for the Thinking Classroom*(2nd ed.), 온정덕·윤지영 역(2019), 생각하는 교실을 위한 개념기반 교육과정 및 수업, 서울: 학지사.

Kant, Immanuel(1784), "Beantwortung der Frage: Was ist Aufklärung?", 임홍배 역(2020), 계몽이란 무엇인가, 서울: 도서출판 길.

Macdonald, H.(2017), *Truth: How the Many Sides to Every Story Shape Our Reality*, 이지연 역(2018), 만들어진 진실, 서울: 흐름출판.

McIntyre, L. C.(2018), *Post-Truth*, 김재경 역(2019), 포스트트루스, 서울: 두리반.(eBook)

Noddings, N.(2013), *Education and Democracy in the 21st Century*, 심성보 역(2016), 21세기 교육과 민주주의, 서울: 도서출판 살림터.

Nussbaum, M. C.(2010), *Not for Profit*, 우석영 역(2016), 학교는 시장이 아니다(제2판), 파주: 궁리출판.

OECD(2019), OECD Future of Education and Skills 2030 Conceptual Learning Framework "Student Agency for 2030"(https://www.oecd.org/education/2030-project/teaching-and-learning/learning/student-agency/Student_Agency_for_2030_concept_note.pdf) [2024.4.2. 검색].

Palmer, P. J.(1998), *The Courage to Teach*, 이종인·이은정 역(2008), 가르칠 수 있는 용기, 서울: 한문화멀티미디어.

Quigley, C. N.(1995, 2003), "Responsibility," *Foundations of Democaracy*(High School Level), Center for Civic Education, 110-149.

Saint-Exupéry, A. de(1950), *The Wisdom of the Sands*, N.Y.: Harcourt Brace.

Shaffer, K.(2019), *Data versus Democracy: How Big Data Algorithms Shape Opinions and Alter the Course of History*, 김선 역(2021), 데이터, 민주주의를 조작하다, 서울: 힐데와 소피.(eBook)

Smith, J. K. A.(2016), *You Are What You Love*, 박세혁(2018), 습관이 영성이다, 서울: 비아토르.

Swift, A.(2006), *Political Philosophy*, 김비환 (2011), 정치의 생각, 서울: 개마고원.

Taleb, N. N.(2018), *Hidden Asymmetries in Daily Life*, 김원호 역(2019), 스킨 인 더 게임, 서울: 비즈니스북스.

Thurley, S.(2005), Into the Future. Our Strategy for 2005-2010. *Conservation Bulletin*, 49, pp.26-27.

Willingham, D. T.(2009), *Why Don't Students Like Schools?*, S.F.: Jossey-Bass, 문희경 역(2011), 왜 학생들은 학교를 좋아하지 않을까?: 학교 수업이 즐거워지는 9가지 인지과학 처방, 서울: 부키.

Young, I. M.(2011), *Responsibility for Justice*(1st ed.), 허라금·김양희·천수정(2018), 정의를 위한 정치적 책임, 서울: 이화여자대학교출판문화원.

한겨레(2023a), [사설] 이태원 참사 1주기 추모, 윤 대통령 참석하라, (2023.10.26.), https://www.hani.co.kr/arti/opinion/editorial/1113633.html [2024.2.1. 검색].

한겨레(2023b), "학생 행위주체성 논의에서 빠진 두 가지 요소", (2023.11.17.), https://www.hani.co.kr/arti/opinion/column/1116708.html [2024.4.2. 검색].

OECD(2024), "OECD Future of Education and Skills 2030", https://www.oecd.org/education/2030-project/teaching-and-learning/learning/ [2024.3.30. 검색].

제8장

글로컬 시민성 교육과 제주 지역의 사례

박성근

1. 글로컬 시민성과 모드락 시민성

세계화(globalization)는 이미 빠르게 진행되어, 우리의 일상적인 삶 깊숙이 자리하고 있다고 해도 과언이 아니다. 오늘날 러시아와 우크라이나, 이스라엘과 하마스의 전쟁이 우리나라의 산업과 경제에 미치는 영향은 실로 막강하다고 할 수 있다. 또한, 한 국가의 공업의 발달로 인해 주변 국가들의 환경에 영향을 미치는 사례들은 무수히 많이 찾아볼 수 있다. 반도체를 둘러싼 다국적 기업들의 전쟁 역시 마찬가지이며, SNS, 넷플릭스 등 정보통신기술의 발달로 인해 전 세계가 국경을 넘어서는 소통을 통해 통합과 상호의존성이 보다 확대되는 양상을 나타내고 있다. 이러한 면에서 세계화는 전 세계가 서로 연결되어 있다는 의식과 동시대성에 대한 의식을 의미한다고 볼 수 있다(조난심, 2017: 78).

세계화가 진행될수록 시민성의 의미도 변화하고 있다. 본래 시민성은 국민 국가적 관점에서 국가 구성원들이 가져야 할 의무와 권리를 일컫는 법적 의미이다.

시민은 신민 또는 국민 개념과 비교할 때 보다 명료해진다. '신민(subject)'이 절대군주체제 하에서 군주의 지배를 받는 신하라면, '국민(nation)'은 근대국가를 전제로 하는 국가의 구성원을 뜻한다. 이에 반해 '시민(citizen)'은 사회의 주체인 동시에 가치 있는 삶을 영위하기 위해 공동체 구성을 위해 노력하며 자신의 결정에 책임을 지는 존재를 의미한다. 따라서 시민성(citizenship)은 민주주의 사회의 구성원으로서 개별 시민이 마땅히 지녀야 하는 행동 성향을 뜻한다. 시민성은 민주 사회의 구성원으로서 소양을 갖추고, 민주정치과정에 참여할 수 있는 지식과 기능의 총체를 의미하며, 사회와 개인의 상호작용을 통해서 형성된다(한경구 외, 2015: 27).

위에서 설명하는 것과 같이 본래 시민성은 민주 시민이 지녀야 할 일종의 행동적 태도와 기능을 의미하였다. 그러나 최근의 시민성은 세계화 및 지구촌화가 진행되면서 국가 간, 지역 간 상호 교류 협력과 의존도가 매우 높아지고 있는 과정에서 초국적이고 다차원적인 정체성을 의미하게 되었다. 특히, 이러한 시민성을 글로컬 시민성이라고 부른다. 글로컬 시민성은 "세계화의 추세에 조응하는 세계 시민성(world citizenship) 그리고 지방화 과정에서 요청되는 지역 시민성(local citizenship)에 대한 관심 등 이른바 다중 시민성(multiple citizenship)(변종헌, 2006: 245-255)"의 전형적인 한 예라고 볼 수 있다. 변종헌은 "세계 경제로 인한 국가 간 지역 간 상호 의존이 심화되는 가운데 환경, 인권, 평화, 빈곤 등 전 지구적 차원의 문제가 인류 공동의 해결 과제로 등장하고 있는 상황에서는 개별 국가와 시민 사이의 관계에 기초한 시민성 개념이 다층적 차원에서 새롭게 조명될 필요가 있다."고 하면서 글로컬 시민성의 필요성을 강조한다(변종헌, 2006: 245-255).

OECD 역시 미래 글로벌 사회를 이끌어가야 할 학생들로 하여금 글로컬 시민성을 강조하고 있다.

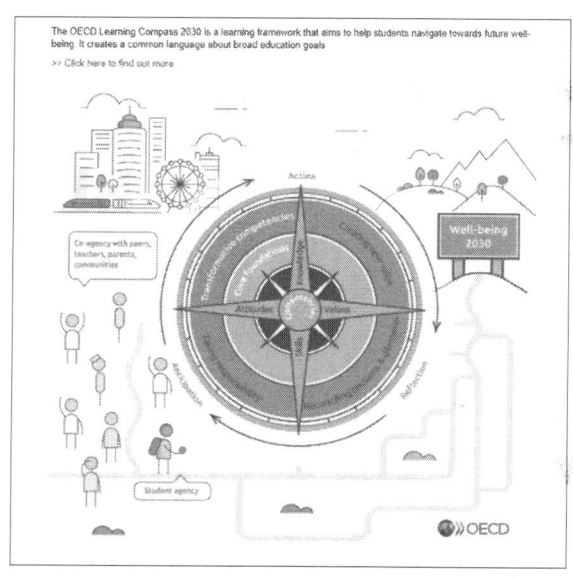

[그림 1] OECD 학습나침반 2030

출처: OECD(2019)

위의 [그림1] OECD 학습나침반 2030에 따르면, 미래사회를 위해 학생(student agency)에게 필요한 역량은 새로운 가치를 창조하는 것(creating new value), 긴장과 딜레마에 대처하는 것(reconciling tensions & dilemmas), 책임감을 갖는 것(taking responsibility)이며, 이러한 역량에는 사회적 감각도 포함되며, 태도와 가치의 경우에는 개인은 물론 지역적, 사회적, 국제적 수준의 가치 함양도 요구된다(박성근, 2023: 296).

글로컬 시민성에 대한 정의는 다양하지만, 대체로 타인 존중, 사회 정의 가치 함양과 같은 일반적 시민성과 함께 지역 및 글로벌 이슈에 대해 책임을 갖고 해결하려는 세계 시민으로서의 의지와 태도 등으로 규정된다. 이러한 글로컬 시민성은 모드락 시민성이 추구해야 할 방향성과 일치한다. 모드락 시민성은 생태 시민성, 디지털 AI 시민성, 문화·예술 시민성, 정치·경제 시민성을 아우르면서 생태·환경 관련 생활 및 행동 의지 변화, 디지털 현상과 AI 관련 행동 실천, 사회·문화 문제 해결을 위한 노력, 역사 기억과 기념 문제의 해결 노력과 같은 시민적 참여·실천적 문제를 포함한다. 모드락 시민성은 이러한 문제들을 해결하기 위해 세계 시민 교육, 국제 교육, 다문화 교육, 공동체 교육, 글로벌 교육 등을 요구한다. 이러한 교육은 모두 지역적 관심에서 출발하여 세계적 관점에서 접근해야만 하는 이슈들을 다루는 것으로, 모드락 시민성의 목적은 결국 글로컬 시민성 교육과 일맥상통한다는 점을 알 수 있다.

2. 글로컬 교육 실행 방안

1) 유네스코 세계시민교육

모드락 시민성 교육이 결국 글로컬 시민성을 함축한다는 점에 동의한다면 제주 지역에서의 로컬적 특성과 글로벌의 특성을 결합시키는 방안 혹은 방향성에 대해 알아보아야 할 것이다. 이번 절에서는 제주 지역에서의 글로컬 교육의 방향성을 구상하기 위해 유네스코가 제시하는 세계시민교육의 방안을 검토해보고자 한다. 글로컬 교육은 세계시민교육, 국제 교육 등 다양한 형태로 이루어지고 있지만, 가장 일반적 형태는 세계시민교육이라고 할 수 있을 것이다. 특히 전 세계적으로 세계시민교육의 표준적 형태는 유네스코의 세계시민교육이라고 해도 과언이 아니다.

먼저 유네스코의 세계시민교육의 학습 영역을 살펴보도록 하자.

인지적 영역

세계와 그 복잡성, 세계의 상호연계성 및 상호의존성을 이해하는 데 필요한 지식과 사고 기능을 의미한다. 지식 은 주로 아는 것과 관련된 기초적인 지적 과정이자 모든 지적 능력의 토대를 이룬다. 사고 기능(thinking skills) 은 과제를 효과적으로 성취하기 위하여 정보나 자료를 조직하고 이용하는 정신적 능력이다. 그래서 사고 기능에 서는 정보의 분류, 해석, 분석, 요약, 종합과 평가 능력이 요구된다. 특히 사고 기능은 분석적, 비판적, 통합적 사 고가 핵심을 이루고 있다.

사회·정서적 영역

가치와 태도, 사회적 기능을 의미한다. 이 중 가치와 태도는 정서적 영역에 해당한다. 가치는 사람의 전반적인 신 념체계에 핵심적으로 자리잡고 있는 믿음이다. 이런 가치는 행동과 행위의 기준이 된다. 반면 태도는 어떤 방식 으로 반응을 할 정신적 준비 상태를 말한다. 그래서 가치는 곧 태도로 나타난다. 사회적 기능은 사회적 영역에 해 당한다. 사회적 기능은 더불어 사는 사회에서 타인의 감정과 권리를 존중하고 민주시민으로서 요구되는 기능이 다. 이를 위해서는 배려, 존중, 연대 등이 필요하다.

행동적 영역

행위, 수행, 실천 및 참여, 즉 실천적 행위를 강조하는 영역이다. 이것은 사람이 자신의 가치, 지식과 의사결정 을 행동으로 전환하는 능력을 의미한다. 여기서는 시민행동, 사회참여, 민주시민행동 등을 강조하며, 행동을 하 기 위해서는 동기부여를 필요로 한다. 사회·정서적 영역은 주로 동기를 강조하고, 행동적 영역은 주로 행위를 강조한다. 예를 들어, 공감(sympathy)은 동기에 해당하고, 이를 바탕으로 한 나눔(sharing)은 행동에 해당한다.

[그림2] 유네스코 세계시민교육의 학습 영역

출처: 박순용(2015: 25)

유네스코 세계시민교육은 인지적 영역을 통해 세계시민으로서의 지식과 사고 기능을 효과적으로 성취하고자 하며, 사회·정서적 영역을 통해 세계를 더불어 사는 공간으로 이해하는 동시에 타인에 대한 배려와 존중을 내면화하고 있다. 행동적 영역을 통해서는 공감과 나눔을 바탕으로 세계시민으로서 사회적 이슈에 대해 참여하는 실천적 행위의 동기를 학습한다. 이는 학습자로 하여금 지식정보와 비판적 문해력, 풍부한 사회적 관계 속에서 다양성 존중, 윤리적 책임감을 바탕으로 공동체를 발전시키려는 의지와 행동의 성취를 제안하고 있는 것이다(박순용 외, 2015: 28).

나아가 이러한 유네스코의 세계시민교육은 우리나라의 교육과정 및 OECD가 추구하는 핵심 역량과 매우 긴밀한 연계성을 가지고 있다.

2009 개정교육과정 (추구하는 인간상)	2015 개정교육과정 (핵심역량)	OECD 핵심역량 (PISA, 2003)	유네스코 학습 영역 (유네스코, 2015)
개성의 발달과 진로 개척, 새로운 발상과 도전으로 창의성을 발휘	지식정보처리 역량 창의융합사고 역량	도구의 상호작용적 이용 언어나 상징, 텍스트, 지식과 정보 및 기술을 상호작용적으로 이용할 수 있는 능력	인지적 영역 세계와 그 상호 연계성에 대한 지식, 이해, 비판적 사고력
문화적 소양과 다원적 가치 이해로 품격 있는 삶 추구	의사소통 역량 심미적 감성 역량	이질 집단에서의 상호교류 능력 다른 사람들과 좋은 관계를 맺고 협동하며 갈등을 관리하고 해결하는 능력	사회·정서적 영역 차이와 다양성에 대한 존중, 연대 및 공감, 가치와 책임을 공유한 인류애
세계와 소통하는 시민으로 공 자기관리 역량 동체 발전에 참여	자기관리 역량 공동체적 역량	자율적 행동 능력 큰 그림 안에서 행동할 수 있으며 생애 계획과 개인적 프로젝트를 만들고 수행할 수 있는 능력 및 권리와 흥미, 한계와 필요를 주장할 수 있는 능력	행동적 영역 더 평화롭고 지속가능한 세상을 위해 지역·국가 세계적 차원에서 효과적이고 책임감 있는 행동

[그림3] 유네스코 세계시민교육의 학습 영역과 교육과정의 학습 영역과의 비교

출처: 박순용(2015: 62)

[그림3]에서 보는 것처럼, 2009 개정교육과정, 2015 개정교육과정에서 추구하는 인간상은 지식을 창의적으로 처리하는 능력, 다원적 가치를 품격 있게 수용하는 태도, 세계시민으로서의 공동체 역량을 추구하는 것이

다. 이와 마찬가지로, OECD와 유네스코가 추구하는 인간상 역시 지식을 비판적 창의력을 활용하여 이용하는 능력, 차이와 다양성을 공유하려는 인류애적 태도, 평화로운 국가 및 세계 공동체를 형성하려는 책임감 있는 행동을 추구하는 인간상의 핵심적인 목표로 제시하고 있다.

결론적으로, 유네스코 추구하는 세계시민교육의 방향과 우리나라의 교육과정이 추구하는 세계시민교육의 방향이 서로 유사하거나 일치하고 있다는 점을 알 수 있다. 그리고 그것의 핵심은 인지적 차원에서 창의적 능력, 사회·정서적 차원에서 타 문화를 이해하는 공감 태도, 행동적 영역에서 지역과 세계를 아우르는 공동체에 대한 관심과 참여로 정리된다는 점을 알 수 있다.

2) 교육과정 내에서의 글로컬 교육

앞의 절에서 살펴본 바, 제주 지역의 글로컬 교육은 유네스코 및 OECD의 세계시민교육의 흐름과 유사하게 진행되고 있는 우리나라의 교육과정 안에서도 충분히 실행될 수 있을 것으로 판단된다. 다만, 고민해 보아야 할 것은 정규 교육 내에서 세계시민교육을 실행할 수 있는 방식으로는 크게 학교 전반 교육과정에 편성하는 방법, 범교과로 제시하는 방법, 기존 교과에서 실행하는 방법 중에서 어떠한 방식을 채택할 것인가이다(박순용 외, 2015:66). 이 중에서 학교 전반의 교육과정에 편성하는 방법과 범교과로 제시하는 방법은 2009 개정교육과정과 2015 개정교육과정에서 특히 강조하고 장려하는 방법이며, 특히 2025년부터 전면 시행되는 고교학점제와 관련해서도 그 실행을 적극 고려할 필요가 있다. 다만, 본고는 두 방식의 장점에도 불구하고, 현 시점에서 가장 실행이 보다 용이할 수 있는 기존 교과에서의 실행 방법에 대한 교육적 방향성을 제시하고자 한다.

유네스코가 권장하는 세계시민교육 길라잡이에서는 기존 교과목에서 세계시민교육을 실행하는 방안에 대해 다음과 같이 소개한다.

세계시민교육의 주제들은 사회, 환경, 지리, 역사, 도덕, 과학, 국어, 음악, 미술 등 다양한 교과에 구체적인 학습요소로 반영되거나, 기존 과목의 학습요소와 연계한 수업을 통해 세계시민교육이 지향하는 주요한 지식, 가치, 태도, 기능의 함양이 촉진될 수 있다. 특히 한국의 경우, 도덕과 및 사회과 교육과정에 '지구 공동체', '지구촌의 평화와 발전', '세계시민윤리', '세계시민주의', '세계시민이 가져야 할 태도', '세계시민으로서의 자질', '세계시민적 관점/지구촌적 시각', '세계 평화의 실현을 위한 지구적 차원의 가치규범과 시민윤리에 기초한 범세계적 노력', ' 전 지구적 문제', '세계시민으로서 지속가능한 사회를 위해 노력하는 태도' 등이 이미 주제, 학습요소, 성취기준 등에 빈번하게 등장한다.13 또한, 과학에도 '지속가능한 발전'과의 연계가 목표 및 내용 요소에 강조되어 있다. 한편, 기존 교과에의 통합을 세계시민교육이 배양하고자 하는 가치, 태도, 기능의 측면에서 접근할 수도 있다. 예컨대, 시각 예술과 음악, 문학을 포함하는 예술 과목을 통해 학습자들은 자기표현에 필요한 능력을 기르고 소속감을 발달시키며, 다른 문화적 배경을 가진 사람들과의 소통 및 이해가 쉬워질 수 있다. 또한, 예술 과목은 사회적 쟁점 등에 대한 비판적 탐구 및 분석에도 활용될 수 있고, 체육 과목은 학습자가 팀워크, 다양성, 사회적 결속, 공정성과 같은 주제에 대한 이해를 도모할 수 있는 기회를 제공한다. 특히 국어, 문학, 언어는 세계시민교육의 주요 학습자 특성인 비판적 문해력을 길러주는 데 더없이 중요한 과목이고 다양한 관점과 문화도 소개할 수 있는 과목이므로 이러한 과목들을 위한 세계시민교육 수업설계나 학습 자료들의 개발도 중요한 과제라 하겠다(박순용 외, 2015: 68).

위의 내용을 살펴보면, 우리나라의 교육과정에는 이미 학습 주제, 학습 요소, 성취기준 등에 세계시민이 지녀야 할 지식, 태도, 기능의 측면을 요구하고 있다는 점을 알 수 있다. 특히, 사회, 지리, 역사, 도덕, 과학 등 기존 교과목에서 이를 교수-학습할 수 있는 학습적 기반이 이미 마련되어 있다고 볼 수 있다. 이에 따라 본고에서는 이들 과목들 중에서 고등학교 『윤리와 사상』 과목에서 실행할 수 있는 세계시민교육 방안을 살펴보고자 한다.

3. 제주 지역에서의 글로컬 교육의 사례 : 고등학교 『윤리와 사상』을 중심으로

2015 개정교육과정 도덕과의 세계시민교육은 초등학교, 중학교, 고등학교 모두 이미 유네스코 세계시민교육의 교수학습 지침에 따르고 있다. 본고에서는 제주 지역에서 고등학교 『윤리와 사상』을 활용한 세계시민교육의 사례를 제시하고자 한다. 본고에서 제시할 사례는 20023년 제주 서귀포고등학교에서 이루어진 시민성 교육이다. 2023년 서귀포고등학교에서는 윤리 교사인 박유리 선생님의 지도하에 한국청소년정책연구원이 주관한 2023년 학생 참여 교육 실천 프로젝트에 참여하였다. 프로젝트의 주제 선정의 배경과 필요성, 수업 계획안, 교수학습지도안을 차례로 제시하면 다음과 같다.

〈표 1〉 2023 서귀포고등학교 프로젝트 수업의 안

Ⅰ. 주제 선정의 배경과 필요성

이번 프로젝트에서 선정한 주제는 '지역 개선 프로젝트: 지역 정책 윤리적으로 돌아보고 실천하기' 이다. 최근 사회에서 고등학교를 대학 입시만을 위한 장소로, 교과 수업은 수능에서 좋은 점수를 받기 위한 지식을 쌓는 시간으로 여기는 경향이 심화되고 있다. 그러나 우리는 윤리적 삶의 주체이자 우리 사회의 구성원으로서 자신의 삶과 사회에 대해 성찰하고 다양한 문제를 스스로 해결하기 위해 필요한 지식을 학교에서 배우고 있다. 학교에서 교과를 배운다는 것은 내 삶을 풍부하게 하고 타인의 어려움에 공감하게 하며 사회의 문제점을 함께 개선해 나가는 바탕을 단단하게 만드는 일이다. 이 점에서 착안하여 '윤리와 사상'의 'Ⅳ. 사회사상' 단원을 학습하며 자유주의·공화주의·민주주의·자본주의를 체계적으로 이해하고, 이를 자신이 살고 있는 지역 정책에 적용하여 비판적으로 성찰하고 창의적으로 개선하는 '지역 개선 프로젝트: 지역 정책 윤리적으로 돌아보고 실천하기'를 실시하고자 한다. 자신의 진로와 연관된 행정 정책을 선정하여 조사하고, 수업에서 학습한 사회사상 중 두 가지 관점을 적용하여 사회사상 반영 여부와 문제점을 찾고 해결 방안을 담은 지역 개선 프로젝트 기획서를 작성한다. 현장 전문가의 피드백을 받고 수정한 기획을 직접 실천함으로써 학생들은 지역사회 현안에 대해 함께 고민하고 자신이 만든 개선 방안을 직접 실천함으로써 민주시민으로서 윤리적 앎과 실천이 조화를 이루는 윤리적 실천 및 성찰 역량을 함양하는 기회가 될 것이다.

Ⅱ. 수업 계획안

▢ **프로그램명**: '지역 개선 프로젝트: 지역 정책 윤리적으로 돌아보고 실천하기'

▢ **대상 학교급 및 학년**: 고등학교 2학년

▢ **학습 목표**

지식·이해	• 자유주의, 공화주의, 민주주의의 특징을 제시할 수 있다. • 지역 사회에서 일어나고 있는 다양한 문제를 이해할 수 있다.
기능	• 자유주의, 공화주의, 민주주의의 이상이 지역 정책에 반영되고 있는지 비판적으로 성찰할 수 있다. • 자유주의, 공화주의, 민주주의의 이상을 구현할 수 있는 지역 정책 방안을 모색할 수 있다.
가치·태도	• 지역 발전을 위한 정책에 관심을 가지고, 이를 개선하려는 의지를 갖는다. • 지역 발전을 위해 자발적으로 참여하고 자신이 제안한 개선 방안을 직접 실천하려는 태도를 갖춘다.

□ 관련 교육과정과의 연계성 및 차별성

관련 교육과정(2015개정 교육과정)	연계성 및 차별성
• [12윤사04-01] 동·서양의 이상사회론들을 비교하여 현대 사회에 주는 시사점을 추론할 수 있다. • [12윤사04-02] 국가의 개념과 존재 근거에 대한 주요 사상가들의 주장을 탐구하여 다양한 국가관의 특징을 이해하고, 국가의 역할과 정당성에 대한 비판적이고 체계적인 관점을 제시할 수 있다. • [12윤사04-03] 개인과 공동체의 관계, 개인의 권리와 의무, 자유의 의미와 정치 참여에 대한 자유주의와 공화주의의 입장을 비교하여, 개인선과 공동선의 조화를 위한 대안을 모색할 수 있다. • [12윤사04-04] 민주주의의 사상적 기원과 근대 자유민주주의를 탐구하고, 참여민주주의와 심의민주주의 등 현대 민주주의 사상들이 제시하는 가치 규범을 이해하여, 바람직한 민주시민의 자세에 대해 토론할 수 있다.	고등학교 일반 선택 과목에서는 국가, 시민, 민주주의와 자본주의, 평화 등의 주요 개념들을 중심으로 사회사상의 의미와 필요성을 이해하고, 동·서양의 다양한 이상사회론을 조사·탐구함으로써 윤리적 삶을 위한 바람직한 이념적 시각은 어떠한 것인지 성찰한다. 이를 자신이 살고 있는 지역 사회의 문제에 접목시켜 발전 방안을 탐구함으로써 자신의 삶과 사회에 대한 올바른 윤리관을 정립하고 실천하는 능력을 기른다.

□ 전체 지도계획

차시	소주제명	주요 내용 및 활동	교수학습방법	소요 시간
1~4 차시	사회사상 이해	자유주의, 공화주의, 민주주의의 특징에 대해 학습한다.	강의식 수업 프로젝트 수업	200분
5~7 차시	서귀포시 지역 정책 돌아보기	자신의 진로와 관련 있는 서귀포시 지역 정책 하나를 선정하여 장·단점을 분석하고, 학습한 사회사상 중 두 가지를 적용하여 정책 계획 및 실현이 윤리적으로 이루어지고 있는지 성찰한다.	프로젝트 수업	150분
8~10 차시	개선 방안 기획 및 발표	자신이 선정한 사회사상의 이상이 실현되어 지역 발전에 도움이 되는 창의적인 정책을 기획하고 전문가 앞에서 발표한 후 피드백을 받는다.	프로젝트 수업 발표 수업	150분
11~12 차시	피드백 수용 후 직접 실천 및 성찰	전문가 피드백을 수용하여 정책을 수정한 후 직접 실천한다.	프로젝트 수업	100분

□ **지도시 유의사항**

1) 학생들이 과제에 대한 호기심과 도전의식을 가질 수 있도록 스스로 학습 목표를 세우고, 탐구 주제 및 내용을 선정하여 과제 및 문제를 해결하거나, 산출물을 만들어 낼 수 있도록 한다.
2) 학생 개인의 역량을 발휘하고, 이에 대한 개별적인 평가를 받는 것보다는 협력하여 과제를 수행하는 것이 보다 높은 성과를 올릴 수 있다는 것을 경험을 통해 배울 수 있도록 학생들의 협력적 수행을 강조하는 환경을 조성한다.

Ⅲ. 교수 학습 지도안

1. 학습 목표

목표		
	지식·이해	• 자유주의·공화주의·민주주의란 무엇인가? • 시민의 자유와 권리 보장, 공적인 삶과 정치 참여의 바람직한 관계를 모색할 수 있는가? • 현대사회에서 '시민에 의한 정치'는 어떻게 실현되어야 하는가?
	과정·기능	• (정책 분석 보고서) 제주특별자치도 서귀포시에서 실행된 정책을 선정하고 강점과 약점을 돌아본다. • (정책 분석 보고서) 자유주의·공화주의·민주주의 중 2가지 사상을 선택하여 정책의 윤리적 정당성을 분석한다. • (지역 개선 프로젝트 기획서) 선택한 사회사상의 강점을 반영하고 약점을 보완하여 현실에서 구현 가능한 윤리적 정책 개선 방안을 담은 기획서를 작성한다.
	가치·태도	• 지역 사회의 정책을 사회사상에 빗대어 진단해 보고 정책의 윤리적 타당성 검증의 중요성을 깨닫는다. • 이상적인 정책 개선안을 실천 가능한 범위 내에서 구현하며 민주 시민의 실천적 태도를 갖춘다.

핵심 역량	창의적 사고력	비판적 사고력	문제 해결력 및 의사 결정력	의사소통 및 협업 능력	정보 활용 능력
	○	○		○	

주요핵심 질문	• 국가와 시민의 역할과 정당성에 대해 이해하고 있는가? • 시민 개인의 권리 보장과 공동선이 충돌할 때 무엇을 우선으로 고려해야 하는가? • 민주공화국에 거주하는 자유 시민으로서 갖춰야 할 자세란 무엇인가?

2. 세부 차시 개요

차시	활동 제목	주요 학습 내용 및 활동	시수 (분)	준비물	평가 방법	평가 과제
1	자유주의·공화주의·민주주의의 의미	• 자유주의·공화주의·민주주의의 의미 이해하기 • 자유주의·공화주의 관점 비교하기 • 대의·참여·심의·엘리트 민주주의 장·단점 분석하기 • 국가와 시민의 역할과 정당성 파악하기	1시수 (50분)	활동지 및 필기구		
2						
3						
4						
5	서귀포시 지역 정책 돌아보기	• 학생의 진로 혹은 관심사와 연계된 서귀포시 정책 선정하고 강점과 약점 파악하기 • 자유주의·공화주의·민주주의 중 2가지 사상을 선택하여 서귀포시 정책에 충실히 반영되어 있는지 분석하기 • 자유주의·공화주의·민주주의 중 2가지 사상의 이상이 반영된 윤리적 정책 개선 방안 제안하기	1시수 (50분)	활동지, 필기구, 스마트 기기, 도서	교사 평가	지역 정책 선정 후 윤리적 타당성 분석 보고서 작성
6						
7						
8	지역 개선 프로젝트 기획서 작성 및 발표	• 윤리적 정책 개선 방안을 구체적으로 실천할 수 있는 '지역 개선 프로젝트 기획서' 작성하기 • 기획 주제, 동기, 대상, 특징, 문제 해결 방안, 개선 방안의 윤리적 타당성 고찰, 기대 효과, 실현 가능성 등을 분석하기 • 지역 개선 프로젝트 기획안을 발표하고 사회사상 전문가의 피드백 받기	1시수 (50분)	활동지, 필기구, 스마트 기기, 도서	교사 평가	지역 개선 프로젝트 기획서 전문가 검증 및 발표
9						
10						
11	기획안 실천 및 성찰	• 전문가의 피드백을 수용하여 기획서를 수정하기 • '지역 개선 프로젝트' 직접 실천하기 • 실천 후 개인적으로 느낀 점 및 활동을 통해 얻은 윤리적 성찰 나누기	1시수 (50분)	활동지, 필기구, 스마트 기기, 도서	교사 평가	지역 개선 정책안 실천 후 윤리적 성찰
12						

출처: 박유리(2023:2-9)

상기 프로젝트 수업의 핵심 주제는 서귀포에 살고 있는 고등학생들로 하여금 지역 정책을 돌아보고 지역의 구성원으로서 사회에 대해 성찰하도록 하는 데 있다. 특히 고등학교 2학년들을 대상으로 이들이 자신이 선정한 지역의 정책을 자유주의, 공화주의, 민주주의 등의 사회사상을 적용하여 윤리적으로 평가하는 과정을 통해 시민으로서의 삶의 지식, 태도, 기능을 함양시킬 수 있는 매우 좋은 시민성 프로젝트 수업이라고 할 수 있다.

총 12차시로 구성한 점도 이 프로젝트 수업이 체계적으로 이루어질 수 있는 요인 중에 하나로 볼 수 있다. 자유주의, 공화주의, 민주주의 등 사회사상을 이론적으로 먼저 이해하는 과정을 4차시 동안 거친 후, 서귀포시의 정책 중에서 위의 사상들을 적용할 수 있는 정책을 3차시에 걸쳐 검토하여 정책의 개선 방향을 발표한다. 마지막에는 학계 등 전문가의 피드백을 받아 학생들의 이론적 이해와 현실 적용이 적절한지를 확인하는 과정을 가짐으로써 학생들로 하여금 이 프로젝트 수업의 신뢰성을 스스로 확인하고 성찰하도록 한다. 이러한 일련의 과정은 학생들로 하여금 자기가 속한 지역의 정책을 체계적으로 이해하는 데 효율적인 역할을 하고 있다.

그리고 이러한 지역의 시민성 프로젝트 수업은 세계시민교육 혹은 글로컬 교육으로 충분히 확장될 수 있다. 실제로 이 프로젝트 수업에 참여한 어떤 학생의 경우 실제로 글로컬적 관점에서 지역 정책을 선정하고 사회사상을 통해 평가 및 성찰하는 보고서를 제출하기도 하였다. 이 학생의 보고서를 제시하면 다음과 같다(박유리, 2023).

〈표 2〉 2023 서귀포고등학교 학생 참여 교육 실천 프로젝트 수업의 학생 활동지

(1) 사회 사상을 적용하여 서귀포시 정책을 톺아보고 실천하기
2학년 ○반 ○번
이름: ○○○

[1] 서귀포시 정책 톺아보기

이름: 농촌인력중개센터 사업 시행지침 공공형 계절근로사업

내용 설명:
　농촌인력중개센터 사업 시행지침 공공형 계절근로사업은 농촌인력중개센터를 설치하고 운영을 지원하여 농업분야 근로인력 모집 및 필요 농가에 근로인력을 중개하는 사업이며 외국인 근로자 및 농가에 대한 교육 지원을 강화하여 농촌형 인력중개센터와 공공형 계절근로 간 사업비를 조정하고 인력 유입 확대를 위한 예산 지원 항목을 추가한다. 예를 들어 외국인 계절근로자(10월31일 1차로 베트남 남딘성 계절근로자 50명)를 모집하여 국내에 머무는 외국인 계절근로자에 대한 업무지원 추가하고, 위미농협에 배치하는 활동을 한다. 여기서 계절 근로자란 한국의 지방 농사철이나 추수 등의 일을 하고자 할 때 한국 사람의 인력이 모자라 외국인인력을 단기간에 도입하여 지방 사업자들에게 인력난을 해소할 수 있는 제도이다.

특징(2가지 이상):
　농촌인력중개센터 사업 시행지침 공공형 계절근로사업에는 장점과 단점이 있는데, 강점으로 현재 농촌은 인구절벽 시대, 농촌에서 일손 구하기가 어려워진 시대이기에 불법체류 외국인근로자를 놓고서까지 갈등이 일어나고 있다. 즉 농촌 인력난이 더욱 심해지고 있는 상황인데, 이러한 농가 인력난이 해소 될 수 있는 직접적인 정책이다. 또한 단기간 고용이 필요한 농가들은 때에 따라 수요에 맞추어 인력을 사용할 수 있게 되며, 일이 없을 때는 불필요한 인건비를 들이지 않아도 된다는 장점이 있다. 하지만 단점 또한 존재한다. 외국인노동자 고용방법인 계절노동제도는 단기간 사용하기 때문에 노동자의 출입국 비용이 많이 들고, 가난한 농가에서는 사용하기 어려운 면이 있어 제한적으로 사용될 수 밖에 없다. 또한 계절적 노동자 제도는 지방자치단체 주관으로 도입하지만, 실제 고용의 주체는 농장주이기 때문에 어느 정도의 규모를 갖춘 농가에서만 고용이 가능하다. 실제로 이러한 이유로 농가의 90%정도가 불법체류 외국인을 사용하고 있다. 즉 실현가능성이 낮다.
해당 정책을 선정한 이유: 국가 간 교류의 증가로 개인과 사회집단은 하나의 세계 안에서 삶을 영위하고 있다. 또한 교통 통신의 발달로 사람들 간의 접촉이 활발해지면서 다문화 사회로 빠르게 변화하고 있다. 그로 인해 대한민국에도 외국인 주민이 많아지고 있다. 행정자치부의 자료에 따르면

2016년에는 국내 거주 외국인이 171만명, 전체 인구의 3.4% 수준으로 높았다. 그 중에서 외국인 근로자는 무려 33.5%로 외국인 주민 유형별 현황에서 압도적 1위를 차지했었다. 이후 코로나로 인해 국내 외국인이 서서히 감소했지만, 코로나가 끝나고 2022년 11월에 재측정한 결과 외국인 주민 수는 226만명으로 기존의 감소세가 멈추고 가파르게 반등하는 추세로 돌아서고, 외국인 근로자도 증가세를 보였다. 다문화 사회로 인한 외국인 증가와 달리 우리나라의 총 인구는 감소하고 있다. 즉 대한민국은 인구절벽 시대의 위험에서 살고 있는 것이다. 이러한 상황에서 1차산업 분야인 농업분야 직업의 인기는 급속도로 감소하고 있고, 농가들은 저임금의 외국인 노동자를 필요로 하게 되었다. 서귀포에서 실시하는 농촌인력중개센터 사업 시행지침 공공형 계절근로사업 또한 외국인 노동자인 계절 근로자를 활용하여 서귀포 농가를 돕는 정책이다. 위 정책이 외국인 근로자와 우리 지역 농가를 만족 시키는 정책인지 알아보기 위해 위 정책을 선정하였다.

[2] 사회 사상 적용하여 정책 분석하기

(1) [1]의 정책을 분석할 사회 사상 중 2종류 이상 선택하고 선택한 이유를 작성하세요.

선정한 사회 사상 2가지: (1) 자유주의, (2) 심의 민주주의

선택한 이유 :
　　자유주의는 개인의 자유와 권리를 중요시하는 사회사상이다. 위 정책은 외국인들이 서귀포 농업에 참여할 수 있게 한다. 이는 외국인 노동자를 자유주의적 시민으로 보고, 농가에서 필요할 때 고용할 수 있게 하면서 개인의 삶을 스스로 계획, 결정할 수 있게 한다. 이처럼 위 정책은 표면상으로 자유주의 정신에 맞는 정책이다. 하지만 계절근로 형식으로 특정 계절에만 외국인 노동자를 활용하는 것은 적극적 자유(자기의 의지에 따라 스스로가 원하는 삶을 능동적으로 실현할 수 있는 자유)가 외국인 노동자에게 실현되지 않는 것일 수 있다. 따라서 위 정책에 자유주의 사상이 잘 반영되어 있는지 파악하기 위해 위 사상을 선정하였다.
　　심의 민주주의에 따르면, 자유롭고 평등한 시민들이 함께 의사결정과정에 참여하여 공적 심의를 통해 의사결정을 내려 정책 등을 결정한다. 심의민주주의로 정책을 만들었을 때, 공정성과 합리성이 보장 되는데, 위 정책은 공적 심의를 통해 만들어지지 않았다. 그렇기에 농가들은 시위를 하는 등 불평 불만을 하였다. 위 정책에 심의 민주주의가 반영되면 위 정책이 개선되고 정책의 효과가 더욱 잘 발휘 될 것 같아 위 사상을 선정하였다.

(2) 선택한 사회 사상 2종류의 관점에서 [1]의 정책에 잘 반영되어 있는지 혹은 반영되어 있지 않은지 분석하고 그 이유를 구체적으로 작성하세요.
　(단, 해당 사회 사상의 핵심 용어를 2종류 이상 바르게 사용할 것.)

1) 자유주의의 관점이 반영되어 있는가? 혹은 반영되어 있지 않은가?

위 정책에는 자유주의가 제대로 반영되어있지 않다. 그 이유는 태어나면서부터 타인이나 국가에 의해 침해받지 않을 자유와 권리가 있는 자유주의적 시민인 계절 노동자의 자유를 집단의 권위인 농촌형 인력중개센터보다 우선시 하지 않기 때문이다. 따라서 외국인의 의사와 상관없이 특정 계절에만 노동을 시키는 정책은 자유주의에 맞지 않는다.

헌법 제 6조 국제법규의 지위에는 외국인은 국제법과 조약이 정하는 바에 의하여 그 지위가 보장된다가 제시되어있다. 이 조항에 따라 대한민국 국민에게만 보장되는 것으로 보이는 일부 헌법상의 자유주의적 기본권은 외국인에게도 보장된다. 자유주의에 따르면, 국가의 정치 체제를 규정하는 헌법의 기본 이념에 대한 국민적 동의와 충성 의미인 헌법 애국주의를 보여야하기 때문에 계절 근로자에게도 자유주의 사상이 반영되어야 한다. 하지만 반영되어있지 않다. 또한 자기의 의지에 따라 스스로가 원하는 삶을 능동적으로 실현할 수 있는 자유인 적극적 자유 또한 반영되어 있지 않다. 그 이유는 외국인 계절근로자 체류기간을 확대한다는 정책 마저도 계절근로자가 스스로 그렇게 하고 싶어 정한 것이 아닌, 지자체의 의견만을 반영한 정책이기 때문이다.

2) 심의 민주주의의 관점이 반영되어 있는가? 혹은 반영되어 있지 않은가?

위 정책에서는 심의민주주의가 제대로 들어가지 않다. 그 이유는 농부와 계절근로자들이 농촌 인력중개센터 사업 시행지침 공공형 계절근로사업을 제정할 때 함께 참여하지 않았기 때문이다. 자유롭고 평등한 시민인 농부와 농가관계자들이 모두 참여하여 공적이고 이성적인 토론을 하여 공적 심의를 해야 심의 민주주의가 이루어진다. 하지만 위 정책이 정책을 제정할 때 그렇게 하지 않아 농가 정책 제정 기회를 보장하지 않았다. 그러므로 심의민주주의의 관점이 반영되어있지 않다.

(3) 위에서 분석한 내용을 반영한 "윤리적 정책 개선 방안"을 수립하세요.

(단, 정책 개선 방안 내에 사회 사상이 반영되어 있어야 합니다.)

윤리적 정책 개선 방안 제안(구체적으로 제시): 농촌인력중개센터 설치, 운영을 지원하여 농업분야 근로인력 모집 및 필요 농가에 근로인력을 중개하는 사업인 농촌인력중개센터 사업 시행지침 공공형 계절근로사업에 관한 공청회를 개최한다. 이 때 공청회는 위 사업을 실시한 감귤 농정과에서 개최한다. 그 후 공청회 개최를 알리고, 공청회의 발표자를 뽑는다. 이 때 감귤농정과의 대표는 공정하고 평등한 토론을 진행하여 심의민주주의의 공적 심의가 이루어지게 한다. 이 때 공청회에 참여하는 대표자로 참가한 농가구성원들, 외국인 계절 근로자들은 위 정책에서 느끼는 문제점들을 발표한다. 외국인 계절근로자들은 적극적 자유를 주장하여 계절노동자가 아닌 정규직 노동자로 전환하여 개별 시민의 자유가 중요하다는 자유주의 사상을 전개한다. 계절근로자들은 이어서 헌법 제 6조 국제법규의 지위에는 외국인은 국제법과 조약이 정하는 바에 의하여 그 지위가 보장된다가 제시되어있다고 언급한다. 위 조항은 타국과 체결한 조약에 근거를 둔 상호주의적 차원의 대우를 외국인에게 하겠다는 것이고, 이 조항에 따라 대한민국 국민에게만 보장되는 것으로 보이는 일부 헌법상의 자유주의적 기본권은 외국인에게도 보장된다. 자유주의에 따르면, 국가의 정치 체제를 규정하는 헌법의 기본 이념에 대한 국민적 동의와 충성 의미인 헌법 애국주의를 보여야하기 때문에, 계절 근로자 사업에 정부의 예산을 투자해야하는 정당성이 밝혀진다. 이어서 농가구성원들은 "계절 노동자 고용 정책은 노동 집약적인 농업 특성을 반영하지 못한 행정 편의주의적 발상"이라는 입장을 제시한다. 이 때 농가구성원들은 계절근로자를 도우며 심의민주주의의 원칙이 보편적 합의에 도달할 수 있게 한다. 추가적으로 정규직으로 전환하라는 계절근로자의 입장은 농가에게 또다른 부담을 주며 농가의 자유를 역으로 침해하는 일이 될 수 있기 때문에, 감귤농정과의 농촌인력중개센터 소속 정규직 직원이라는 직책을 계절 근로자에게 제시한다. 또한 외국인 근로자의 높은 임금을 보장하기 위한 부담스러운 비용을 감귤농정과에서 일부 지급하라는 입장을 표명하여 위 정책이 가졌던 단점들을 열거한다. 이러한 과정으로 결국 이 공청회는 보편적 합의에 이르게 될 것이고, 정책은 개선 되게 된다. 이 때 정책의 주요내용은, 계절 근로자의 농촌인력중개센터 소속 정규직 직원 직책 제안, 농가의 비용 부담 감소 등이다

출처: 고정수(2023:1-6)

이 학생의 활동지를 보면, 서귀포시의 정책 중 계절근로자의 인권에 관한 부분을 자유주의와 심의 민주주의를 통해 검토하고 있음을 알 수 있다. 학생의 분석에 따르면, 서귀포시의 계절근로자 정책에는 자유주의가 제대로 반영되어있지 않다. 그 이유는 자유주의 관점에서 보면 계절 노동자의 경우, 천부인권을 가지고 태어났음에도 농촌형 인력중개센터가 계절 근로자의 권리를 우선시하지 않는 정책을 펼쳤기 때문이라는 것이다. 또한, 위 정책에서는 심의민주주의가 제대로 적용되어 있지 않다는 것이 학생의 분석이다. 그 이유는 농촌인력중개센터 사업 시행지침 공공형 계절 근로사업을 제정할 때 계절근로자는 물론 농부들이 함께 참여하여 사업시행 논의를 했어야 함에도 불구하고 그렇지 못했기 때문이라는 것이다. 자유롭고 평등한 시민인 농부와 농가관계자들, 계절근로자들이 모두 참여하여 공적이고 이성적인 토론을 하여 공적 심의를 해야 심의 민주주의가 이

루어진다는 것이다.

이러한 학생의 분석의 이론적, 정책적 정당성의 유무를 떠나 고등학교 수준에서 제주도의 정책을 세계시민주의적 관점에서 분석하였다는 것은 학생으로 하여금 글로컬적 지식과 가치와 태도 및 실천 의지를 습득하게 하려는 모드락 시민성의 글로컬 교육과 상당히 일치할 수 있다고 볼 수 있다. 나아가 제주 지역의 중학교, 고등학교 교육과정에서도 충분히 글로컬 교육이 가능하다고 판단할 수 있는 부분이다.

지금까지 본고에서는 모드락 시민성의 일환으로 진행되어야 하는 글로컬 교육의 의미, 유네스코와 우리나라 교육과정에서의 세계시민교육, 제주 지역에서 실천될 수 있는 글로컬 교육의 교수-학습 사례를 살펴보았다. 본고가 제시한 글로컬 교육은 하나의 작은 방향성을 제시할 뿐이다. 주지하다시피 제주는 풍부한 역사, 관광 자원은 물론 세계 평화의 섬이라는 특징 등과 같은 글로컬 정체성과 시민성을 함양할 수 있는 풍부한 자원들을 보유하고 있다.

구체적으로는, 제주의 독특한 신화 이야기, 일제 강점기 및 4.3 사건 등 과거의 아픔을 치유하고 평화의 철학을 회복하고 증진하기 위한 제주만의 역사자원들, 한라산, 곶자왈을 비롯한 산림자원 및 바다생물, 해녀 등과 같은 바다자원을 비롯한 관광자원, 제주 관광 산업과 연계된 문화자원 등을 가지고 있다(박성근, 2023: 303). 이러한 자원은 지역적 관점을 넘어 세계적 관점에서 이해될 필요가 있다. 바로 이것이 세계 평화의 섬 제주의 가치를 실현하는 것이기도 하다. 이러한 면에서 제주는 글로컬 교육의 좋은 본보기가 될 수 있는 가능성이 풍부한 곳이기도 하다. 앞으로 교육과정 안에서든, 혹은 시민 단체나 제주특별자치도 차원에서든 제주 지역의 자원을 활용하는 다양한 형태의 글로컬 교육이 활발해지기를 기대해 본다.

제주대학교 시민교육총서 1

모드락 시민성과 시민교육

1판 1쇄 발행 2024년 6월 10일

지 은 이 | 변종헌·곽병현·권상철·김민수·김종우·김지윤
　　　　　　류현종·박성근·임은정·정은재·조유영
펴 낸 이 | 김진수
펴 낸 곳 | 한국문화사
등　　록 | 제1994-9호
주　　소 | 서울시 성동구 아차산로49, 404호(성수동1가, 서울숲코오롱디지털타워3차)
전　　화 | 02-464-7708
팩　　스 | 02-499-0846
이 메 일 | hkm7708@daum.net
홈페이지 | http://hph.co.kr

ISBN 979-11-6919-220-0 93370

· 이 책의 내용은 저작권법에 따라 보호받고 있습니다.
· 잘못된 책은 구매처에서 바꾸어 드립니다.
· 책값은 뒤표지에 있습니다.

오류를 발견하셨다면 이메일이나 홈페이지를 통해 제보해주세요.
소중한 의견을 모아 더 좋은 책을 만들겠습니다.

루어진다는 것이다.

　이러한 학생의 분석의 이론적, 정책적 정당성의 유무를 떠나 고등학교 수준에서 제주도의 정책을 세계시민주의적 관점에서 분석하였다는 것은 학생으로 하여금 글로컬적 지식과 가치와 태도 및 실천 의지를 습득하게 하려는 모드락 시민성의 글로컬 교육과 상당히 일치할 수 있다고 볼 수 있다. 나아가 제주 지역의 중학교, 고등학교 교육과정에서도 충분히 글로컬 교육이 가능하다고 판단할 수 있는 부분이다.

　지금까지 본고에서는 모드락 시민성의 일환으로 진행되어야 하는 글로컬 교육의 의미, 유네스코와 우리나라 교육과정에서의 세계시민교육, 제주 지역에서 실천될 수 있는 글로컬 교육의 교수-학습 사례를 살펴보았다. 본고가 제시한 글로컬 교육은 하나의 작은 방향성을 제시할 뿐이다. 주지하다시피 제주는 풍부한 역사, 관광 자원은 물론 세계 평화의 섬이라는 특징 등과 같은 글로컬 정체성과 시민성을 함양할 수 있는 풍부한 자원들을 보유하고 있다.

　구체적으로는, 제주의 독특한 신화 이야기, 일제 강점기 및 4.3 사건 등 과거의 아픔을 치유하고 평화의 철학을 회복하고 증진하기 위한 제주만의 역사자원들, 한라산, 곶자왈을 비롯한 산림자원 및 바다생물, 해녀 등과 같은 바다자원을 비롯한 관광자원, 제주 관광 산업과 연계된 문화자원 등을 가지고 있다(박성근, 2023: 303). 이러한 자원은 지역적 관점을 넘어 세계적 관점에서 이해될 필요가 있다. 바로 이것이 세계 평화의 섬 제주의 가치를 실현하는 것이기도 하다. 이러한 면에서 제주는 글로컬 교육의 좋은 본보기가 될 수 있는 가능성이 풍부한 곳이기도 하다. 앞으로 교육과정 안에서든, 혹은 시민 단체나 제주특별자치도 차원에서든 제주 지역의 자원을 활용하는 다양한 형태의 글로컬 교육이 활발해지기를 기대해 본다.

참고문헌

고정수(2023), 2023년 서귀포고등학교 학생 참여 교육 실천 프로젝트 보고서.
박성근(2023), 제주형 대학 통일교육 방안에 대한 연구. 탐라문화. 제72호, 291-317.
박순용 외(2015) 유네스코가 권장하는 세계시민교육 교수학습 길라잡이, 유네스코 아시아태평양 국제이해교육원.
박유리(2023), 2023년 서귀포고등학교 학생 참여 교육 실천 프로젝트 보고서.
변종헌(2006), "다중 시민성과 시민교육의 과제", 초등도덕교육, 제21집, 248-273.
조난심(2017), 새로운 교육과정에 담은 세계시민교육, 유네스코 아시아태평양 국제이해교육원.
한경구 외(2015), SDGs 시대의 세계시민교육 추진 방안, 유네스코 아시아태평양 국제이해교육원.
한경구 외(2017), 새로운 교육과정에 담은 세계시민교육, 유네스코 아시아태평양 국제이해교육원.
OECD(2019), OECD Future of Education and Skills 2030 Concept Note.

찾아보기

ㄱ

가르치는 자아 — 246
가짜 뉴스 — 84
간학문적 — 168
감성 — 246, 247
개념 — 228
개념 기반 교육과정 — 227
개념적 이해 — 227, 228
개념 지식 — 225, 228, 229
결과적 지식 — 198
계몽 — 221, 222, 224
고정관념 — 88
고조선 건국 신화 — 200
공공선 — 56
공동체 — 111
공동체 시민 — 69
공동체의 기억과 역사 — 199
공동체의 시민 — 112
공동 행위주체성 — 244, 245
공론장 — 231
공유된 책임 — 242
공적 이성 — 166
공정 — 168
공존 — 168
과거의 부정의 — 244
과거 회고 역량 — 183
과정적·절차적 지식 — 198
관행 농법 — 56
교수법 기율 — 247, 248

교통·통신 — 196
구조적 과정 — 243
구조적 부정의 — 240, 241
국가시민성 — 24, 26
국가정체성 — 23
권리 — 69
균형 — 102
글로컬 시민성 — 255
기억의 문제 — 243
깊이 있는 이해 — 227, 228
깊이 있는 학습 — 226

ㄴ

난민 — 168
내면 풍경 — 246
내용 요소 — 72, 252
녹색 세탁 — 245
녹색 시민성 — 45
녹색행동 — 44
농업 — 55
능동적 시민 — 152
능동적 역사 지식 구성 — 197

ㄷ

다문화 사회 — 212
덕성 — 44
데시젼 — 75
데이터 — 73
데이터 기반 경제 — 75
데이터 댐 — 73

데이터 리터러시 — 70
데이터 인텔리전스 — 75
데이터 활용 — 78
도덕적 책임 — 240
디지털 건강과 안녕 — 68
디지털 권리와 책임 — 68
디지털 리터러시 — 67, 69, 70
디지털 발자국 — 78
디지털 법률 — 68
디지털 보안 — 68
디지털 상업성 — 68
디지털 세상 — 78
디지털 소외계층 — 79
디지털 소통 — 68
디지털 시민 — 67, 69, 75, 80
디지털 시민권 — 66, 67
디지털 시민성 — 68
디지털 시민성 교육 — 68
디지털 에티켓 — 68, 74
디지털 예술 — 142
디지털 윤리 역량 — 69, 71
디지털 접근성 — 67, 83
디지털 정보 격차(디지털 디바이드) — 66
디지털 플랫폼 — 74
디지털 AI 시민 — 69
디지털 AI 시민성 — 68, 69, 71
디지털 AI 시민성 차원 — 72
디지털 AI 시민성 차원과 내용 요소 — 81
디지털 AI 시민 숙의·기능 — 75
디지털 AI 시민 지식 — 73

■ ㅁ
마샬 — 16
마음의 습관 — 247
마이크 리블 — 68
매체와의 연계와 융합 — 138
메아리 방 — 82
메아리방 효과 — 87, 90
모드락 시민교육 — 33, 35
모드락 시민성 — 24, 27, 31
모드락 시민성의 차원 — 252
모드락 역사 시민성 — 181
모드락 역사 시민성의 핵심 역량 — 182
모드락 학습 순환 모형 — 249, 251
모범(模範) — 245
무지성 — 224
문화 공동체 — 152
문화 문해력 — 105
문화예술 — 101
문화예술 감수성 — 147
문화예술 시민교육 — 102
문화예술 시민성 — 99, 107
문화예술의 의미 — 125
문화유산(전통) — 196
문화적 권리 — 105
문화적 시민권 — 105
미래 전망 제시 역량 — 185
민감하게 응답하고 반응하는 능력 — 244
민주공화국 — 82
민주공화국 시민 — 83, 89
민주적 의사결정 — 166
민주주의 — 90, 230

ㅂ

바람직한 활동 — 17
반복과 훈련 — 244
반지성 — 224
배경지식 — 225, 226
버츠 — 17
법적 지위 — 17
법적 책임 — 240
법적 책임 모델 — 240, 241
분배된 책임 — 242
불명확한 난제 — 51
비영토성 — 44
비인간 생물종 — 56
빅데이터 — 75

ㅅ

사범(師範) — 245
4·3 교육 — 175
사실, 개념, 일반화 — 228, 229
사실 지식 — 225, 227, 228, 229
사이버 공간 — 78
사이버/디지털 상호작용과 소통 — 74
사페레 아우데 — 222
사회 시스템 — 246, 248
사회적 맥락 — 128
사회적 비용 — 50
사회적 소통 능력 — 224
사회적 실천 — 158
사회적 실천성 — 182
사회적 연결 모델 — 240, 241, 242
상호성의 원리 — 172
생성형 AI — 68, 77, 83

생태 — 53
생태발자국 — 50
생태시민성 — 43
생태적인 생활 스타일 — 245
생태 중심적 가치 — 53
생활상 — 197
세계평화의 섬 — 32
수평 운동 — 248
숙의 — 69, 230, 231
순환 주기 — 250
습관 — 248
시간성 — 182
시간적 메커니즘(과거 회고-현재 성찰-미래 전망) — 199
시대 — 196
시민 — 15, 16
시민 가치·태도·성향 차원 — 116
시민교육 — 19
시민권 — 20
시민성 — 19, 20, 26
시민성의 12표법 — 17
시민 숙의 — 130, 169
시민 숙의·기능 차원 — 114
시민적 덕성 — 166
시민 지식 — 122
시민 지식 차원 — 112
시민 참여·행동·실천 차원 — 118
시민 행위주체성 — 245, 246, 247
시사 문제 — 199
시장 — 168
시티즌십 — 16, 18, 20, 25

신화의 의미 — 204
신화 읽기 — 199
실재 — 159
실천 — 55, 153
10년 법칙 — 226

ㅇ

아이리스 매리언 영 — 240
알고리즘 — 76, 82, 83, 86, 87, 88, 89, 90
알고리즘 편견 — 83
알고리즘 편향 — 90
암묵적인 지식 — 247
앙투안 드 생텍쥐페리 — 249
에토스 — 245, 246, 247
엘리어트 아이즈너 — 245
역량 — 224, 226
역사로서의 신화 — 202
역사 부정의에 대한 책임 — 243
역사 시민성 — 181
역사의 주체 — 199
역사 인식 — 198
역사 인식의 메커니즘 — 182
역사적 부정의 — 243
역사적 상상 — 198
역사적 서사 구성 — 198
역사 탐구 — 198
역사해석 — 198
역사 행위의 주체 — 199
연습 — 225, 226
열린 학습과정 — 171
열망 — 249

영성 — 246, 247
예술교육 — 106
예술성과 시민성 — 102
예술 시민성 — 103
예술적 시민권 — 156
예술 행동 — 120
오존층 — 49
원격민주주의 — 69, 230
유기농업 — 56
유네스코 세계시민교육 — 258
유산 이해-가치부여-관심-즐기기 250
유산 주기 — 249, 251
의무 — 69
2022 개정 사회과 교육과정 — 187
인간성 — 19
인격적 지식 — 247
인공지능 — 75, 83
인권 — 168
인류세 — 47
인식 전이 — 134
일반적인 능력 — 225
일반화 — 228
일반화 지식 — 227, 228, 229

ㅈ

자기 통치 — 167
자동화 — 226
자료와 정보 — 73
자본주의 — 168
장기기억 — 225
쟁점중심수업 — 176

전자민주주의 … 69, 230
정보 통제 … 222
정보 플랫폼 … 83, 84
정의 … 168
정체성 … 21, 22
정치적 책임 … 241, 242
제주 4 · 3 … 175
조화된 시민성 … 27, 33, 166
조화로운 삶 … 153
좋은 시민 … 246
주도성 … 155, 232
주의력 … 82, 222
주의력 경제 … 222
주의력 통제 … 222
지구 공공재 … 49
지구자원관리자 … 49
지구정의 … 50
지성 … 224, 246, 247
지속가능한 발전 … 54, 146
지속가능한 시민성 … 45
지식 … 230, 231
지역의 역사적 문제 … 196
지질시대 … 47
직접 민주주의 … 230, 231
집단적 재화 … 166
집합적 행위주체성 … 236, 244, 245

ㅊ
참여 … 55, 69
참여 민주주의 … 230, 231
창의력 … 108
책임 … 237

책임 있는 학습 … 237
체계론적 접근 … 36
추천 서비스 … 82
추천 알고리즘 … 83, 85, 87
친환경 농법 … 56

ㅋ
컨시어지 직종의 노동자 … 75
컴퓨팅 사고 … 76, 78
컴퓨팅 사고력 … 69, 70
컴퓨팅 파워 … 78

ㅌ
타자의 고통 … 244
탄소 배출 … 49
탈진실 … 223, 224
탈진실적 관점 … 224
탐라 개국 신화 … 199
통감 … 185
특별한 지식 … 225

ㅍ
파커 파머 … 246
편견 … 88
평화 … 168
평화문화 … 28
풍습 … 196
프레임 … 229
플랫폼 노동자 … 75
플랫폼 자본주의 … 74
필터 버블 … 82, 83, 87, 90

ㅎ

학교 시스템 ─── 245
학교 에토스 ─── 247, 248
학생-시민 행위주체성 ─── 235, 244, 245, 252
학생 행위주체성 ─── 232, 233, 234
학제간 융합 ─── 51
해석 주체 ─── 167
행동 ─── 55
행위주체감 ─── 236
행위주체성 ─── 232, 233, 234
허구로서의 신화 ─── 202
현재 성찰 역량 ─── 184
현재의 부정의 ─── 244
협력적 의사소통 ─── 108
협업 필터링 ─── 86
확증편향 ─── 87, 89, 90, 223
환경 ─── 53
환경감수성 ─── 54
환경부정의 ─── 45, 48
환경 시민성 ─── 45
훈련 ─── 224, 248
히터 ─── 17

기호

〈누구〉란 질문 ─── 245
〈무엇을·어떻게·왜·누구〉의 질문 ─── 246
〈학습 나침반 2030〉 ─── 232
[역사 시민성]의 〈시민 가치·태도·성향〉 범주 ─── 193
[역사 시민성]의 〈시민 숙의·기능〉 범주 ─── 192
[역사 시민성]의 〈시민 지식〉 범주 ─── 190
[역사 시민성]의 〈시민 참여·행동·실천〉 범주 ─── 193

제주대학교 시민교육총서 1

모드락 시민성과 시민교육

1판 1쇄 발행　2024년 6월 10일

지 은 이 ｜ 변종헌·곽병현·권상철·김민수·김종우·김지윤
　　　　　　 류현종·박성근·임은정·정은재·조유영
펴 낸 이 ｜ 김진수
펴 낸 곳 ｜ 한국문화사
등　　록 ｜ 제1994-9호
주　　소 ｜ 서울시 성동구 아차산로49, 404호(성수동1가, 서울숲코오롱디지털타워3차)
전　　화 ｜ 02-464-7708
팩　　스 ｜ 02-499-0846
이 메 일 ｜ hkm7708@daum.net
홈페이지 ｜ http://hph.co.kr

ISBN　979-11-6919-220-0　93370

· 이 책의 내용은 저작권법에 따라 보호받고 있습니다.
· 잘못된 책은 구매처에서 바꾸어 드립니다.
· 책값은 뒤표지에 있습니다.

오류를 발견하셨다면 이메일이나 홈페이지를 통해 제보해주세요.
소중한 의견을 모아 더 좋은 책을 만들겠습니다.